阴阳 K线的奥秘

曹明成　谭文◎著

中国宇航出版社
·北京·

图书在版编目（C I P）数据

阴阳K线的奥秘 / 曹明成，谭文著. -- 北京 : 中国宇航出版社，2016.9
ISBN 978-7-5159-1171-7

Ⅰ. ①阴… Ⅱ. ①曹… ②谭… Ⅲ. ①股票交易—基本知识 Ⅳ. ①F830.91

中国版本图书馆CIP数据核字(2016)第206146号

策划编辑　卢　珊
责任编辑　卢　珊　　　装帧设计　宇星文化

出版发行　中国宇航出版社
社　址　北京市阜成路8号　　邮　编　100830
(010)60286808　　(010)68768548
网　址　www.caphbook.com
经　销　新华书店
发行部　(010)60286888　　(010)68371900
(010)60286887　　(010)60286804(传真)
零售店　读者服务部
(010)68371105
承　印　三河市君旺印务有限公司
版　次　2016年9月第1版　　2016年9月第1次印刷
规　格　787×960　　开　本　1/16
印　张　15.25　　字　数　203千字
书　号　ISBN 978-7-5159-1171-7
定　价　38.00元

本书如有印装质量问题，可与发行部联系调换

序

近年来，市场上的股票类书籍渐有泛滥之势，且质量良莠不齐，多有鱼目混珠之作，真正能指导投资者实战应用的作品可谓少之又少。然最近读曹明成先生主笔的实战炒股系列丛书，感觉甚好。细读之下，书中不乏作者多年的实战经验心得与“不传之密”，实为“用心之作”，相信读者阅后当有所裨益。

我与曹明成先生相识已久。初识其人，还是1997年在湘财证券的营业部，当时因本人虚长几岁，故称他为“小曹”。其时的“小曹”，瘦瘦小小，貌不惊人，书生气十足，亦没有什么名气。后常有散户打听“曹明成”，发展到后来，不断有大户托我的关系来约“曹先生”吃饭，这才让人刮目相看。1999年他狙击网络科技股一战成名，早年的“小曹”已经成为了当时湘楚一带赫赫有名的“老曹”。

几年后我们相继开始单干，都有了自己的事业，与曹明成先生的联系渐少，偶闻他的消息也只是在报刊杂志上见到他的有关跟庄理论的文章。这次接到他的电话让我为丛书写序，颇感意外。在我的印象中，他身体并不太好，甚至可以用“体弱多病”来形容，又常沉溺于股票实战中，写书这种耗时耗力之事，以他一人之力怎能办到?

见面后我才知道，原来他这几年收了一个得意门生——谭文。谈论间他的得意之色溢于言表，“已得我九成功力”。小谭属于新时代的复合型人才，精通计算机编程，自行钻研了传统技术分析与计算机海量数据模拟测试相结合的分析方式，丛书的写作过程就曾大量使用计算机模拟测试的论证，纠正了许多人力无法克服和发现的错误，使书中的理论更趋完美。谭文大有青出于蓝更胜于蓝之势，真是后生可畏！

“曹氏八线理论”是曹明成与谭文师徒两人多年实战理论研究的结晶，曾被股民朋友冠以“零风险操作理论”。该理论我个人觉得至少有两点值得推崇：一是最大限度地回避了风险；二是几乎不会错过任何一波有价值的行情。炒股不是纸上谈兵，能在实战中真正做到稳定获利的理论才是好理论。

本次为曹明成先生的书作序，特意参加了他的书友会。有一位读者谈论成功经验时的发言让我印象深刻，他说：“曹老师的书，我都读过！”

是的，曹明成先生不会忽悠人，他主笔的丛书更不会忽悠人！读他的书，您一定会有收获！

鉴于此，我愿为此丛书作序，并向全国的广大股民朋友们推荐。

李　华

原湘财证券高层管理人员

现为广东某私募基金总裁

2015 年于北京

前言

K 线，又称为蜡烛图、日本线、阴阳线、棒线等，起源于日本德川幕府时代（1603—1867 年），被当时日本米市的商人用来记录米市的行情与价格波动，后因其细腻独到的标画方式而被投资者引入到股票市场。毫无疑问，K 线理论是世界上最权威、最古老、最通用的股市技术分析理论，它代表了市场上多空双方势力消长的情况，能充分显示股价趋势的强弱、买卖双方力量平衡的变化，因此可用于探测股价未来的趋势，并可较为准确地预测后市走向，是一种应用范围最为广泛的技术分析手段。

从本质上看，K 线就是市场投资者行为的具体体现，是市场投资者运用资金与筹码博弈后留下的痕迹，其表现了市场参与者真实的行为轨迹。通过仔细研究 K 线所表达出的含义，就能更早地获知市场上的准确信息，先人一步地知道市场的运行方向，把握买入卖出的最佳时机。但遗憾的是，时至今日，大多数投资者对这种经受了数百年洗礼的技术分析理论仍然知之甚少，也很少利用这种技术分析理论对实际投资进行指导。

造成这种现象的原因是多方面的：其一，由于 K 线理论比较深奥，所以学习这种技术分析理论需要很长的时间和反复的实践，除了专业的投资者之外，一般股民很难做到这一点；其二，由于投资者缺少一本能够通俗易懂、深入浅出地介绍 K 线理论的书籍，所以使他们学习这种技术分析理论更加艰难。

本书的目的正是要告诉投资者如何有效地运用 K 线理论，在股票市场上进行投资，以获取收益。全书总共分为七个章节，其内容从 K 线的起源开始讲起，然后再由两根K线到多根K线的组合形态，由浅入深地进行阐述，以使读者真正掌握K线理论的内涵。此外，为了让读者朋友们可以轻松掌握K线理论的策略和技巧，笔者在本书的编写过程中投入了大量精力，经过几次删改，竭力使本书具有以下特色。

◎难易适中，容易掌握。由于K线理论比较深奥，本书按照由简单到复杂的顺序，层层深入地讲解了K线理论的各种形态，及其运用方法，以帮助读者准确把握交易时机。

◎内容丰富，实战性强。本书收纳了K线理论的各个操作策略和技巧，内容丰富全面，讲解深刻透彻。

◎图文并茂，条理清晰。为了使读者能更轻易、熟练地运用K线理论，本书配用了大量的经典案例，使读者能直观了解K线理论的实战情形。

本书在编撰的过程中借鉴了许多专家、学者的观点和方法，参考了大量的文献和资料，同时也得到了广大读者朋友们的支持。尽管笔者力保本书理论内涵丰富、图例分析详实、操盘技巧实用，但由于时间仓促，难免会有一些错误和纰漏。欢迎读者朋友们将宝贵的意见和建议反馈给笔者，以便在以后的写作中借鉴使用，笔者将不胜感激！联系邮箱：caomingcheng@yeah.net，QQ：150610568。同时我们也接收大资金的理财合作，欢迎交流。

最后，衷心感谢在本书编辑出版的过程中，辛勤工作的所有工作人员！

曹明成

2016年7月

CONTENTS

目录

第三章　阴尽阳生之二生三

第四章　阴尽阳生之三生万物

第五章　阳尽阴生之一生二

第一章
无中生有之 K 线起源

一、K 线之源

K 线图又称蜡烛图、日本线、阴阳线、棒线、红黑线等。因其绘制出来的图表形状像一根根蜡烛，加上这些蜡烛有黑白之分，因而也叫阴阳线图表。

K 线是技术分析的工具之一，最早由日本人于 19 世纪所创，起源于日本 18 世纪德川幕府时代（1603 — 1867 年）的米市交易。

米市交易的市场研究著作《酒田战法》和《风、林、火、山》据说成书于 18 世纪（“风、林、火、山”四字，源于《孙子兵法》军争篇，原文为“……其疾如风，其徐如林，侵掠如火，不动如山……”，大致意思为“行动迅速，如风之疾，行列整肃，严整如林。攻击时如烈火燎原，防守时如山岳巍然”）。

当时在大米市场上采用的交易策略，后来逐步演化成了现代日本投资者所应用的蜡烛图方法。

实际上，在日本，“K”并不是写成“K”字，而是写作“罫”（日本音读 kei），K 线是“罫线”的读音，K 线图称为“罫线”，西方以英文字母“K”直译为“K”线，由此发展而来。

二、简单认识 K 线

一根 K 线记录的是股票在一天内价格变动的情况。K 线是以每个交易日或每个分析周期的开盘价、最高价、最低价、收盘价绘制而成的。K 线由上影线、下影线和中间实体 3 部分组成。

K 线中间的矩形称为实体，分为阳线和阴线。影线在实体两端，实体上方的影线叫上影线，实体下方的影线叫下影线。

开盘价是每个交易日第一笔成交价格。收盘价是每个交易日最后一笔成交价格，代表这个已经结束的交易时段内多数投资者对这段走势的认可程度。最高价和最低价代表的是当日的震荡幅度，反映了市场中买卖双方的一天争斗情况。

四个价格中收盘价最重要，人们常说的股票价格，指的就是收盘价。

如果当日或某一周期的收盘价较开盘价高，则 K 线以红色来表示，或者在实体上留白，这种柱体称为“阳线”。如果当日或某一周期的收盘价较开盘价低，则以绿色表示，或是实体涂黑，这种柱体就是“阴线”了。如图 1–2–1 和图 1–2–2 所示。

不同的实体颜色能够为投资者提供迅速的直觉判断：一个黑色的蜡烛紧跟着一个白色的蜡烛，就会吸引投资者的目光。一根绿柱之后随即出现一根红柱，则会让投资者明显感觉后市行情红火，市场向好。

从实体部分延伸出去的直线代表当天价格变化的极端情况，它们被称为阴影或影线。在实体之上的阴影称为上阴影（或上影线），实体之下的阴影则称为下阴影（或下影线）。正是这些影线的出现，与实体构成了蜡烛与烛芯的形象，这也是蜡烛图这个名字的由来。

这些阴影的长度不同，也意味着市场多空力量不同，投资者可参考图 1–2–2 的多空力量变化，其对于后市反转变化有重要的暗示作用。

K 线的另外一种形态叫同价线。同价线是指收盘价等于开盘价，两者处于同一个价位的一种特殊形态的 K 线。同价线常以“十”字形或“T”字形表现出来，故又称为十字线或 T 字线。

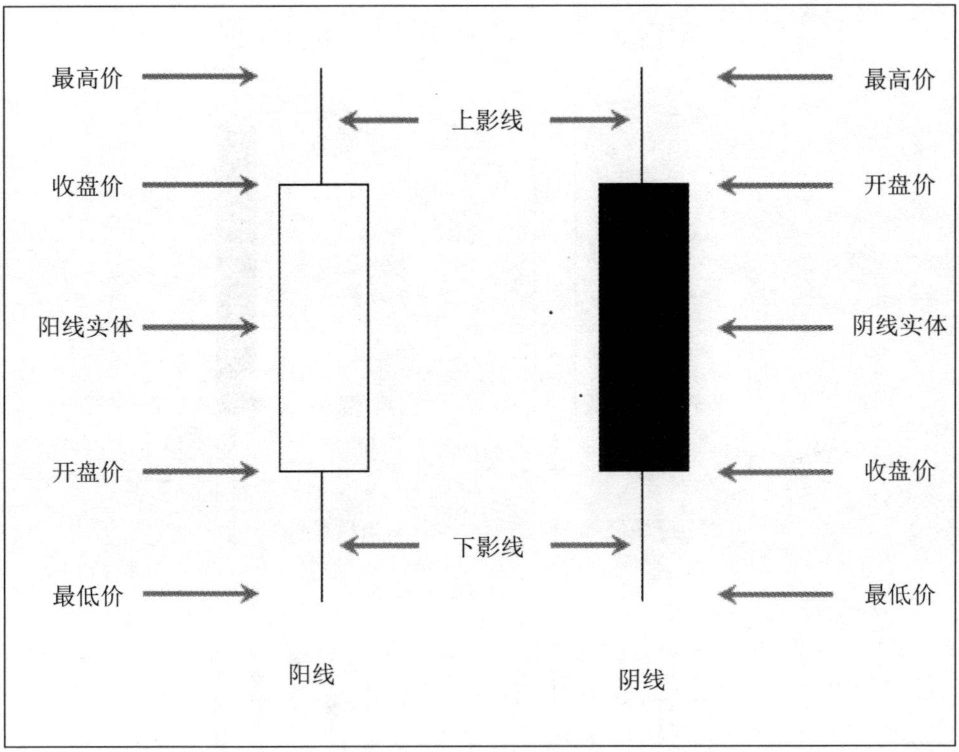

图 1-2-1

三、K 线应用法则

根据单日 K 线实体的长短，也就是开盘价与收盘价的相差距离，可将 K 线分为极阴、极阳、小阴、小阳、中阴、中阳、大阴、大阳和十字星等形态。十字星又可以分为普通十字星、长十字星、“上”字星、“下”字星、“一”字星等多种。

大阴线和大阳线的 K 线实体波动范围在 5 % ~ 10 % 之间。根据是否有影线或者影线的不同长度，K 线又可以分为长影 K 线和光秃 K 线。长影 K 线包括长下影线、长上影线、射击之星、吊颈、倒锤头线、锤头线和螺旋桨。光秃 K 线包括光脚阳线、光脚阴线、光头阳线、光头阴线、光头光

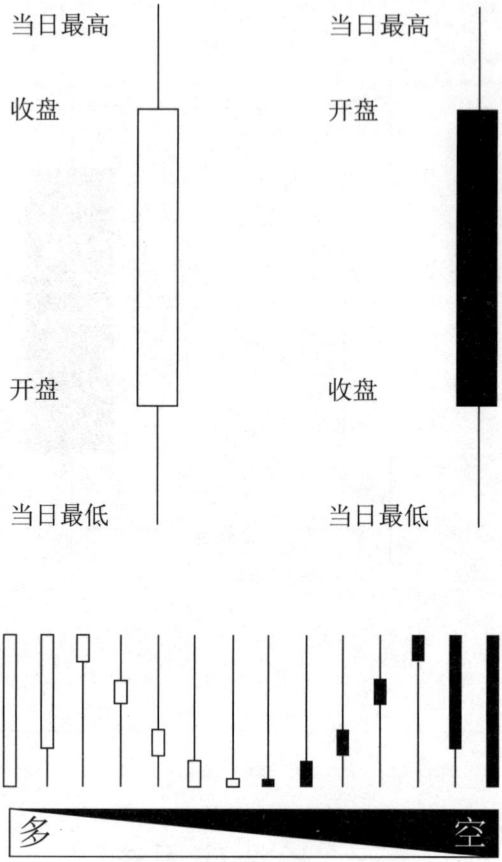

图 1-2-2

脚阳线、光头光脚阴线。

下面依据 K 线的波动范围对各类不同大小的 K 线进行分类。如图 1–3–1。

极阴线和极阳线的开盘价与收盘价相差在 1％以内，但开盘价与收盘价不相等，又称“类十字星”。

大阴线和大阳线的 K 线实体波动范围为 5％以上。

中阴线和中阳线的 K 线实体波动范围为 3％～5％。

小阴线和小阳线的 K 线实体波动范围为 1％～3％。

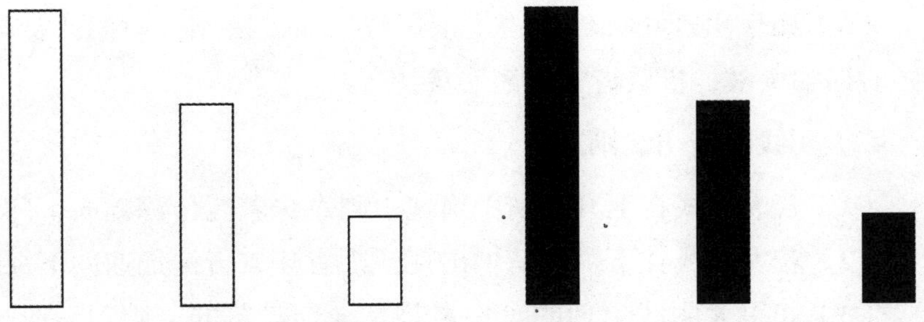

图 1-3-1

1. 大阳线的应用法则

（1）若大阳线在上升行情中出现，则意味着行情剧烈地向上攀升。

（2）若大阳线在下跌行情中出现，则意味着行情剧烈地向上反弹。

（3）如果大阳线的盘中走势是逐渐上升的，并且有成交量配合，则股价往往会继续上涨。

（4）如果大阳线的上涨是靠尾盘突然拉高，并且缺乏成交量的配合，则预示着股价的上涨可能已经接近尾声。

2. 中阳线的应用法则

（1）若中阳线在上升行情中出现，则意味着行情向上攀升。

（2）若中阳线在下跌行情中出现，则意味着行情向上反弹。

（3）如果中阳线是靠全天盘中不断震荡走高的走势形成的，则往往预示次日股价仍然有良好的发展趋势。

（4）如果中阳线是靠尾盘突然拉升形成的，则投资者需要提防次日出现回调走势。

3. 小阳线的应用法则

（1）若小阳线在上升行情中出现，则意味着行情小幅地向上攀升。

（2）若小阳线在下跌行情中出现，则意味着行情小幅地向上反弹。

（3）如果出现小阳线时，上下影线较长，表明多空争斗激烈。

（4）如果出现小阳线时，上下影线较短，表明多空陷入僵局，行情将随时面临突破，投资者需要耐心等待。

4. 大阴线的应用法则

（1）若大阴线在上升行情中出现，则意味着行情深幅向下回档。

（2）若大阴线在下跌行情中出现，则意味着行情加速向下深跌。

（3）如果大阴线出现的盘中走势是渐渐盘落的，则预示股价短期仍难以见底。

（4）如果大阴线出现的盘中走势是尾盘跳水形成的，并且没有实质性利空，则不排除出现最后一跌的可能。

5. 中阴线的应用法则

（1）若中阴线在上升行情中出现，则意味着行情向下回档。

（2）若中阴线在下跌行情中出现，则意味着行情向下深跌。

（3）如果中阴线是在全天盘中不断震荡走低的走势中形成的，则往往预示次日仍有继续下跌的趋势。

（4）如果中阴线是因为尾盘突然跳水形成的，而二级市场价格并不高时，则需注意次日可能出现回升走势。

6. 小阴线的应用法则

（1）小阴线表示空方呈打压态势，但力度不大。

（2）若小阴线在上升行情中出现，则意味着行情面临强势回档。

（3）若小阴线在下跌行情中出现，则意味着行情处于向下滑跌。

（4）如果出现小阴线且上下影线较长，则表明多空争斗激烈。

（5）如果出现小阴线且上下影线较短，则表明多空陷入僵局，随时面临突破，投资者需要耐心等待。

K 线是价格运行轨迹的综合体现。无论是开盘价还是收盘价，甚至是上下影线，都代表着深刻的含义。但是绝对不能机械地使用 K 线，趋势运行的不同阶段出现的K线或者K线组合，代表的含义不尽相同。

研究K线首先要明白以下几个要素。

第一，K线的周期。

同样的K线组合，月线的可信度最高，周线次之，然后才是日线。月线出现看涨的组合，上涨概率最大，周线上涨的组合可信度也很高，日线骗线的概率较大，但是很常用。在运用K线组合预测后市行情时，日线配合周线和月线使用效果更佳。

第二，K线所处阶段。

股价运行的不同阶段，出现同样的K线组合代表的含义不同。比如，同样是孕线，在下跌段尾声出现就比在震荡阶段出现的见底信号更可信。不能一见到孕线或者启明星线，就认为是底部到来，必须结合整个趋势综合来看。

第三，K线与成交量配合。

K线组合必须配合成交量来看。成交量代表的是力量的强度，代表多空双方博弈的激烈程度，而K线是博弈的结果。若只看K线组合，不看成交量，其效果要减半。成交量是动因，K线形态是结果。

以上三个要素是研究阴阳K线的前提。

第二章
阴尽阳生之一生二

一、乾坤逆转

个股或指数在运行中会产生方向性的变化，探究其中的变化特征是投资者一直以来的追求。个股或指数从顶部到底部，再从底部重新确立上升趋势，有一种形态的出现可以帮助投资者先行一步发现行情的转换，这一形态就是定海神针形态。该形态出现之后，个股或指数的运行将发生趋势性变化，有逆转乾坤之功能。阴尽阳生开篇就以这一形态开始。

定海神针 K 线组合主要用于对股价阶段性底部的判别，由三根 K 线组成，中间是一根长下影线，如同一根定海神针，股价由此止跌。如图 2–1–1。

其技术特征如下。

第一，股价前期经过了连续调整。

第二，由三根 K 线组成，第一根 K 线是中阴或大阴线。

第三，第二根 K 线是长下影线，阴线或阳线皆可，但开盘价和收盘价都不可超过前一天阴线的收盘价。

第四，第三根 K 线是中阳或大阳线。

第五，成交量同步放大。

若个股或大盘处于长期调整的末期，某日先是大幅下挫，但是很快即被强行拉起，日 K 线留下长长的下影线，则表明探底成功。在股价整理期间出现定海神针走势，在日 K 线图中留下长长的下影线，股价如同有一双

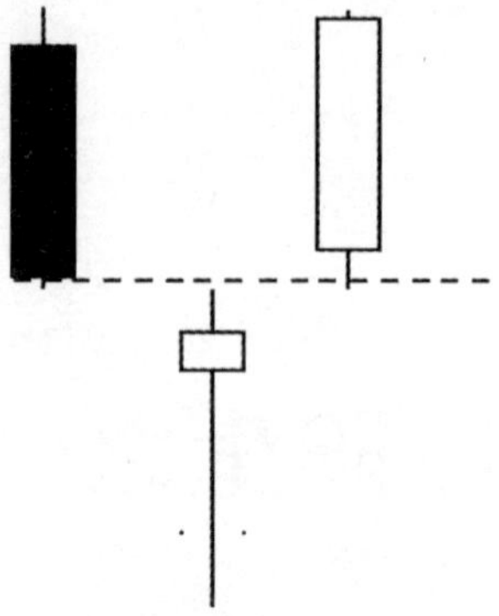

定海神针

图 2-1-1

无形的手被托住，跌下去往往能迅速拉起。

该形态也表现了庄家洗盘的过程，先是用大单不断往下砸，在大家吓得拔腿而逃之际，庄家反手做多，迅速将股价拉起，日线图上留下长长的“尾巴”。

股价若经过长期下跌后出现定海神针 K 线形态，成交量同步放大，短线投资者可迅速追进，耐心等待一轮反弹行情。

若在横盘整理期间出现定海神针，此时的表现形式是股价莫名其妙地大幅下跌。若成交量并未放出，通常为获利盘涌出，或是庄家刻意打压，此时可见跌则买，甚至将买单挂在接近跌停的位置，短线炒作。

对大幅洗盘的个股，洗盘结束之后常会继续拉抬，投资者此时可继续持股。

下面通过案例来分析个股走势，找出行情逆转的迹象。如图 2–1–2。

图2–1–2是登海种业(002041)2014年9月—2015年6月的K线走势图。股价在前期上升行情之后出现一波调整走势，股价在均线系统附近上下震荡，并未出现明显的下跌趋势，后市仍相对看好。

2015 年 3 月 12 日早盘，大资金的刻意向下打压让投资者不知所措。当惊慌失措的投资者刚卖出筹码时，股价就迅速回升。当投资者还在考虑

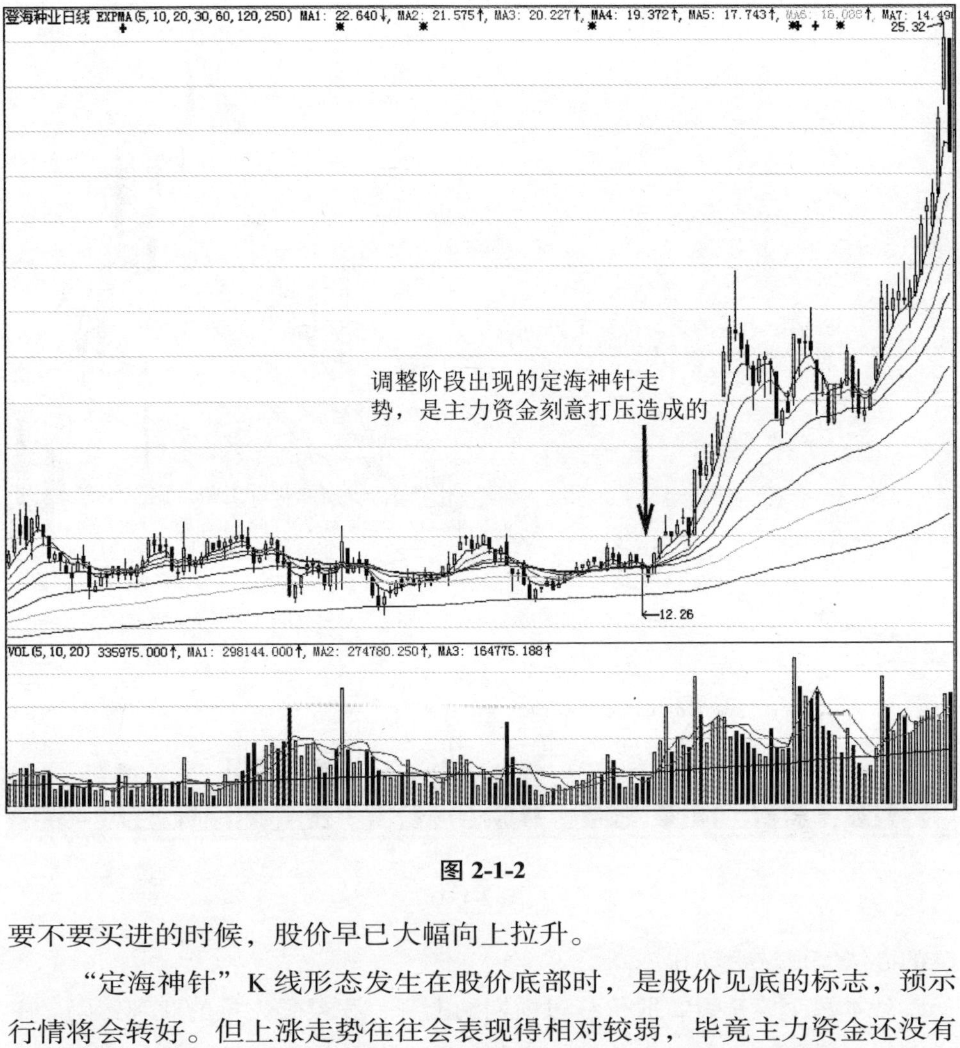

图 2-1-2

要不要买进的时候，股价早已大幅向上拉升。

“定海神针”K 线形态发生在股价底部时，是股价见底的标志，预示行情将会转好。但上涨走势往往会表现得相对较弱，毕竟主力资金还没有完成筹码收集，上方的套牢盘依然庞大，不利于股价短期内迅速拉升。

当此种形态发生在上升期的回调阶段，则有立竿见影的效果。大资金在此做一个短时间的深度洗盘，随即拉升股价，个股后市行情看好。

再看一个案例。如图 2–1–3。

图 2–1–3 是星期六（002291）2015 年 2 月—2015 年 6 月的走势图。图中出现一个定海神针 K 线形态，在这个过程中，大资金往往利用急速深

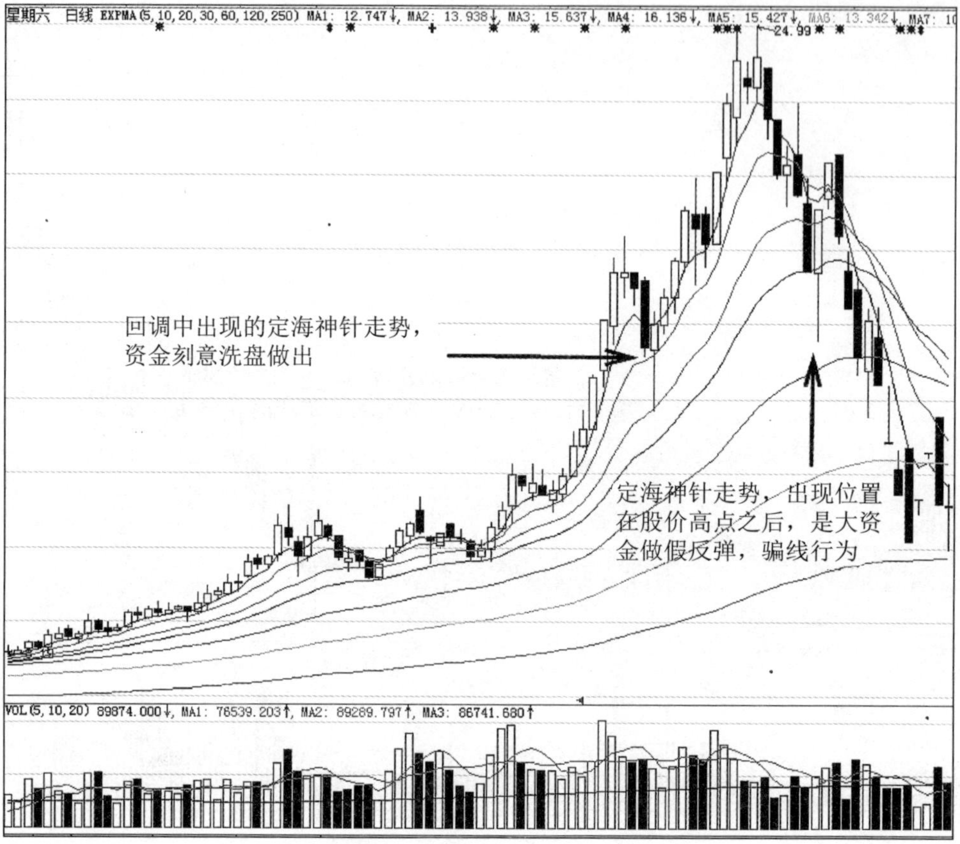

图 2-1-3

跌的办法完成洗盘动作。

就本只个股来看，股价经过前期的上升，积累了大量的获利筹码。庄家不想让获利筹码在高位兑现，影响自己的拉升，所以就预谋了一次洗盘。

下面来看看这样洗盘的好处：急速阴跌，迅速回抽。短时间洗去浮筹，不至于从根本上影响投资者的判断，后市仍可吸引投资者跟进，股价随后快速拉升。股价收出此形态后及时买进的投资者，短短几天获利不菲。

对后来出现的定海神针走势，投资者则需谨慎一点。这时股价行情已出现逆转，定海神针体现的转势力道软化，这也是前文强调 K 线分析要注意股价或指数所处阶段的原因。不同的阶段，同一个形态信号会有截然不同的市场含义，这一点投资者需要注意。

这是定海神针在回调中的使用，大资金利用其作为洗盘的利器，为股价的后市拉升减轻抛压。当定海神针出现在股价回调的末端，则是资金介入的痕迹。虽然股价在后市会因大资金介入的量能限制而影响拉升的幅度，但在这一信号出现后，股价后市走势看好，投资者此后可转换思维，注意买股介入。

下面来看案例。如图 2-1-4。

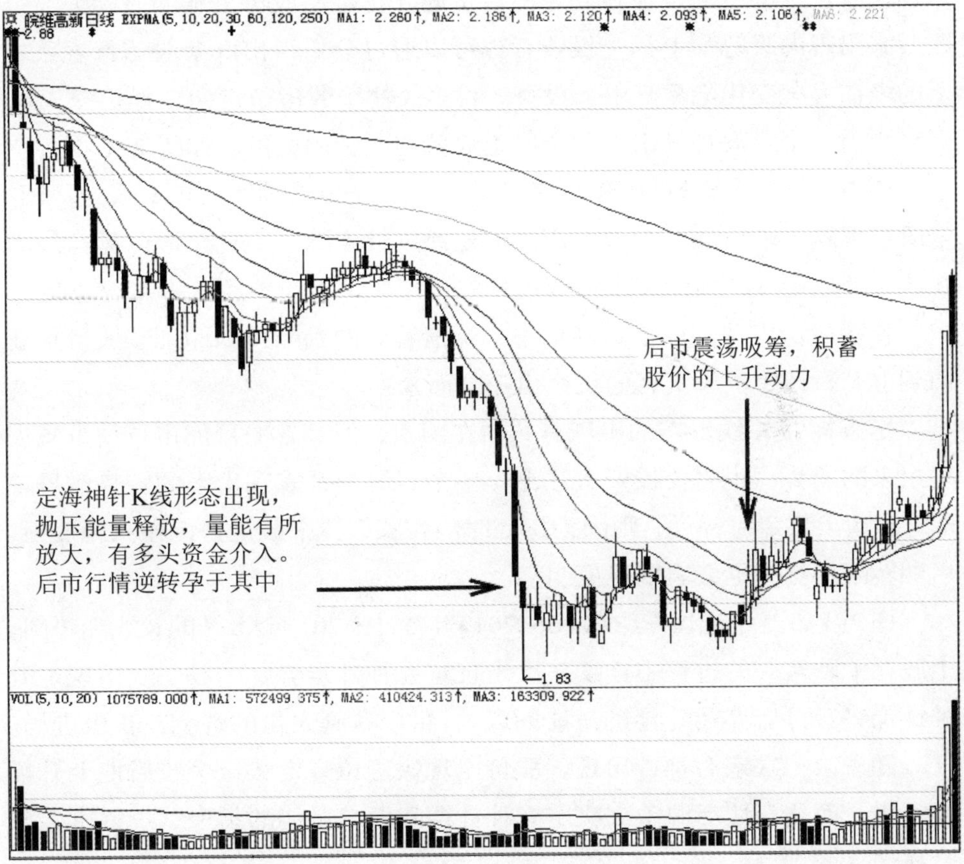

图 2-1-4

图2-1-4是皖维高新(600063)2013年3月—2013年9月的K线走势图。个股在走出高点之后，形成一个长时间的下降趋势，股价在这一过程中出现巨大的跌幅。

在个股回调的过程中，股价的估值得到修复，会吸引一部分投资者的注意。在股价进一步下跌的过程中，这些资金进场接盘，在K线形态上就形成一个长长下影线的定海神针形态。长时间的股价下跌，抛盘得到有效释放，这也是能形成此形态的重要因素。

资金进场，抛盘减少，股价的后市不利因素减弱，看好因素出现，可以预期股价走势将出现逆转。当然，量能才是推动股价上涨的原动力，个股后来出现的吸筹与上扬，投资者也可以通过分析得出。个股运行表象之下的内在力度变化隐藏其中，投资者可多关注个股后市走向，择机介入。

再看一个定海神针出现后个股走势乾坤逆转的案例。如图2-1-5。

图2-1-5是南京高科(600064)2013年2月—2013年9月的K线走势图。个股在下跌末端出现一个长下影线的定海神针走势，表明个股的抛盘压力在此处释放殆尽，新的资金出现进场的迹象，预示股价后市将出现逆转。

伴随股价出现的放量走高形态，行情看好的判断得到印证。股价重新回到上升行情中，投资者的机会也随之而来。

定海神针K线形态的出现有其内在因素，但其在股价熊市行情末端表现出来的弱势，也需要投资者注意。单个定海神针表现出来的转势信号较弱，多次出现定海神针，则因为探底时间拉长，让个股走势慢慢从弱变强，后期转强的势头也会表现得更明显。

图2-1-6是宇通客车(600066)2014年2月—2014年8月的K线走势图。个股在下跌筑底的过程中连续三次出现定海神针走势。个股三次出现定海神针走势后，抛盘减弱。伴随量能的放大，可以看到大量的资金在积极进场。

随着第三次定海神针出现，股价出现快速拉升走势。个股后期上升幅度不错，而这一切都源于三次定海神针期间做多量能的集聚，投资机会早已显现。

多次出现定海神针，股价走势逆转信号更强，后期走势更猛烈。投资

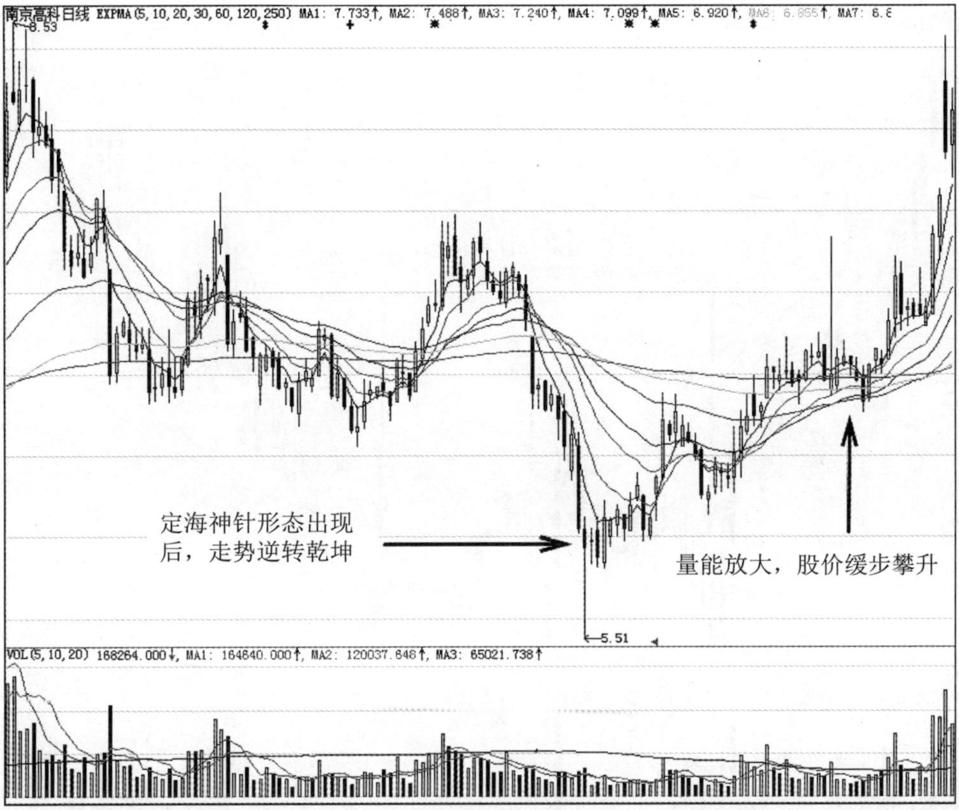

图 2-1-5

者可注意其中的投资机会。

再看一个案例，如图 2–1–7。

图 2–1–7 是得利斯（002330）2012 年 7 月—2013 年 1 月的 K 线走势图。个股在下跌中因抛压与做多资金进场形成一个长下影的定海神针走势。个股在其后的走势中出现逆转，随后行情看好。

从图中也看到，个股在收出定海神针过程中，量能方面体现出来的做多力量不足制约着股价的继续上行。与此同时，大资金也深感自身筹码不足，打压拉升吸筹成为大资金的首选策略，这样短时间内即可集聚大量筹码。这一动作在 K 线形态上就留下了定海神针形态。股价后市快速拉升，

图 2-1-6

放量吸筹，走势更上一层楼。

定海神针在行情由熊转牛过程中是股价逆转的迹象。在股价上升阶段的回调中，则有大资金打压洗盘的痕迹。但不管怎么说，出现这样的信号，都足以引起投资者的注意。分析该形态所处的阶段行情，做出正确的判断，可以获取后市丰富的投资收益。

再看定海神针多次发生在回调阶段的案例，从中分析股价的后期走势。如图 2–1–8。

图 2–1–8 是东华软件(002065)2014 年 4 月—2015 年 6 月的 K 线走势图。

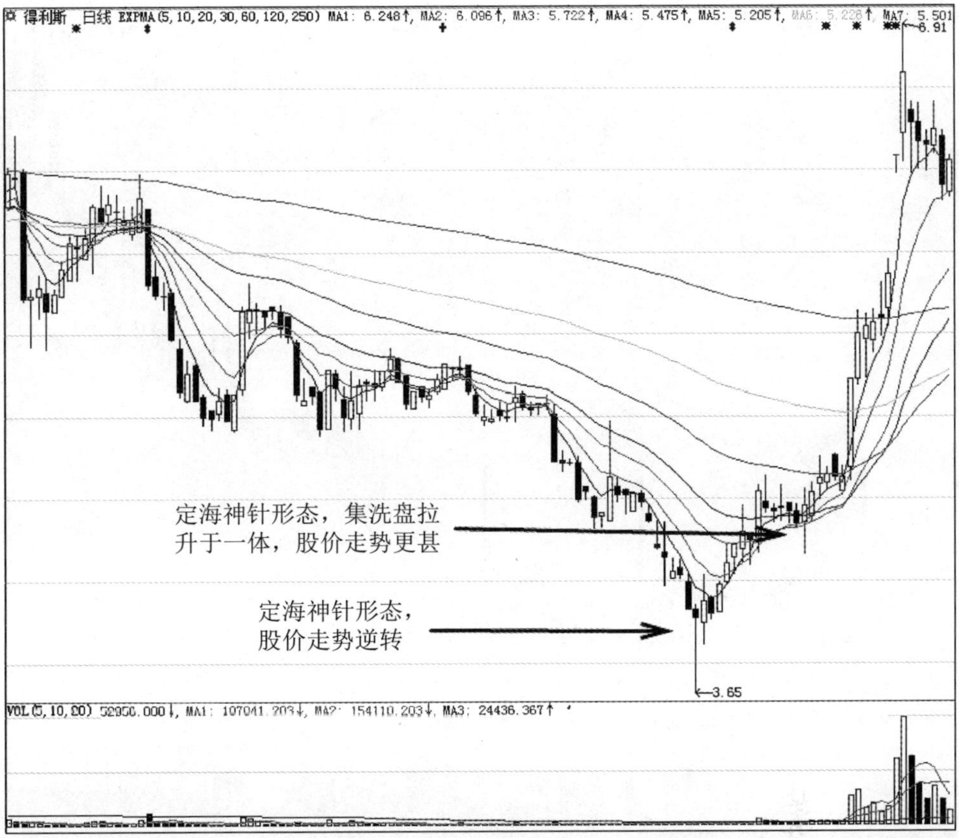

图 2-1-7

个股在前期实现一定升幅后，出现回调的需要，股价在一个区间内宽幅震荡，期间多次出现定海神针形态。随后量能放大，资金流进明显。股价在最后一个定海神针形态洗盘后走出盘整形态，随后快速拉升，个股上升幅度巨大。

个股在随后能走出这样的多倍上涨行情，横盘吸筹阶段功不可没，这也说明定海神针兼具洗盘和吸筹功能，这一点投资者需要掌握。

图 2-1-9 是大港股份（002077）2014 年 12 月—2015 年 6 月的 K 线走势图。个股在调整行情中连续出现两个定海神针形态，通过打压股价，清洗浮筹，可以为后市拉升创造条件。但这点量能还不足以拉升股价，随后

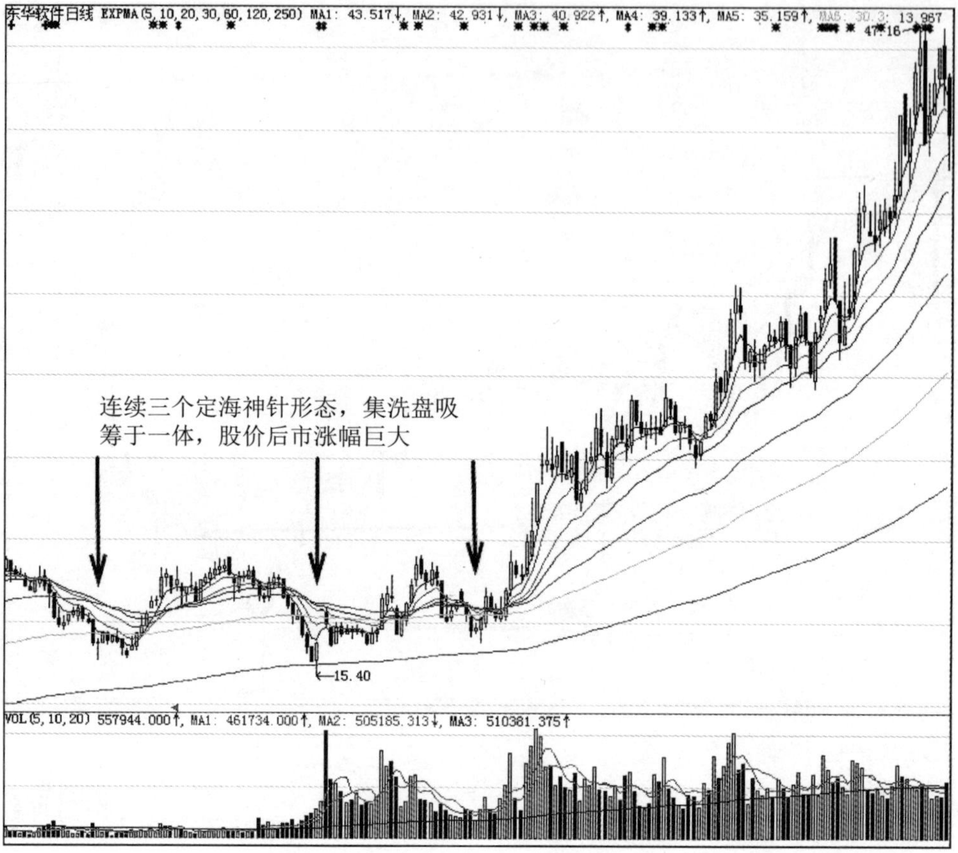

图 2-1-8

股价出现一定时间的蛰伏吸筹。之后股价出现放量拉升的走势，资金介入明显，这是投资者的介入时机。

在个股拉升过程中，可以看到大资金故伎重施，又利用连续的定海神针形态清洗浮筹。股价在不停的清洗抛盘下步步拉升，出现不错的涨幅，把握住投资机会的投资者可以获得不错的收益。对定海神针有所了解的投资者，则避免了半路下车的遗憾。

定海神针 K 线组合，其主体是一根带长下影的 K 线。结合实战，下面谈谈下影线较长的 K 线形成后对股市后期走势的影响。

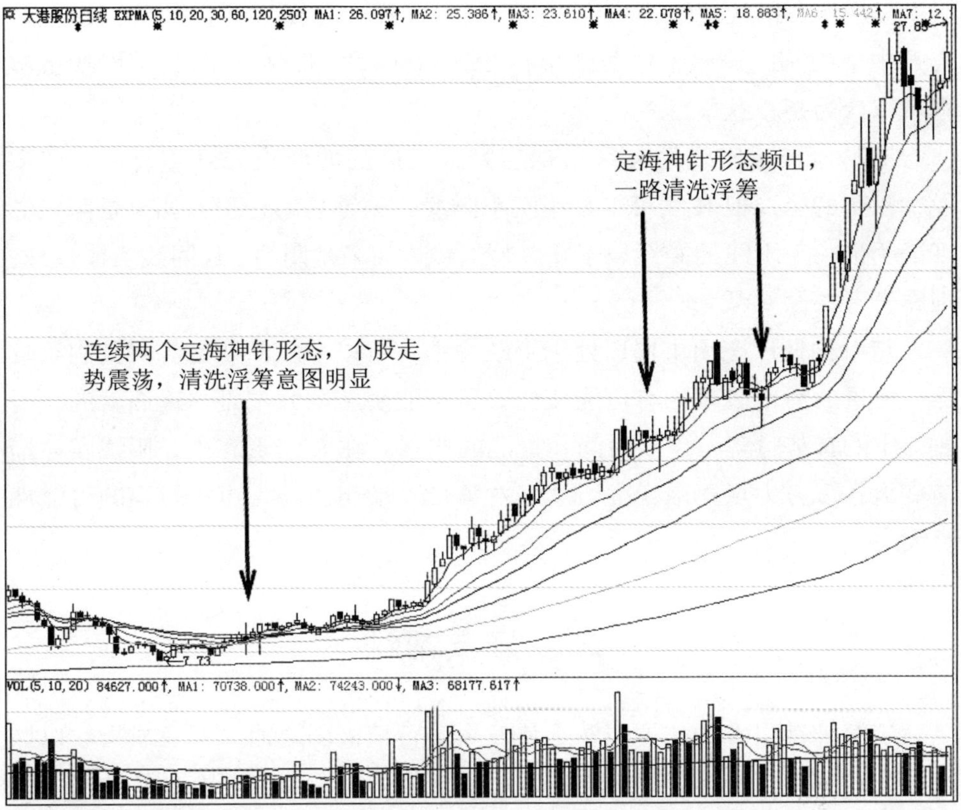

图 2-1-9

下影线分为两类：一类是下探性影线，其含义是股价将循着下影线所指的方向继续下跌，属于下跌抵抗型。另一种是止跌性下影线，其含义是股价已经探明底部，即将见底回升，属于反攻转势型。

如何区别这两种下影线呢？

一是看其所处的位置。如果股价高企，且已露出调整端倪，出现较长的下影线并不能证明股价将止跌，只能说明由于主力机构存货尚多，必须制造震荡或稳住股价，以便逐步卖出手中的筹码。故这种下影线下跌抵抗型居多，股价随后还将继续下跌。

二是从止跌性下影线所处的位置来看。从大盘的角度来看，出现大级别调整的话，指数跌幅若超过30%，且出现长下影线，则止跌信号较可靠。若是中小级别的调整，指数跌幅在25%~15%之间，出现较长下影线也基本可以认为是止跌信号。

三是看长下影线的K线出现后紧跟在后面的两根K线组合。一般来说，紧跟的第二根K线可以是小阴小阳线。关键是第三根，如果是阳线，则证明带长下影线的K线属于止跌性K线。如果是阴线，且阴线实体较长，则属于下探性K线。

定海神针形态因市场还处于下跌途中，所以个股前期走势对其制约较深，股价的后市表现仍有可能疲软。股价的阴转阳并不是一蹴而就的，需要一定的转势过程，需要时间和量能的积累。在K线形态上，阳线实体渐渐变大，多方力量逐渐变强，“好友帮忙”形态出现，市场转强的可能性更大。

二、好友帮忙

定海神针引发的乾坤逆转走势发生于行情极弱之时，个股或指数以探底的方式探寻股价运行的方向，这对投资者进行后市判断有良好的指示作用。但一根K线乾坤逆转还只是转势行情的起步阶段，阳线在此发生，但不会在此止步。阳线再进一步，就是“好友帮忙”形态出现。阳线更进一步也反映做多力量更进一步，表明阴阳的转换在向前推进。

“好友帮忙”K线组合是一种见底信号，后市看涨，提示投资者不要再盲目看空。如图2–2–1。

其技术特征如下。

第一，出现在下降趋势的末端，由一阴一阳两根K线组成。

第二，第一根K线为一根中阴线或大阴线。

第三，第二根K线是一根跳空低开的中阳线或大阳线，阳线的收盘价在前一根阴线收盘价相同或相近的位置上。

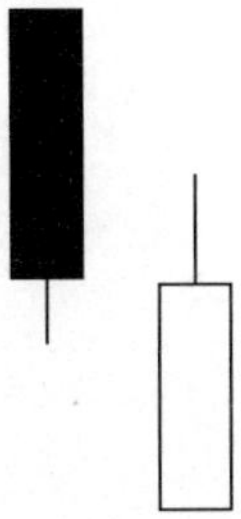

好友帮忙

图 2-2-1

好友帮忙K线组合的两根K线中，第一根阴K线为中阴线或大阴线，显示股价虽然经过长期的下跌，但市场上空方依然势大，多方暂无还手之力。多空博弈的结果为多方大败，空方力量取得大胜利。

第二根K线是一根低开高走的阳K线，并且第二根阳K线的收盘价与第一根阴K线的收盘价相同或相近，显示在前一个交易日中做空力量并未完全宣泄，股价直接跳空低开，空方力量选择一步到位的打击。当空方力量用尽全力下压股价后，空方力量已经不能再增强，而是呈现出衰竭状态。这时多方力量乘机反击，最终收盘时收在前一根阴K线的收盘价之处或相近位置上。第二根K线的多空力量演变就是多头力量将当天开盘时的空方力量所攻下的阵地全部在收盘时收复，多空双方力量相当。

好友帮忙K线组合只有出现在下降趋势的末尾阶段或是上升趋势的初始、中途阶段才是见底信号，或见阶段性底部信号。出现在上升趋势的末尾阶段或下降趋势的初始阶段、中途阶段，则好友帮忙K线组合不是见底信号，而是股价运行于下降趋势过程中的一种反弹。

下面结合案例来认识好友帮忙K线形态的应用。如图2-2-2所示。

图2-2-2是上海三毛(600689)2014年9月—2015年3月的K线走势图。个股在一段行情之后走出一个高点，股价面临回调压力，出现一定幅度的下跌，但回调力度不大，均线支撑良好，随后股价又出现走高的迹象。但这一行情没有延续，抛盘压力依然存在，股价走势形成两个高点，走势回

图 2-2-2

调的需要更甚从前。随后股价走出连续的放量大阴线回调走势，抛盘得到有效释放。

在量能释放的过程中，也能看到量能出现递减走势，抛盘出现萎缩，空方力量渐减。随后的一天股价低开，最终在震荡走势之后股价回收，多空力道在这一时间形成平衡，股价的多头走势在这一刻同时孕育。

好友帮忙在K线实体上相对乾坤逆转有所放大，但乾坤逆转与好友帮忙都是极度弱势行情下的市场转势信号，只是后市表现可能会需要时间与量能的积累。当然这也正是阴阳转换的步骤与规律所在，行情转势都会有一个由弱变强的过程。

在好友帮忙形态中，第二根阳线的收盘价如果高过前一天的收盘价，则显示多空博弈中多方占据上风，为强势型好友帮忙K线组合，后市行情相对更加看好。

若是第二根阳线的收盘价低于前一天的收盘价，显示多空博弈中空方占据上风，为弱势型好友反攻K线组合，后市走势更不容乐观。

再看一个案例，如图2-2-3。

图2-2-3是苏交科（300284）2015年8月—2015年10月的K线走势图。个股走到高位后出现大幅回调，连续的大阴线在短时间内对股价形成重大

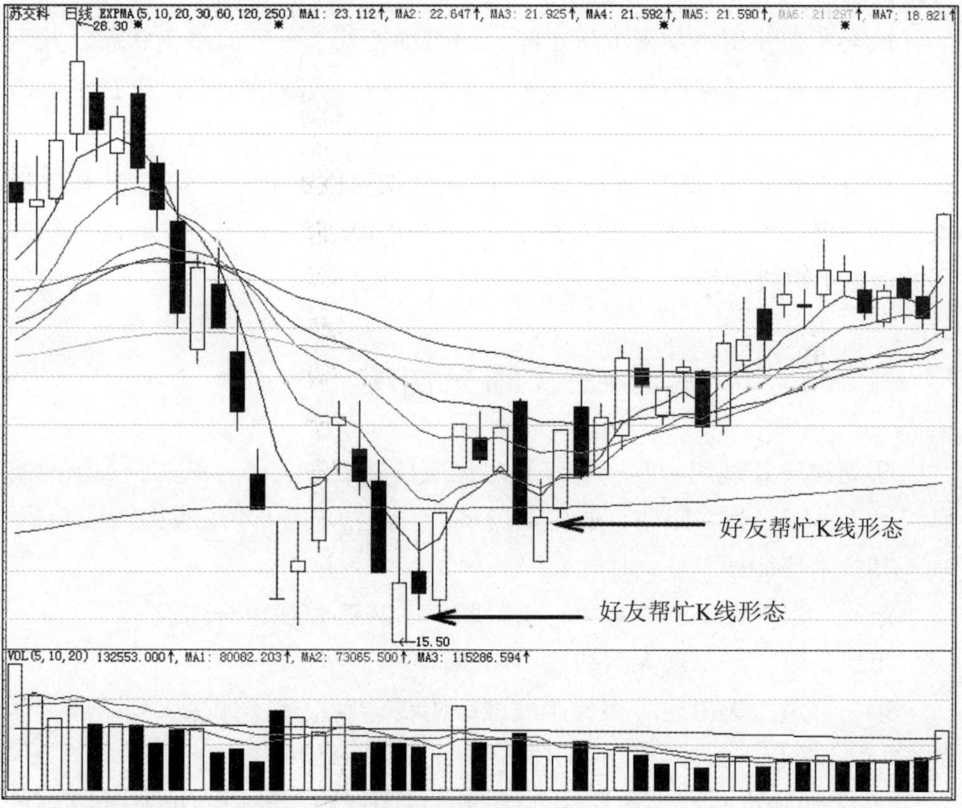

图 2-2-3

打击。随着股价的回调，新的资金介入，股价出现反弹，并维持一定时间的震荡，个股多空力量趋于平衡，做多力量也在这个过程中慢慢集聚，表现在K线形态上则是好友帮忙的多次出现，以及定海神针走势的出现。股价此后慢慢积蓄做多量能，逐步企稳回升。

股价的上涨和下跌是由多空力量的转化形成的，在股价快速下跌的过程中，空方力量远远大于多方力量。不过空方力量也在股价不断下跌的过程中不断消耗，新进资金的入驻又逐步壮大多方的力量，在一个时间段会形成多空力量的平衡。乾坤逆转与好友帮忙都是这种弱平衡状态下形成的K线走势，反映了最早的多空力量变化。随着时间的推移，多方力量逐步占据主动，也就形成更为强势的K线形态。

投资者在使用好友帮忙形态时，因市场还处于一种弱平衡状态，其见底转向信号表现得并不是太强，不宜单独使用，实战需结合其他技术形态一起分析。

在好友帮忙K线组合后，K线形态呈现更强的状态，第二根K线深入到第一根K线实体中，就形成了“曙光初现”K线形态。K线在由阴转阳的道路上更进一步。

三、曙光初现

曙光初现K线组合是一种经典的见底反转形态，顾名思义，表示黑暗已经过去，曙光就在眼前，股价随后将展开反转上升行情。如图2-3-1。

其技术特征如下。

第一，出现在下跌趋势中，由一阴一阳两根K线组合而成。

第二，第一天出现大阴线或中阴线。

第三，第二天出现一根大阳线或中阳线，且阳线实体深入到阴线实体的1/2以上处。

曙光初现反映的是市场多空力量对抗的过程，前后两根K线分别反映了前后两天的多空力量对比。

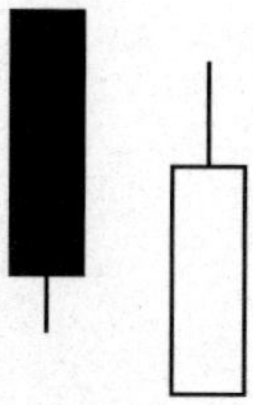

图 2-3-1

曙光初现 K 线组合的力量演变过程是：空方力量由强盛转入衰竭，然后多头力量逐渐转强并击退空方的进攻，多头乘胜进攻，最终攻入前一根阴 K 线实体的一半以上。这个力量演变过程就是曙光初现 K 线组合的形成过程。

第一天 K 线为中阴 K 线或大阴 K 线，说明当天多方力量被空方力量打败，空方占优，后市还有下跌空间。第二天 K 线为一根低开高走的阳 K 线。

第二天由于承接上一天的跌势，股价开盘即低开延续下跌，但随之空方力量耗尽，多头力量乘机反击并最终反攻，不但收复当天低开下跌的幅度，而且还攻入了前一天阴 K 线的 1/2 以上处，说明股价经过空方力量的打压后，最终被多方力量反击，多方力量收复部分失地。

从技术面来看，曙光初现 K 线组合出现后，预示股价见底或处在阶段性底部，随后见底回升的可能性很大。在弱市下跌行情中，连续性的曙光初现 K 线组合往往预示股价具有强烈的反转要求。

曙光初现与上一节中的好友帮忙的主要区别在于：好友帮忙形态第二根 K 线的收盘价未深入第一根 K 线的实体中，而是两日的收盘价相同或十分接近。曙光初现的反转信号要比好友帮忙表现得强烈。

下面通过案例来讲解此形态的应用。如图 2-3-2。

图 2-3-2 是巨星科技（002444）2012 年 8 月—2012 年 10 月的 K 线走

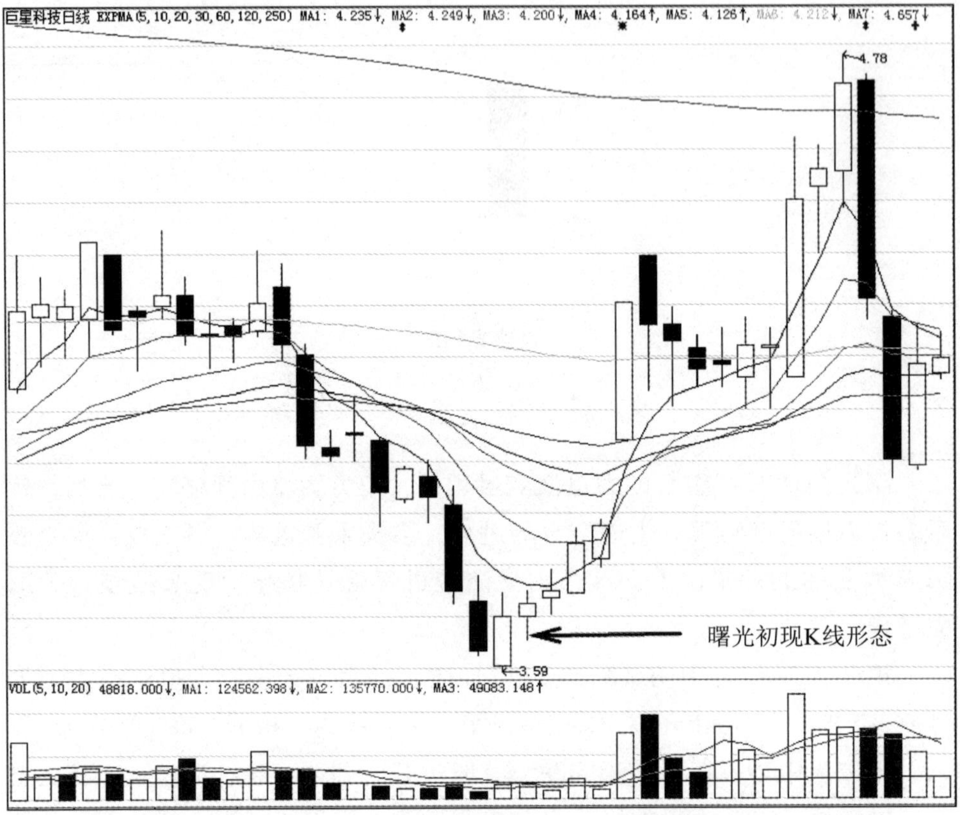

图 2-3-2

势图。个股在区间内出现快速下跌走势，显示下跌动能十分充足，做空力道一时间势不可挡。

随着股价的下行，做空力量得到释放，做多资金逐步进场。一日股价延续前一交易日的疲软低开下跌，但股价并未持续下行，而是在当天完成反转，个股多空力量在当日完成转换，多方力量优于空方力量，此后行情看好。

就个股的后期表现也可以看到，股价的转势过程相对于前两个形态更为流畅，体现的正是多方力量强大，股价快速上升的市势。

图2-3-3是省广股份（002400）2015年4月—2015年6月的K线走势图。

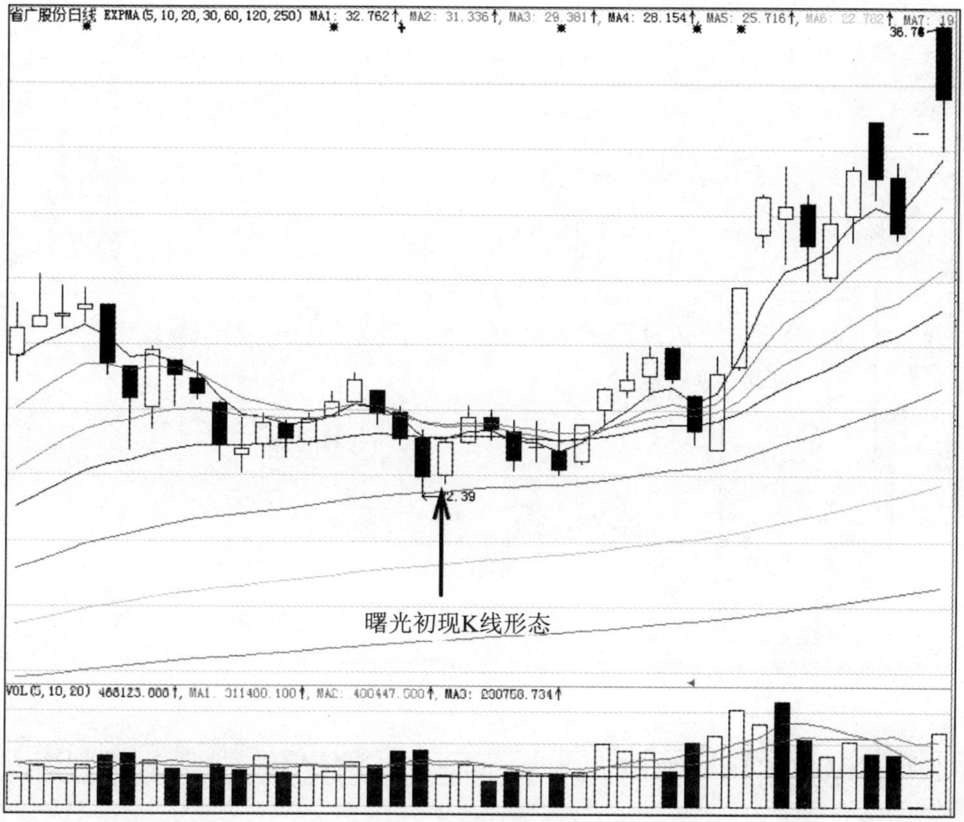

图 2-3-3

个股在回调中出现曙光初现的 K 线筑底形态，个股的多空力量对比在这一天实现逆转，并在此完成筑底。之后股价慢慢抬升，出现一波上升趋势。

个股 K 线形态走出中阴线是空方力量占优的表现，在这样的情况下，个股于第二天能够收复失地，既是做多力量强大的表现，也是做多意志坚决的表现，可以成为投资者买入股票的参考。

图 2–3–4 是三垒股份（002621）2014 年 12 月—2015 年 4 月的 K 线走势图。个股在下跌过程中，先是出现一个定海神针 K 线走势，显示有做多资金进场，多空力量形成一种弱势平衡局面。此后股价出现震荡筑底的过程。

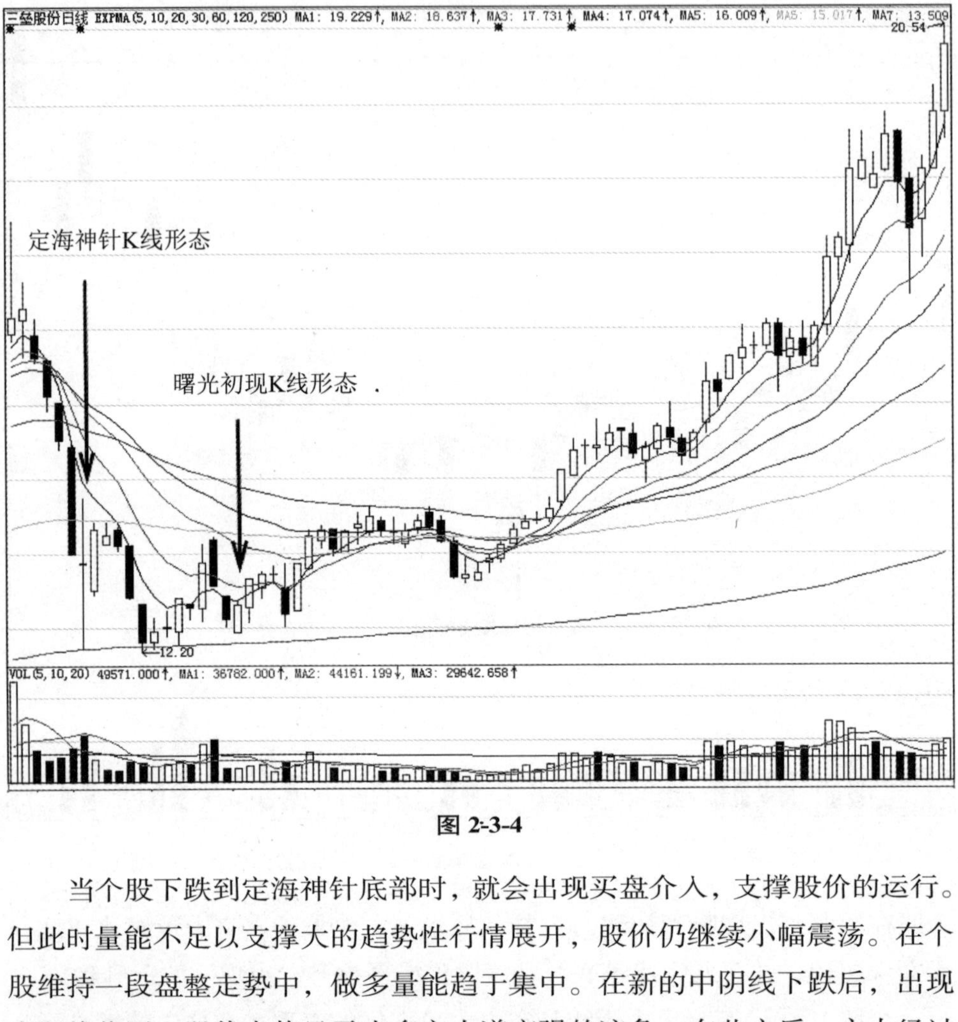

图 2-3-4

当个股下跌到定海神针底部时，就会出现买盘介入，支撑股价的运行。但此时量能不足以支撑大的趋势性行情展开，股价仍继续小幅震荡。在个股维持一段盘整走势中，做多量能趋于集中。在新的中阴线下跌后，出现中阳线收回，股价走势显示出多方力道变强的迹象。在此之后，主力经过一段时间吸筹，就开始了不错的上升趋势。

在这个案例中，投资者可以明显看出多空力道的变化，以及这些变化在K线形态上留下的痕迹。曙光初现表现出来的量能要大于定海神针和好友帮忙的力度。当然投资者也必须承认，曙光初现的力量强大是建立在弱平衡基础之上的量能积累和行情发展。这也正是本书探讨的中心内容，即阴阳的转化和多空力量转换。

投资者在实战操作中遇到曙光初现形态时，需要注意以下几点。

第一，第二天的阳线实体深入阴线实体的部分越多，转势信号越强。

第二，使用该形态时，注意区分出现的位置。在牛市中出现曙光初现K线组合，可以大胆跟进；在熊市中出现曙光初现K线形态，必须经过一个较长周期的下跌才能有效。具体来说，熊市中股价必须下跌了半个月以上，且处在这段时间的最低价。这里做出这个限制，主要是避免投资者在熊市中贸然追高，防止增加操作风险。

第三，需密切关注量能的变化情况。伴随这种K线组合形态的出现，如果同时出现缩量，表示股价已经筑底成功。

第四，出现曙光初现K线组合形态后，如果股价立即展开上升行情，则力度往往不大。相反，出现曙光初现K线组合形态后，股价有一个短暂的蓄势整理过程，往往会爆发出强劲的个股行情。

第五，对于涨幅过大的个股，若出现曙光初现K线组合形态时，投资者要防备存在骗线的可能。

四、破而后立

阳线或多方力量从一开始的长影线到阳线逐渐增大，到阳线对前一根阴线的吞噬，反映出多方力量转强的过程。在这样的过程中，多方力量逐渐累积，慢慢有了全面吞噬阴线的力量。底部的“穿头破脚”形态出现，表明下跌行情被破坏殆尽，上升行情由此而生。

穿头破脚K线组合意即第二根K线将第一根K线从头到脚全部包覆在里面了。穿头破脚有两种形态，一种是在底部出现，一种是在顶部出现（后文会有论述）。处于不同趋势及不同趋势阶段和位置的多头穿头破脚K线组合，具有不同的技术含义。如图2-4-1。

底部穿头破脚的技术特征如下。

第一，在下跌趋势中出现，由大小不等、阴阳相反的两根K线组成。

第二，第二根K线即阳线的长度，必须足以吃掉第一根K线即阴线

图 2-4-1

的全部（上下影线不算）。

从技术上来说，底部穿头破脚是股价回升的信号。顶部穿头破脚是股价见顶回落的信号。

底部穿头破脚 K 线组合中，第一根阴 K 线说明当天多空双方经过较量和搏杀后，空方力量取得胜利。若是收出同价线，则是多空较量后出现平衡。第二根 K 线为阳 K 线，并且是一根低开高走收盘价高于前一根阴 K 线或同价线开盘价实体的阳 K 线，它的出现说明多方力量经过修整后，已经酝酿着进攻空方的计划，最终多头力量大胜而归。底部穿头破脚 K 线组合是多方力量远远胜于空方力量的表现，表明个股的后市行情力道更足。

下面来看案例中该形态的应用。如图 2–4–2。

图2–4–2是江苏舜天(600287)2013年5月—2013年7月的K线走势图。个股在探底过程中首先出现一个定海神针走势，股价完成探底，走势逆转。但这一组合指示的行情相对较弱，股价行情并没有立即展开，而是出现一定时间的震荡吸筹。

个股主力在震荡的过程中测试抛盘的大小。当抛盘不大时，随着吸筹

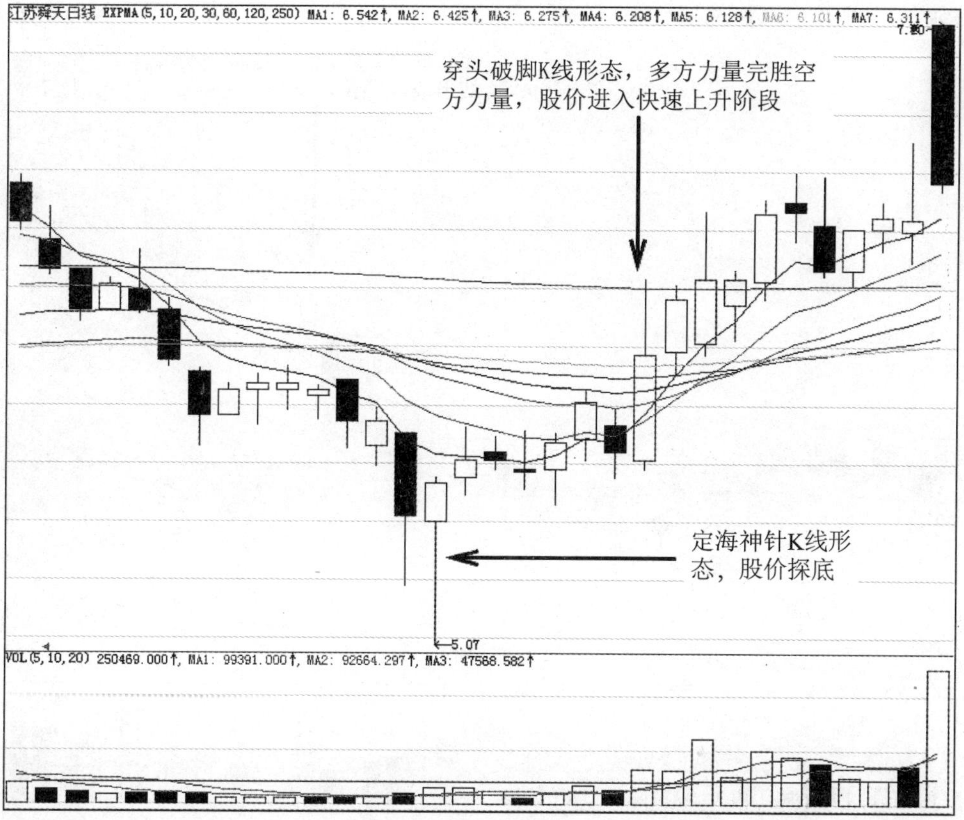

图 2-4-2

日渐充分，就会展开上攻走势。这时 K 线形态上往往就会表现出后一个大阳线对前一天阴线或十字线的全覆盖。市场中多方势力明显强势，投资者对后期走势可以积极看多。

在此补充一点，一天的多空力量对比表现的是短期力量对比，相对的行情也会较小。只有经过长时间的吸筹，多方力量才会彻底占据优势，后期大幅上涨行情才会展开。毕竟量能才是股价运行的原动力。

图 2-4-3 是秦川机床(000837)2015 年 1 月—2015 年 3 月的 K 线走势图，个股在回调后开始新的上升趋势。个股出现一定的升幅后，随着获利盘的出现，股价面临着回调的压力。此时股价出现滞涨走势，不时有阴线放出，

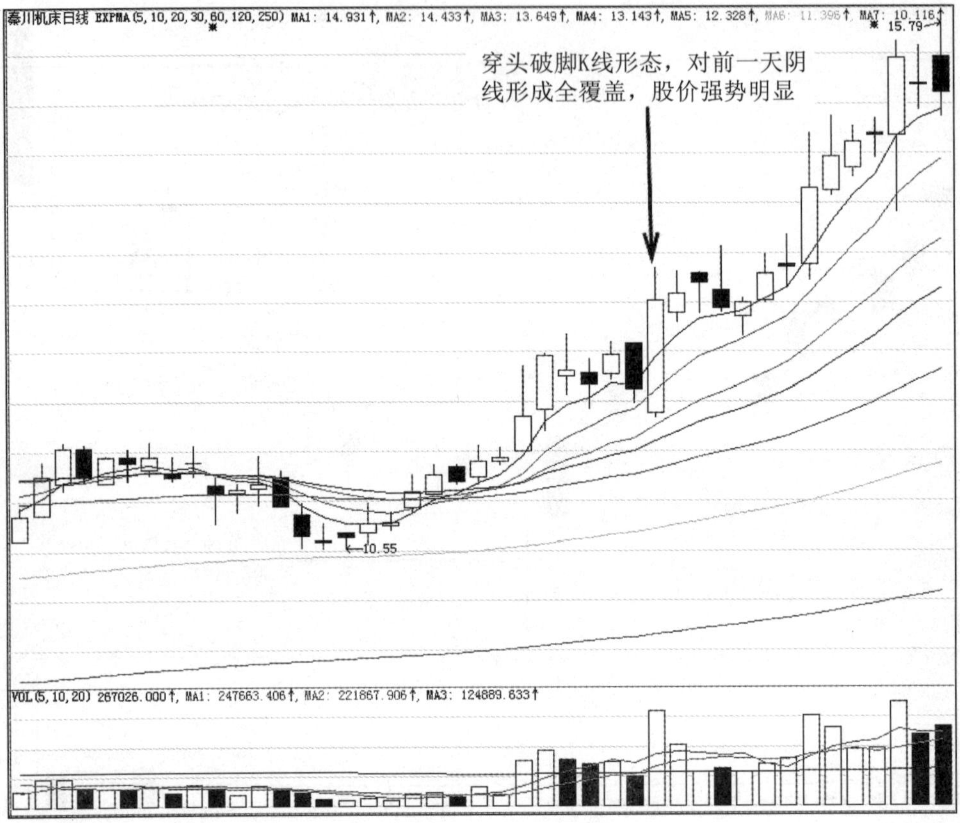

图 2-4-3

但股价维持在均线之上，是支持投资者继续看好的理由。

一日股价以大阳线完全收复前一天出现的阴线，显示力量对比多方完胜，抛盘减弱。新进资金成本抬高，也支撑股价进一步上涨。在出现穿头破脚形态后，投资者可以择机介入。

这一案例的个股形态较上一个案例更好，均线呈长期上升趋势，体现出资金有相当长的洗盘吸筹过程，这些都支撑股价的上涨行情。这时再出现这样的转势信号后，做多信号就更加明确，投资者可以积极追进，获取收益。

图 2-4-4 是思创医惠（300078）2013 年 11 月—2014 年 2 月的 K 线走

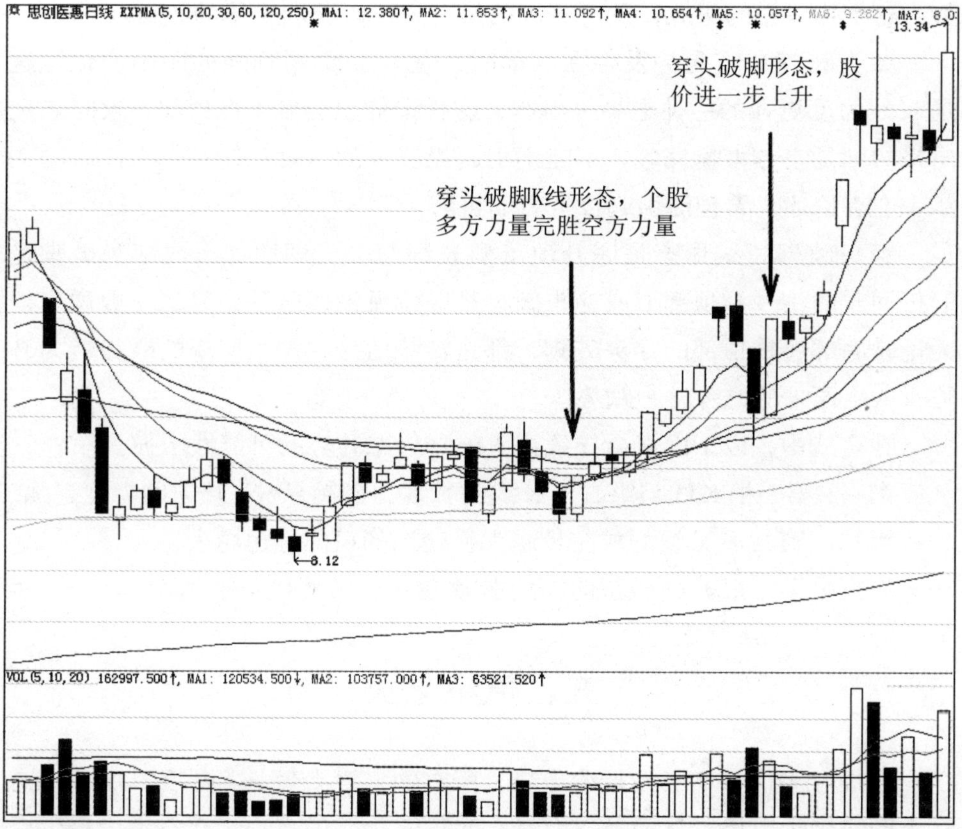

图 2-4-4

势图。个股在筑底的过程中出现底部抬升的情况，表明市场抛盘减少，新进资金开始介入。但股价仍处于弱势平衡阶段，股价在此附近震荡吸筹。

一天，股价在向下运行的过程中出现一根中阴线，空方力量暴露无遗。但这样的行情在随后一天出现逆转，个股走势随即收出一根中阳线收复前一天的阴线。多方力量在这一天形成逆转，个股走势重新看好。

个股出现第一个穿头破脚行情后慢慢站稳均线，在此过程中量能出现放大，主力吸筹明显。后来股价出现回调压力，一是因为底部盈利盘的抛压，还有一方面则是上方抛压盘的抛压，股价因此出现回调。但随后一天个股走出大阳线收复前面的回调，多方力量完胜，重新确立股价的上行趋势。这也构成新的买点，及时买进的投资者可以获取不错的收益。

穿头破脚K线走势发生在底部时，是K线由弱到强的阴阳演化，这是K线力度更强的一种走势。当然，这种走势也会发生在顶部，这时表现出来的则是空方力量完胜，不能不引起投资者的注意。这一点在以后的文章中会有论述，希望能引起投资者的警醒。

穿头破脚K线形态是底升顶落型K线组合，即底部形成穿头破脚是股价回升的信号，顶部形成穿头破脚是股价见顶回落的信号。一般说来，无论是底部还是顶部的穿头破脚，都是转势信号，即由原来的跌势转为升势，或由原来的升势转为跌势。

在实战中，以下因素会导致穿头破脚形态转势的可能性增强。

第一，第一根K线与第二根K线的长度比例越悬殊，转向的力度越强。

第二，第二根K线的成交量越大，转向的可能性也越大。

第三，第二根K线包覆前面的K线越多，转势机会越大。

五、星星之火

早晨之星代表三天的行情走势，所有的多空力量争斗尽在其中。形态从大阴线到十字星，显示做空力量有明显弱化，做多力量在空方力量强盛之时还能顽强抵抗，力保城门不失。这一十字星的出现犹如星星之火，将成燎原之势。

早晨之星K线组合是一种典型的底部形态。早晨之星又称希望之星，是一种见底回升的反转信号，预示黎明来临，前途一片光明。通常出现在股价连续大幅下跌和数浪下跌的中期底部或大底部。如图2-5-1。

在K线形态中，星形K线占有非常重要的位置。由于它们经常出现在股票走势的转折位置，因此对研判短期走势有非常重要的意义。如果早晨之星出现在下降趋势的末端，具有较强烈的趋势反转信号，投资者见此信号可考虑适量买进。

其形态特征如下。

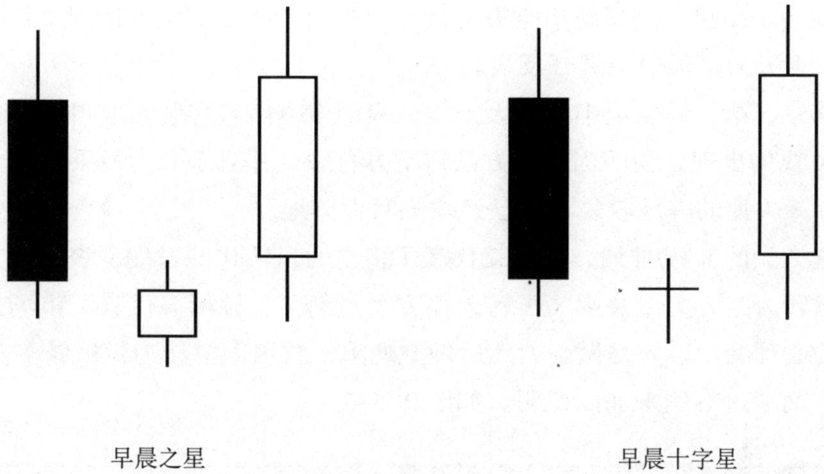

图 2-5-1

第一，早晨之星的 K 线形态由三根 K 线组成。

第二，在下降趋势中，某一天出现一根中阴线或大阴线。

第三，第二天出现一根跳空低开的小阳线（亦可以是小阴线）。

第四，第三天出现一根长阳实体。

早晨之星另有一种特殊形态，即第二天的 K 线为十字星，由此形成的 K 线组合形态则被称作“早晨十字星”，其技术含义与早晨之星相同，都是一种见底回升信号，但较早晨之星的趋势转强意味更为强烈。

在早晨之星的形成过程中，三根 K 线的不同变化，反映出多空双方力道对比在此过程中的转变。

第一，第一天的 K 线为中阴线或大阴线，显示空方完全占优。阴线长度反映了空方力量的强弱，也反映出多方力量的挫败是小输、中输还是大输。

第二，第二天的 K 线为小阴或小阳线，显示多空双方在此位置达成平衡。第二天的 K 线若为小阳线，说明多方力量防守成功。第二天的 K 线若为小阴线，则说明空方力量在第二个交易日里虽占据上风，但空方力量相较第一天已明显弱化，反映出多方已在积蓄力量准备反击。如果第二天的 K 线为十字星，则反映出空方力量已与多方力量在该位置达到了暂时的平衡，多方力量随时会展开反攻。

第三，第三天收出中阳或大阳线，表明多方由败转胜，取得主动权。这根 K 线的出现，说明当天多方已将空方打败，并且多方力量乘胜追击，将前一天失掉的阵地收复，或已经攻陷敌方阵地。

这三天的 K 线排列，本身就代表了多空力量转化的过程，表明空方力量肆虐转为空方力量衰竭，再转为多方力量新生。该形态代表了市场投资群体的心理变化，先是做空，然后做空遇阻，再由做空转为积极做多。

下面通过案例来加以说明。如图 2-5-2。

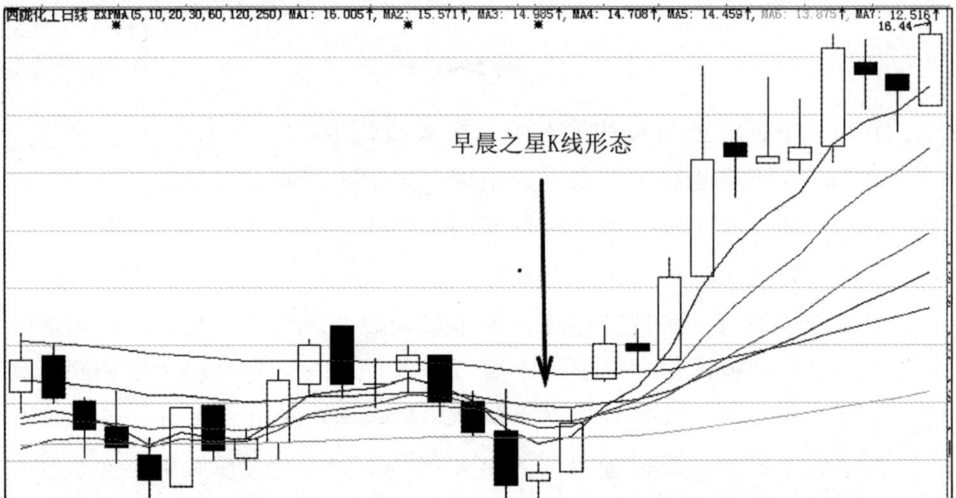

图 2-5-2

图 2-5-2 是西陇化工（002584）2014 年 5 月—2014 年 7 月的 K 线走势图。个股在横盘调整过程中，出现明显的多空力量转化。个股连续走出三个阴线下跌，显示这一过程中空头实力强大。在一个中阴线之后，个股却走出一个带上下影线的小阳线，表明个股多头在这时开始表现，多方力量明显增强。随后的一天个股走出大阳线，表明多方力量完胜空方力量，多空力量逆转，个股后市相对看好。

在个股的运行中，我们看长一点时间的力量变化。个股一开始沿着均线上下震荡，并未出现明显偏离的走势，总的来说个股运行中多空力量处于一种平衡状态。当后来股价以连阳的走势走出一段上升走势后，多方力量明显占据优势，股价后期走势更为看好。这一点反映的是更长时间的多空力量对比，由此产生的后期行情也将更为强大，投资者可多多关注，及时买进获利。

图 2-5-3 是神州高铁（000008）2013 年 12 月—2014 年 2 月的 K 线走势图。个股在下跌过程中连续出现阴线，空头力量尽显。在个股探底的过程中，一根阴线之后，第二天随即收出一个带长影线的小阳线，这说明市场空头力量减弱，开始有多头力量介入，多空力量有转换的迹象。等个股第三天走出一个大阳线后，表明多方力量完胜空方力量，行情将向好的方向前进。

这时个股仍处于极度弱势的情况下，需要足够的时间积蓄做多能量，因此行情出现反复与延迟都是正常的。投资者也要清楚地认识这一点，不要因一时的行情迟滞而否定了后期的行情走势。

再看华声股份（002670）走势中的早晨之星。如图 2-5-4。

图 2-5-4 是华声股份（002670）2014 年 11 月—2015 年 4 月的 K 线走势图。个股在一个下跌趋势中收出一连串中阴线，表明个股走势极度弱势，空方实力强大。在股价探底过程中，空方力量也在不断释放。在中阴线后的第二天股价走出一个十字星，表明这时多空势力趋于平衡。随后的第三天，股价直接以一根中阳线收复前一个阴线的失地，表明多方实力在这一时间得到充分体现。个股探底成功，股价随后开始回升。

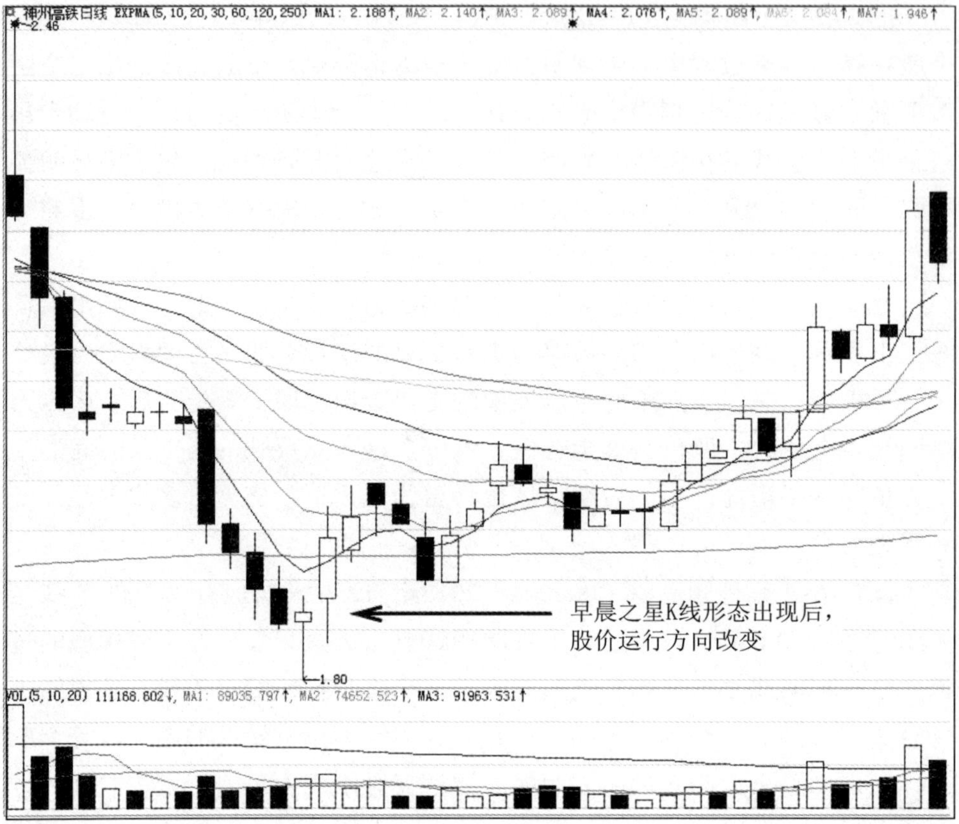

图 2-5-3

个股探底前的波折与探底后的波折都是股价弱势的表现，表明市场需要时间来完成多方力量的聚集。当股价在长时间的震荡中吸收到足够多的筹码后，股价升势随即展开。

早晨之星也可以由多根 K 线组成，若中间的小 K 线增加到两根或三根小 K 线，则形成了早晨双星、早晨三星 K 线组合，与早晨之星的意义相同。早晨三星还可以由多根 K 线复合而成，若左右的 K 线由多根 K 线复合而成，即左侧为多根中阴或长阴线，右侧为多根中阳或长阳线，其含义和实战规则与早晨之星相同。

图 2-5-4

下面通过案例来简单说明一下。如图 2-5-5。

图2-5-5是珠江钢琴(002678)2014年6月—2014年9月的K线走势图。个股在下行中形成一根大阴线，大阴线的出现显示个股做空力量强势。随后股价出现小阴小阳的震荡走势，个股在震荡中消耗空方的能量，多方也在此处积蓄能量。突然一天出现的大阳线走出这一震荡走势，同时这根大阳线也告诉投资者多方力量强势，此后股价行情稳步上升。

个股在大阴大阳之间的震荡走势中，做多量能得到充分的积累，而空方力量消耗充分，所以这样的走势往往有利于后市行情的开展。投资者可注意其中的投资机会。

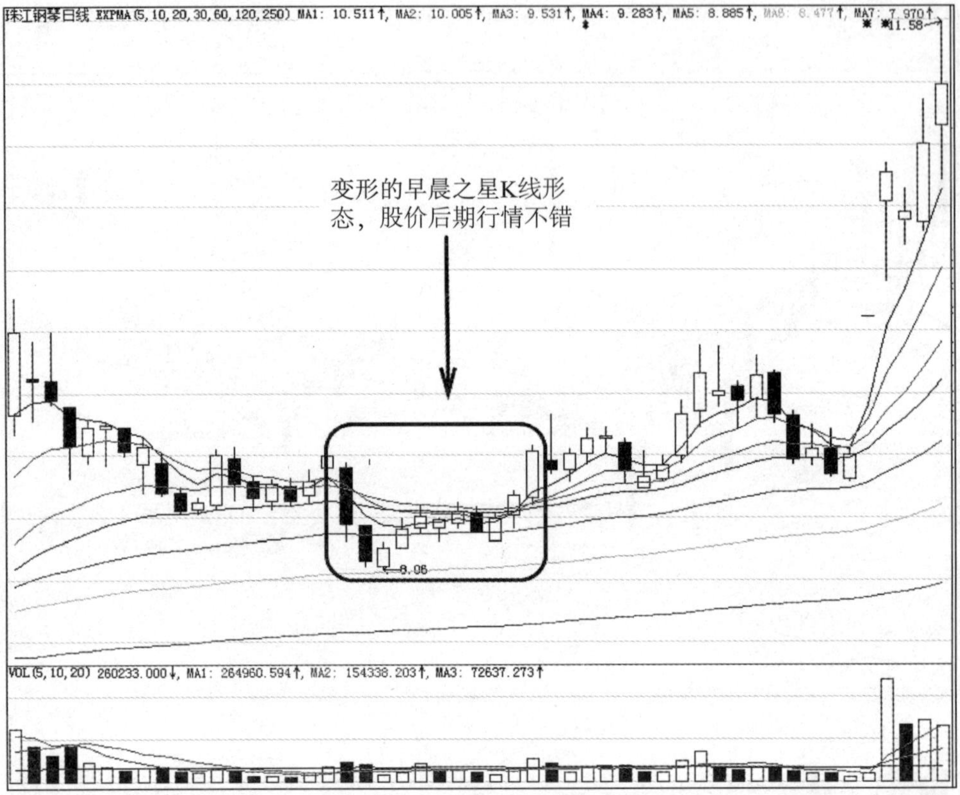

图 2-5-5

图 2-5-6 是奋达科技（002681）2014 年 9 月—2014 年 12 月的 K 线走势图。个股在筑底反转过程中形成了变形的早晨之星走势，在这一形态中有明显的大阴线和大阳线，以及中间多空力量转换所需的小阳小阴线。个股的转势用时更长，其积蓄的量能更为充分，个股的后市走势也相对简单，出现了不错的一波升势。

上方出现的震荡是上方筹码抛压形成的，股价通过震荡消化抛压，个股的后期行情值得期待。

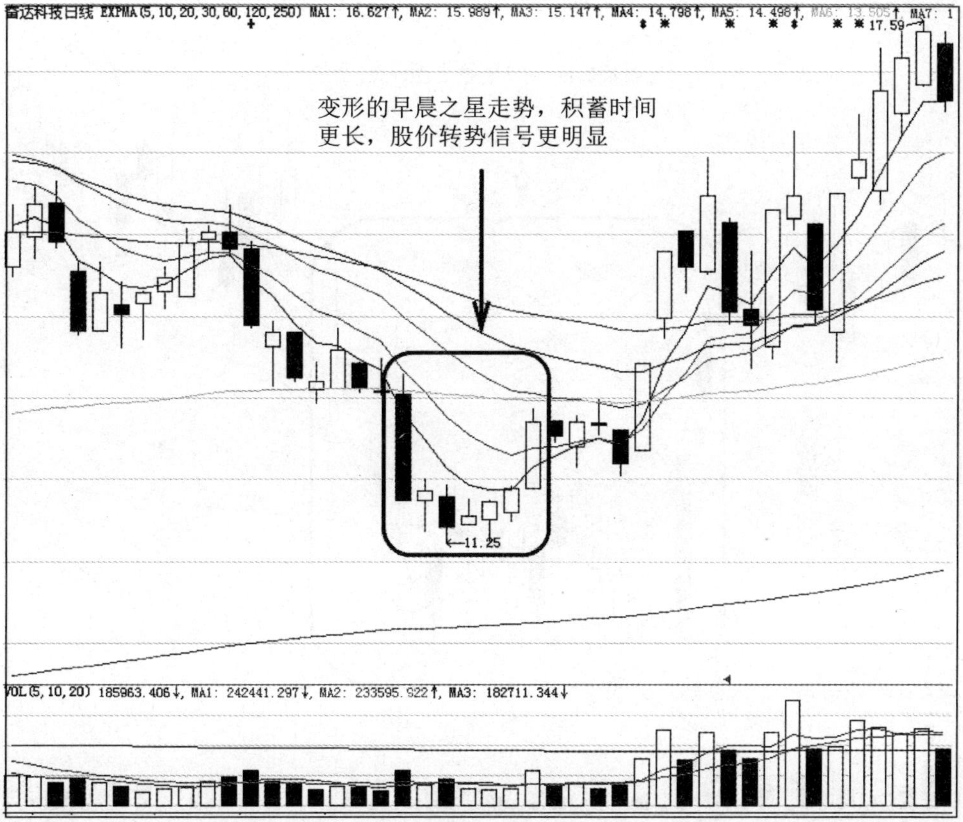

图 2-5-6

下面再看另一种变形走势。如图 2–5–7。

图2–5–7是思美传媒(002712)2014年6月—2014年9月的K线走势图。个股在下跌过程中形成连续两根大阴线，构成早晨之星K线的第一根阴线，随后出现多个小阳小阴线，构成早晨之星的小阴或小阳线。随后股价回升收出三根长阳线，这三根长阳线构成早晨之星的大阳线。在这么多K线构成大的早晨之星后，个股行情企稳，随后开始稳步上行。

这个复合早晨之星的实用性远大于三天构成的早晨之星，其后股价的反转走势更为明显，投资者可把握其中的投资机会。

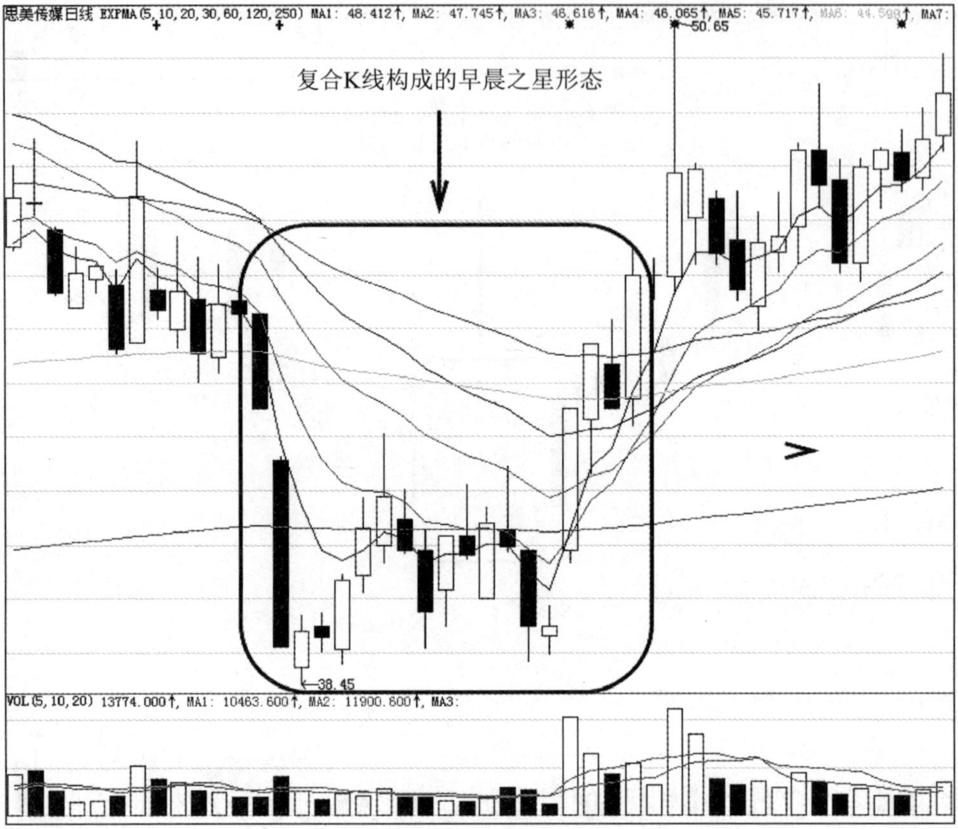

图 2-5-7

图 2–5–8 是青岛金王（002094）2014 年 11 月—2015 年 3 月的 K 线走势图。个股下跌趋势中的多根阴线，反转上升后走出的多根阳线，以及中间阶段的小阴小阳线，共同构成大的复合早晨之星形态。个股多空力量对比在这个形态之后完成转换，股价的运行方向随之发生反转。又因其持续时间较长，积蓄的做多动能更为充沛，股价后市会有更强劲的走势，投资者可把握买进机会以获取收益。

在实际操作中，投资者一旦发现某只个股在大幅下跌后出现早晨之星组合及其变形形态，并且量价配合比较理想，可以逢低买入，积极抄底。

实战具体操作要点如下。

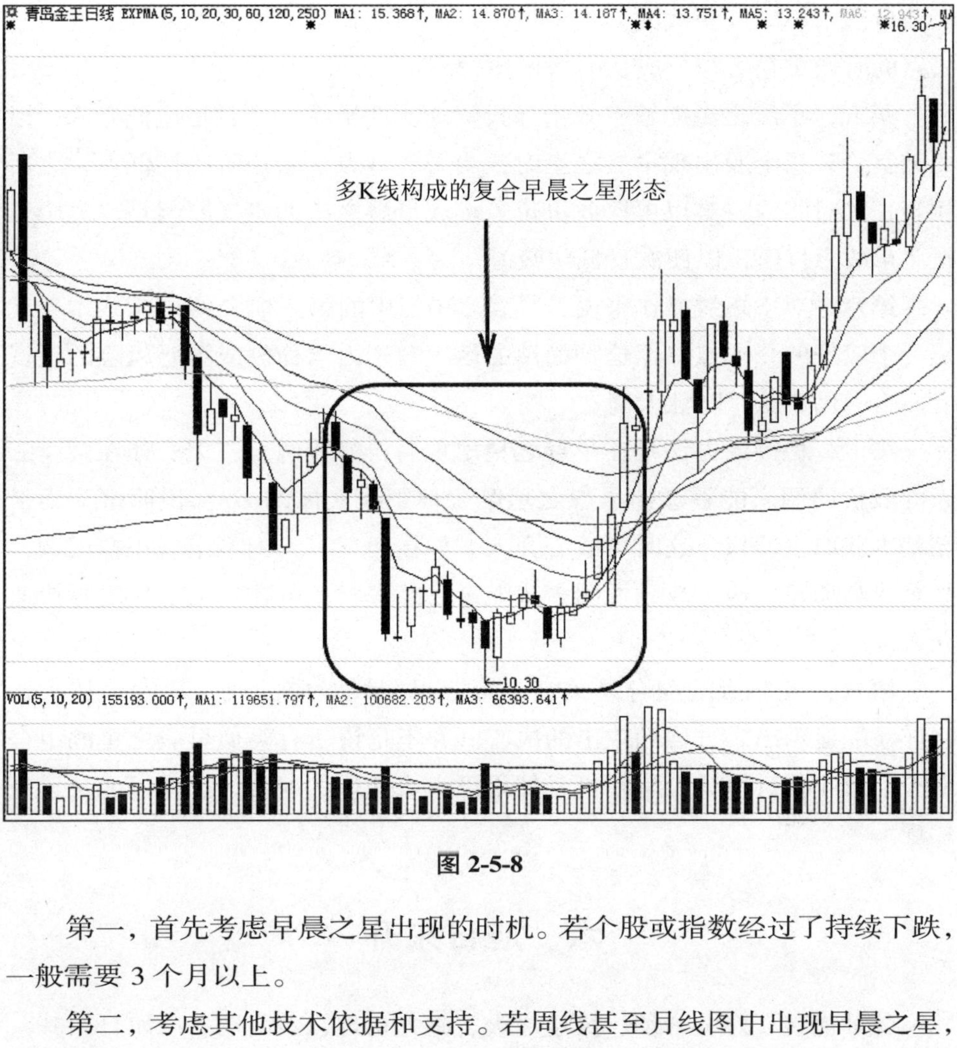

图 2-5-8

第一，首先考虑早晨之星出现的时机。若个股或指数经过了持续下跌，一般需要 3 个月以上。

第二，考虑其他技术依据和支持。若周线甚至月线图中出现早晨之星，则见底概率大增。

第三，早晨之星信号的成功率与第二根 K 线的下影线长度、第三根阳线的攻击力度有关。第二根 K 线下影线要长，第三根阳线的攻击力度要大，能达到第一根阴线实体位置的一半或其以上为好。

第四，出现早晨之星的当天，或者回调后重新上行的当天，可以逢低分批介入，不要犹豫不决，以免踏空行情。早晨之星 K 线组合出现后，当天或者后市不跌破星线的低点，特别是中阳或长阳实体的一半，出现分时买点的时候重仓参与，成功的概率比较高。

第五，早晨之星能够有效指导投资者成功抄底，或者是逢低介入，以免踏空。某只个股出现早晨之星时，当天的低点一般是阶段性低点，之后相当长的时间内将难以再探此价位。形成早晨之星的主要原因是这类个股在尾市故意打压，以便次日低位吸筹。

第六，对于短线操作来说，早晨之星当中的第三根 K 线即阳线本身就是一个较好的介入点。但这种简单的运用对于力求稳健或厌恶风险的投资者而言，仍然是风险性太高。

第七，稳健的办法是在早晨之星出现后再静等两至三天。如在两至三天内股价回调未能吞噬掉早晨之星第三根阳线实体的 2/3，说明多头力量已基本获取主动权，这时可放心介入。如在两至三天内不出现小幅回调，甚至快马加鞭加速上攻，说明多头能量已经爆发，可在突破上攻之际快速介入。

第八，成交量的配合是关键。第三根阳线对应的成交量明显放大，这样才能显示出多方强劲攻击的决心。并不是说所有类似早晨之星的组合形态都意味着行情马上有转机，如果没有成交量的配合，反弹可能是昙花一现。

六、旭日东升

乾坤逆转、好友帮忙、星星之火、曙光初现、破而后立、旭日东升，表明做多行情在一步步开展，多空经过底部争斗，多方力量最终突破空方力量的层层封锁，终于迎来新生。

旭日东升形态的出现，就如新生的太阳驱散黎明前的黑暗，生生不息的力量昂扬向上。

旭日东升 K 线组合指示股价由弱转强，如同太阳从东方徐徐升起，为见底信号，后市看涨。如图 2–6–1。

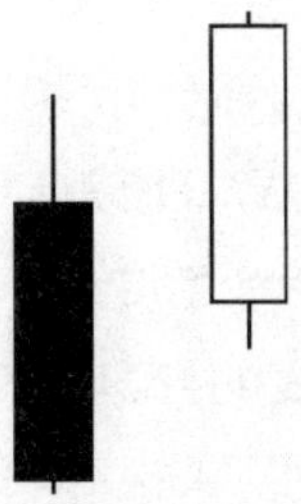

旭日东升

图 2-6-1

其技术特征如下。

第一，出现在下降趋势的末端，由一阴一阳两根 K 线组成。

第二，第一根 K 线为一根中阴线或大阴线。

第三，第二根 K 线为一根高开高走的大阳线或中阳线，且阳线的收盘价已高于前一根阴线的开盘价。

旭日东升 K 线组合与前面讲解的好友帮忙和曙光初现形态类似，都是由一阴一阳两根 K 线组合而成，且都是第一根 K 线为中阴线或大阴线，第二根 K 线为大阳线或中阳线，差异在于第二根 K 线的收盘价位置不同。

好友帮忙形态是阳线慢慢出现，曙光初现则是阳线抬升，对阴线形成了收复。到了旭日东升，就成为阳线对阴线的彻底反转。在这一变化过程中，旭日东升的见底信号要强于好友帮忙和曙光初现，K 线的阴阳转换再上一个台阶。

旭日东升 K 线组合是多空双方演变的过程。随着空方力量由强转弱，多方力量在第二日跳高开盘，全面爆发，此时空方已无还手之力。

具体的表现是：当个股在连续暴跌时，K 线连续收出大阴线。就在空方肆虐之时，多方于次日立即还以颜色，个股股价突然大幅跳空高开。其后股价收出光头光脚的大阳线，且大阳线的实体部分完全覆盖了上一交易日的阴线实体，多头力量形成对空头力量的完胜。

旭日东升 K 线组合中，第二根 K 线是一根高开高走的阳线，说明股价经过连续下挫，空头能量已释放殆尽。在空方无力继续打压时，多方力量此时积极接盘，在第二个交易日愿意以比前一个交易日更高的价位买入，这样就形成了高开盘面。随后个股走势一路向上，高开高走。

当收盘价高于前一根阴线的开盘价时，说明多方力量已将前一个交易日的空方阵地摧毁，并且战胜了前一个交易日的空头力量。股价高开高走的同时，个股前景又开始变得光明起来，这也是“旭日东升”名称的由来。

下面通过一些案例来分析其中的多空阴阳变化。如图 2-6-2 所示。

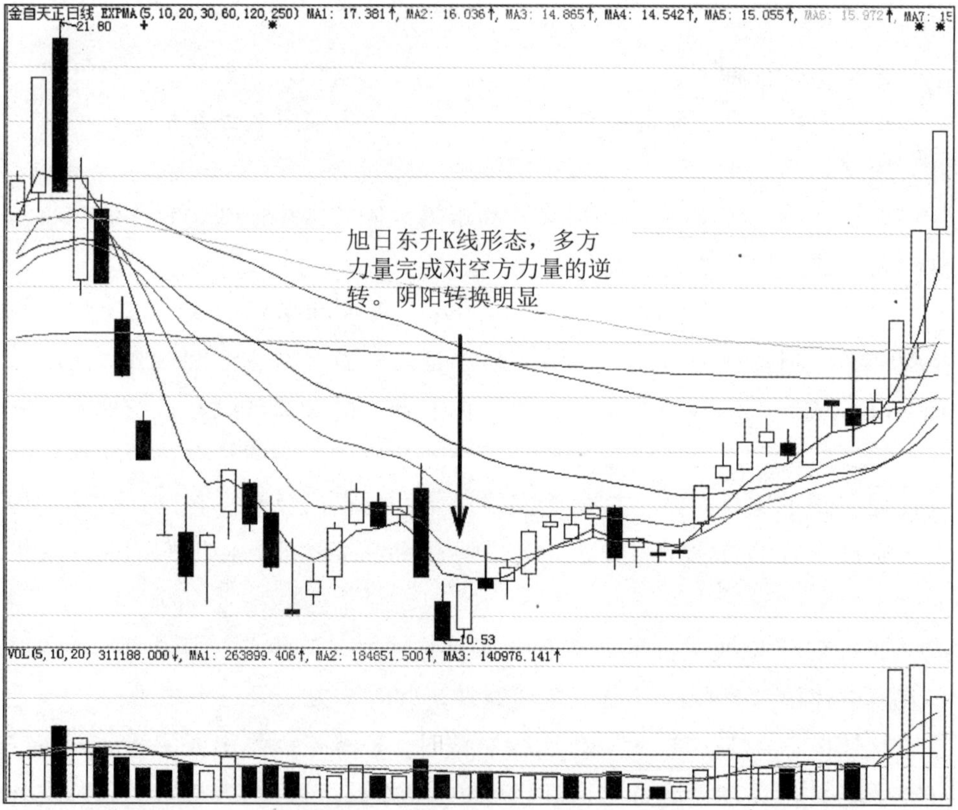

图 2-6-2

图 2-6-2 是金自天正（600560）2015 年 8 月—2015 年 10 月的 K 线走势图。个股在运行中出现从空方力量占据绝对优势到多方力量占据绝对优势的变化。在这样一个大的力量转化情况下，下面来看多空力量的具体对比转换。

首先个股走出大阴线及连续的跳空阴线，在这一时期，空方占据绝对优势。随着股价的快速下跌，空方力量得到释放，出现减弱的迹象。这时在 K 线上形成了震荡走势，个股在此形成弱势平衡状态。

就在空方力量作最后一搏时，K 线上出现连续两根大阴线。多头力量立马还以颜色，以一根中阳线收回前一天的跌幅，多头力量在这一天完成对空方力量的逆转，随后股价逐步进入多头行情中。投资者把握投资机会，可获取不错的收益。

图中也能看到定海神针 K 线形态的出现，这一形态出现早于旭日东升形态，发出的信号更早，当然其对后市多空力量转换的指示信号也会更弱。投资者需要承认，正是因为有了这些形态在前期出现，或者是多方力量在前期的积累，才有了现在行情的旭日东升。

个股多空双方力量的变化，表现在 K 线上，则是 K 线阴阳的转换：力量空转多，K 线阴转阳。在这里还想强调的就是多空转化或阴转阳的过程。投资者也看到了，个股在完成多空转换时，消耗了大量的时间，旭日东升只是这一过程中的一环，只不过相对前一些形态更为明显。

下面再看一个案例。如图 2-6-3。

图 2-6-3 是九安医疗（002432）2015 年 8 月—2015 年 10 月的 K 线走势图。这一案例的个股走势和上一案例如出一辙，隐含在其背后的多空力量转换也如出一辙：空方力量由极盛逐渐减弱，多方力量由极弱慢慢变强。个股的 K 线形态完整地表现出这一过程，这个转化的过程，就是投资者发现并逐步买进的过程。

个股在旭日东升后出现盘整，是为积蓄做多能量做准备。再后来的抬升，是在更长的时间周期里告诉投资者个股行情好转，可以及时介入。

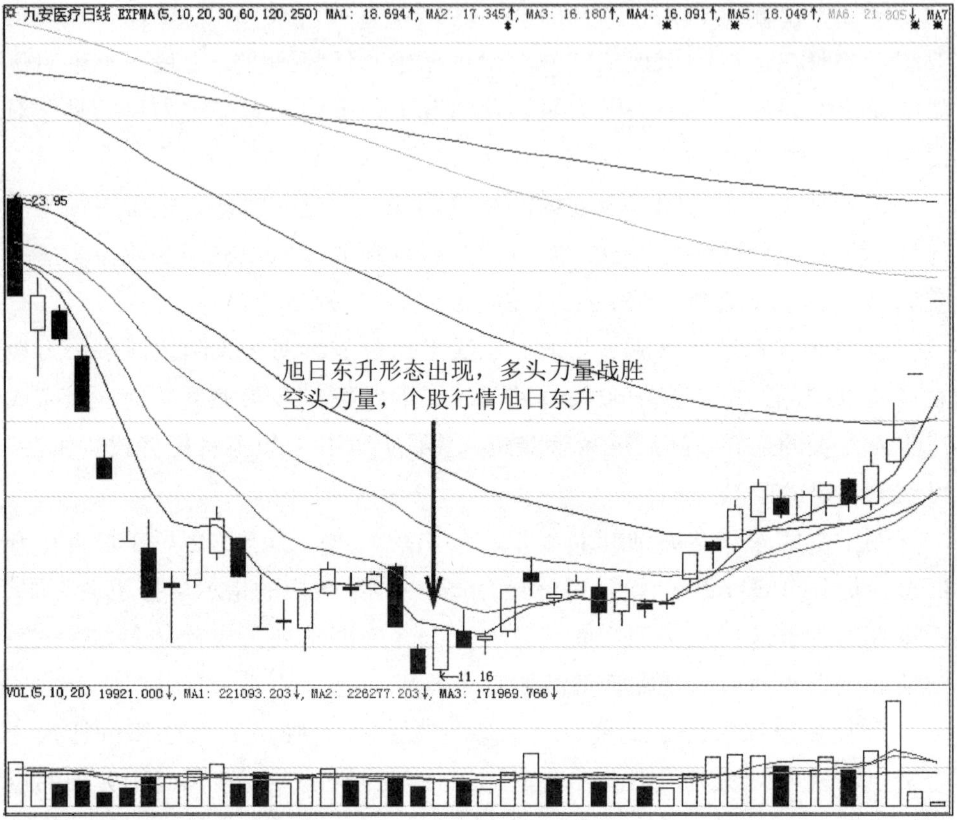

图 2-6-3

图 2–6–4 是宜安科技（300328）2015 年 8 月—2015 年 10 月的 K 线走势图。这是个股在上升途中的一次回调走势。个股在前一阶段出现快速上升，带来了大量的获利盘，股价继续上行面临很大的抛压，做一个回调去释放高位抛压是很有必要的。

个股在开始阶段出现快速回落，做空能量得到快速释放。在股价出现巨大跌幅后，抛盘萎缩，但这个时候多头能量也需要一个积蓄的过程，随后股价出现盘整走势。空方能量做最后一跌后，做多能量涌现，股价于第二天高开高走，收回前一天的跌幅，随后个股继续上升趋势。

前期出现的旭日东升、曙光初现形态，是多头积蓄能量走出的形态，

图 2-6-4

投资者利用这些判断形态时要注意一点，即回调的时间。若是投资者难以把握，可等形态出现后股价走势得到确认时再介入，这样可以减少介入的风险。

下面再看中信证券的走势。如图 2-6-5。

图 2-6-5 是中信证券（600030）2015 年 9 月—2015 年 11 月的 K 线走势图。个股在空头势力强大的时候快速下跌，短短时间股价就出现大幅回落。在个股大幅回落后，开始有资金介入接盘，股价呈现的震荡走势即是多空双方争斗的痕迹。

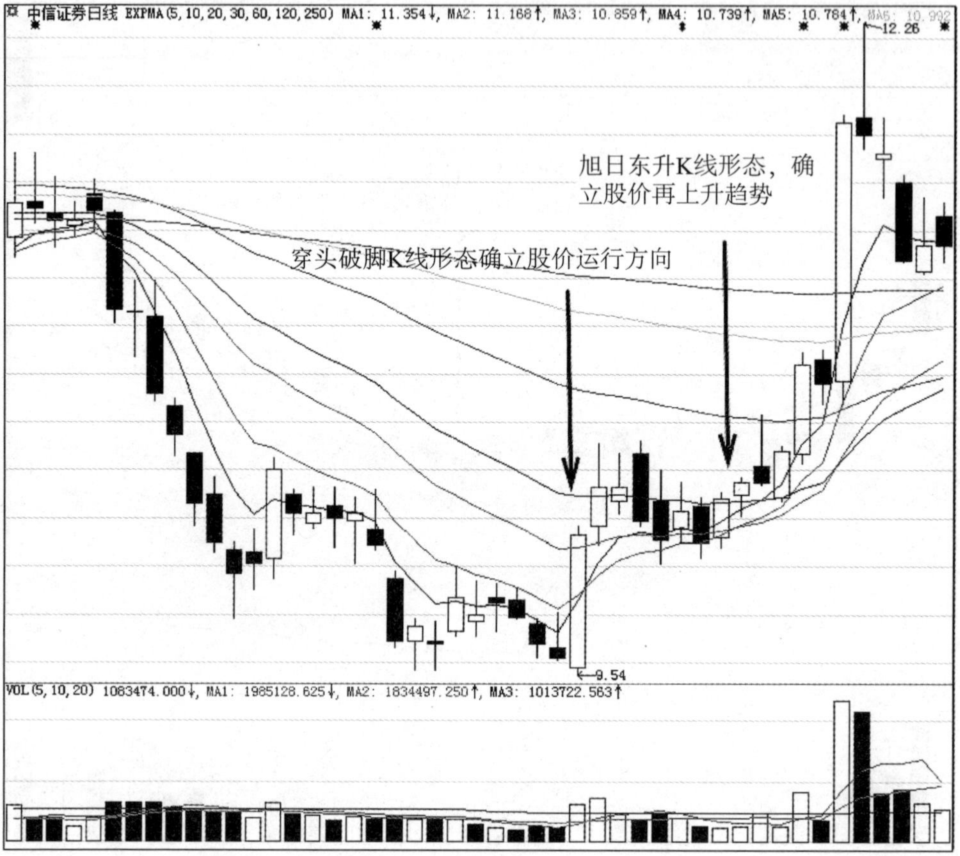

图 2-6-5

个股经过长时间的吸筹后，多方势力大增，同时低位筹码减少，股价有上升的动力。个股随后走出一个长阳线，形成穿头破脚形态，股价的多头势力完胜空头势力。

在这样的长阳攻势下，股价抬升，新的获利盘涌出，构成新的抛压，个股继续盘整。这又是一个消化抛盘和吸收筹码的过程。在两根阴线后，抛盘减弱，多头吸收了不少筹码，股价随即拉升，构成一个旭日东升形态，股价走势继续看好。

在这一过程中，穿头破脚、旭日东升连续出现，股价就在这样一个个看涨形态的推动下一步步走向高位。

旭日东升形态出现两个方面的放大特征，个股的后期涨幅更为可观。

第一，第二根 K 线高开较多。如果第二天的阳线大幅度高开，其开盘价与第一天阴线的收盘价距离越大，则转势信号越强烈。

第二，第二根 K 线收盘价较高。如果第二天的阳线收盘价较高，大大高于第一天阴线的开盘价，其收盘价与第一天阴线的开盘价距离越大，则转势信号越强烈。

当然，这两点也是构成旭日东升形态的基本点。简单一句话，就是在更高的位置上，形成对前一根阴线的更大超越。在这一形态中，阳线再一次成长，多方势力进一步增强，阴阳转换更上一层楼。

第三章 阴尽阳生之二生三

一、夹心饼，生波折

旭日东升形态之后，股价上升，预示着无限的生机，但多方力量仍处于初步发展阶段，力量还不够强大，遇到一些空方力量的阻击之后，会出现一些回调，行情上也会出现一些波折。“夹心饼”形态出现，预示新生力量战胜这些挫折之后，将迎来更广阔的生长空间。

夹心饼形态出现在个股股价脱离底部的启动阶段，股价虽在此处出现挫折，但行情也将在这些挫折中逐步发展壮大，行情有走强的趋势。投资者若能在这一时期准确把握，后期可以获取不菲的收益。

其技术特征如下。

第一，个股或指数必须是出现在一轮明显的下跌行情之后，股价有一个低位止跌横盘的过程。

第二，第一根阳线必须是放量阳线，而且其收盘价格必须突破中期均线（如20日均线）或创近期新高。

第三，第二天出现的跳空高开阴线，其成交量必须比前一天阳线出现萎缩，股价最好不再重新跌回均线之下。

第四，第三天阳线的收盘价最好高于第一天的收盘价，且比第一天放量，但不可以是巨量。

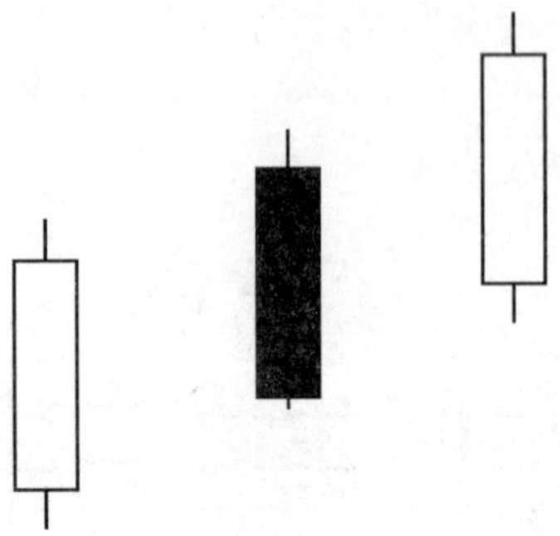

图 3-1-1

夹心饼是指走势呈现两阳夹一阴的 K 线技术形态，指个股在跌幅已经相当大后出现回升走势，突然某一天出现一根放量大阳线，第二天该股股价没有出现持续的上涨，而是收出一根收缩的阴线，但第三天没有承接第二天的跌势，而是再度上涨，收出上涨阳线。

在这种 K 线组合形态构造过程中，第一天容易诱使人获利了结，第二天由于出现阴包阳现象，更会诱使投资者抛出手中的筹码。到了第三天个股强势走高，投资者刚刚卖出股票，因此不愿买回，这些现象均有利于主力资金洗盘。

夹心饼 K 线组合表明的正是这一特征，个股在资金介入后，出现一定升幅，然后主力利用阳线吸货—阴线洗盘—阳线继续吸货的过程。完成洗盘吸筹这一过程后，个股的后市行情继续看好。阴阳转化过程中，初升阶段的阳线还是表现得很弱势，难免会出现反复的走势，在经历这些波折后，未来的成长空间必将更为广阔。

下面来看一些案例，并解析个股在该形态之后的走势。如图 3–1–2。

图 3–1–2 是九安医疗（002432）2015 年 8 月—2015 年 10 月的 K 线走势图。个股在下跌过程中释放做空力量，在底部盘整的过程中慢慢积蓄做

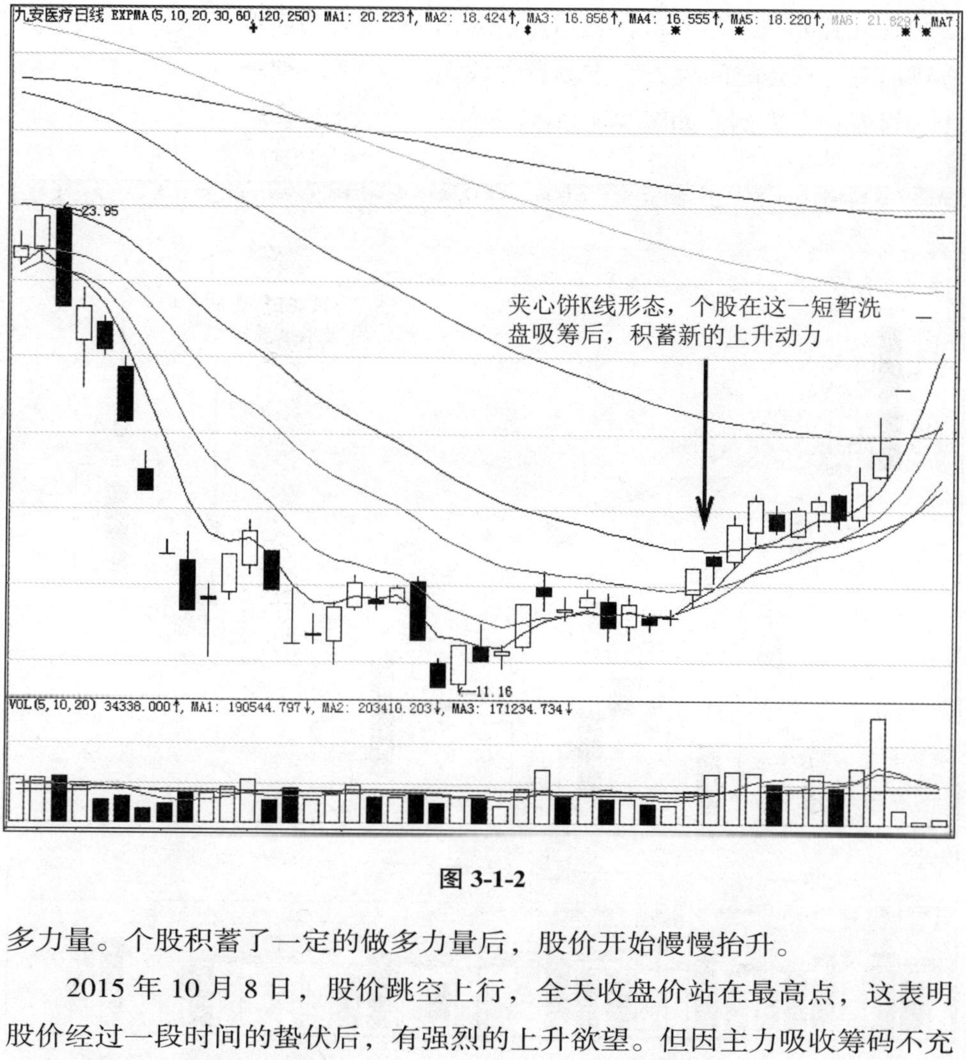

图 3-1-2

多力量。个股积蓄了一定的做多力量后，股价开始慢慢抬升。

2015 年 10 月 8 日，股价跳空上行，全天收盘价站在最高点，这表明股价经过一段时间的蛰伏后，有强烈的上升欲望。但因主力吸收筹码不充分，制约着股价的快速连续拉升，个股走势出现波折。

第二天走出一根阴线，这根阴线的出现破坏了股价的上升趋势，使早期买进的投资者纷纷卖出股票，大资金则乘机接盘。一根阴线达到了洗盘吸筹的功效。

收出这根阴线后，做空力量进一步减弱，做多力量进一步壮大，股价再拉阳线，夹心饼形态成立。个股后市走势大家就已经很清楚了。

在此补充一点，股价在随后出现短时间盘整，其作用与效果等同于夹心饼形态，只是时间放大，市场意义放大。

再看一个案例。如图 3–1–3。

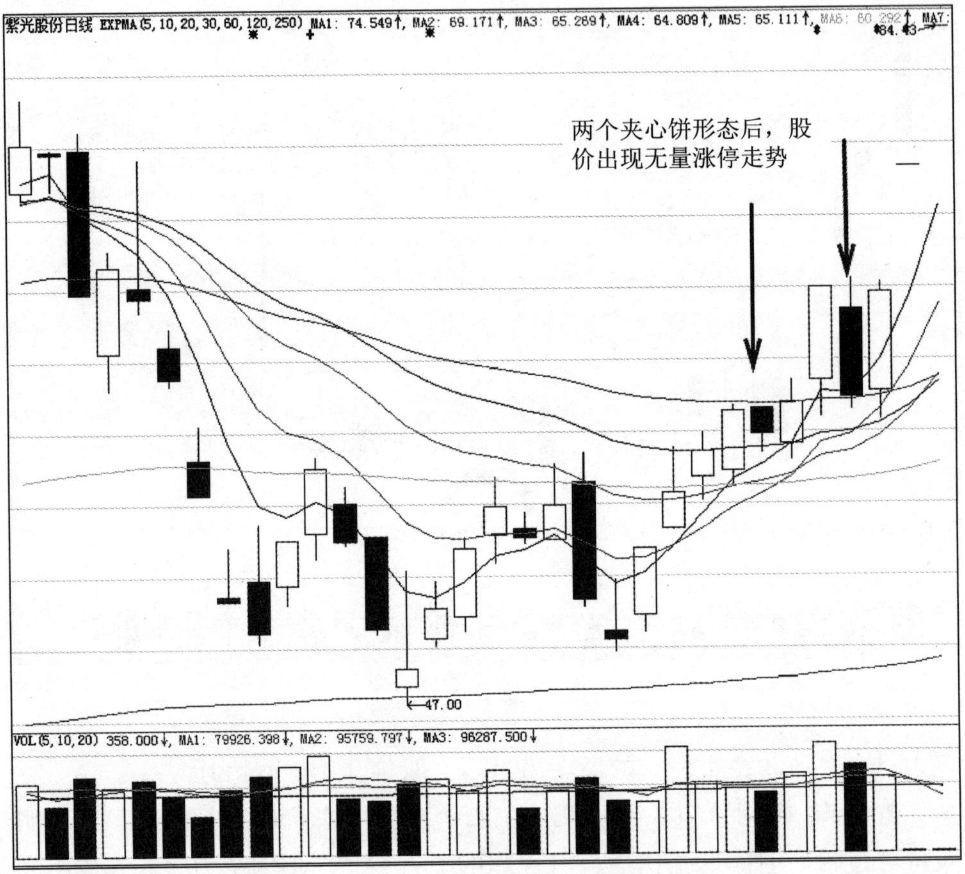

图 3-1-3

图 3–1–3 是紫光股份（000938）2015 年 8 月—2015 年 10 月的 K 线走势图。个股经过震荡筑底后，完成多空双方力量的对比转换，做多动能大于做空动能，股价开始慢慢上升。

在股价逐步运行到均线系统上方时，出现一个短时间的回调，其目的有两个，一是为了释放前期的获利筹码，二是为后期的继续上涨积蓄能量。

完成这一形态后，个股继续出现升势。

当然，这样的走势并未止于此，大资金随后故伎重施，洗盘吸筹一气呵成。在这样连续两个夹心饼形态后，股价直接走出一字板走势，个股运行强势明显。该形态成立后，形成的买点就成为投资者入驻的最好机会。

下面再看誉衡药业（002437）的夹心饼形态走势。如图 3-1-4。

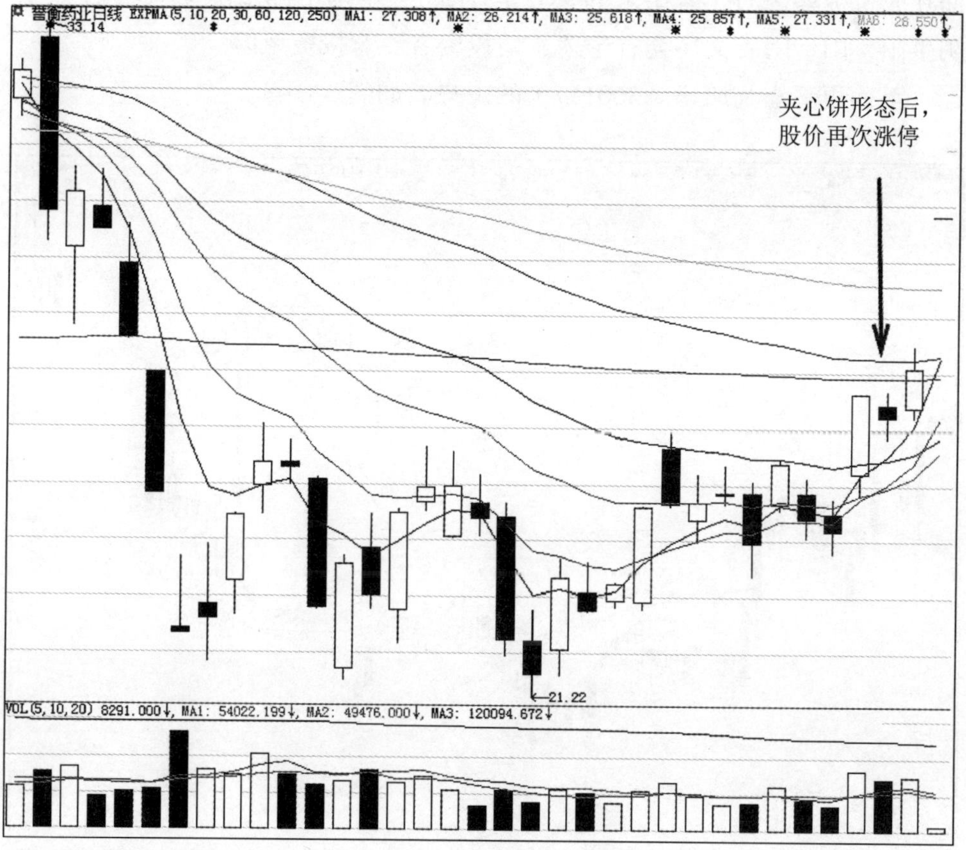

图 3-1-4

图 3-1-4 是誉衡药业（002437）2015 年 8 月—2015 年 10 月的 K 线走势图。个股筑底完成后，出现一个大阳线抬升。出现这一根大阳线的同时，完成了对底部震荡上沿的突破，量能明显放大，这就明确地告诉投资者主

力做多的决心。

股价在第二天做出一个震荡走势，以清洗场内浮筹，随后股价就出现快速拉升的走势。在夹心饼形态确立后，买进的投资者将直接享受涨停板带来的喜悦。

当然，在此不合时宜地补充一句，夹心饼是在挫折中孕育出来的生机，而在股价极盛之时孕育出来的又会是什么呢？阴阳的轮回旋转不止存在于阴生阳，阳生阴后文还会有论述，请投资者注意投资风险。

下面再看嘉寓股份（300117）的走势。如图 3–1–5。

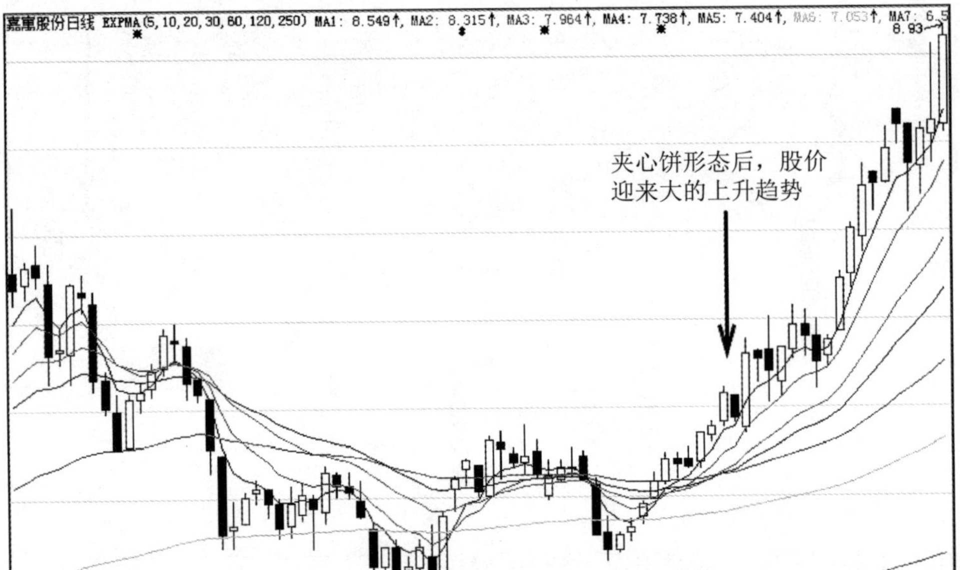

图 3-1-5

图 3-1-5 是嘉寓股份（300117）2014 年 11 月—2015 年 3 月的 K 线走势图。个股在回调中形成一个双底形态，股价在这一形态后走势出现反转，多空力量对比发生改变。

个股后来进入上升趋势，股价在出现一定的涨幅后，形成大量的获利筹码。这些抛压导致夹心饼形态的阴线产生，表明场内出现抛盘，主力资金则趁机吸筹。抛压减弱后，股价继续前期的上升趋势。

对于夹心饼形态之后股价出现震荡走势，一般投资者可注意前期套牢盘的影响。股价在摆脱这一抛压后，又会有大量的新进资金介入，推动股价继续上行。

在实战中，夹心饼 K 线形态的出镜率较高，是一种较理想的买入法，操作时要注意以下几点。

第一，在个股走势出现两阳夹一阴的夹心饼 K 线形态后，投资者不管是空仓还是刚被震仓出来，均可立即半仓介入，另外半仓可待该股价格创出新高后再次介入。

第二，夹心饼 K 线形态不仅仅局限于两阳夹一阴，还可以是两阳夹两阴、三阳夹两阴等一些变种，不过，阳线放量阴线缩量的原则是必须遵守的。

第三，夹心饼的 K 线形态在周 K 线图、月 K 线图上也适用，且威力更强大，后期的上涨动能也更加充沛。

在夹心饼形态出现后，股价未必一定立即上涨，接下来的走势将十分关键。如果接下来股价出现跳空上行或继续放量上攻的情形，表明夹心饼技术形态有效，后市多方主力将以此为依托发起上攻行情，未来股价将有较大的上升空间。

如果接下来股价没有出现跳空上涨或继续放量上攻的情形，也就是说无法维持持续向上攻击的势头，那么这次走势极有可能形成多头陷阱，股价将回落到原来的整理区间继续盘整，甚至于出现向下破位的情形，这是投资者在操作夹心饼形态时需要注意的。当然这样的问题也同样出现在所有的买进形态中，请投资者保持谨慎。

二、红三兵，来报到

生出波折的夹心饼形态之后，做多力量进一步强大，新的攻势迅速展开，红三兵团一往无前。

红三兵K线组合形态，顾名思义，就是由三根红彤彤的小阳线组合而成的K线组合，是多头开始发力的信号。如图3-2-1。

其技术特征如下。

第一，出现在上涨行情初期。

第二，由3根连续创新高的小阳线组成，即每天的收盘价高于前一天的收盘价，且都是小阳线。

第三，后两根小阳线中，每一天的开盘价需高于前一天的开盘价，但不高于前一天的收盘价。

第四，后两根小阳线中，每一天的最高价都高于前一天的最高价，每一天的最低价都高于前一天的最低价。

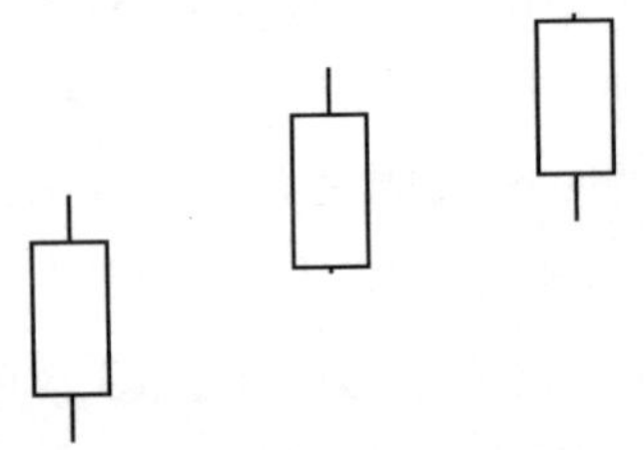

红三兵

图3-2-1

红三兵K线形态表现的多空力量转换如下：在暴跌之后，空方无力继续打压，股价在低位振荡，市场做空一方无力再度做空，而做多一方刚刚进场建立多仓。经过一段时间的整理之后，多方积蓄了足够的上升动能，股价开始抬升，在K线上形成三天连续上扬的局面，构成红三兵K线形态。

伴随着成交量的放大，出现连续上升的三根小阳线。三根小阳线反映了在这三个交易日中，多头力量在与空方力量进行较量时取得了胜利。每一根阳线稳步向上推进，都是多方力量壮大的表现，而空方力量则正好是节节败退。

多方力量已经在不断地聚集积累，使股价突破盘局开始上升。多头力量小荷已露尖尖角，它的出现预示后市企稳转强的可能性很大。红三兵的阳线走势相比夹心饼形态来得直接简单，阳线实体更大，表明多头势力更强。

下面来看一些案例，就案例中的形态做具体分析。如图3-2-2。

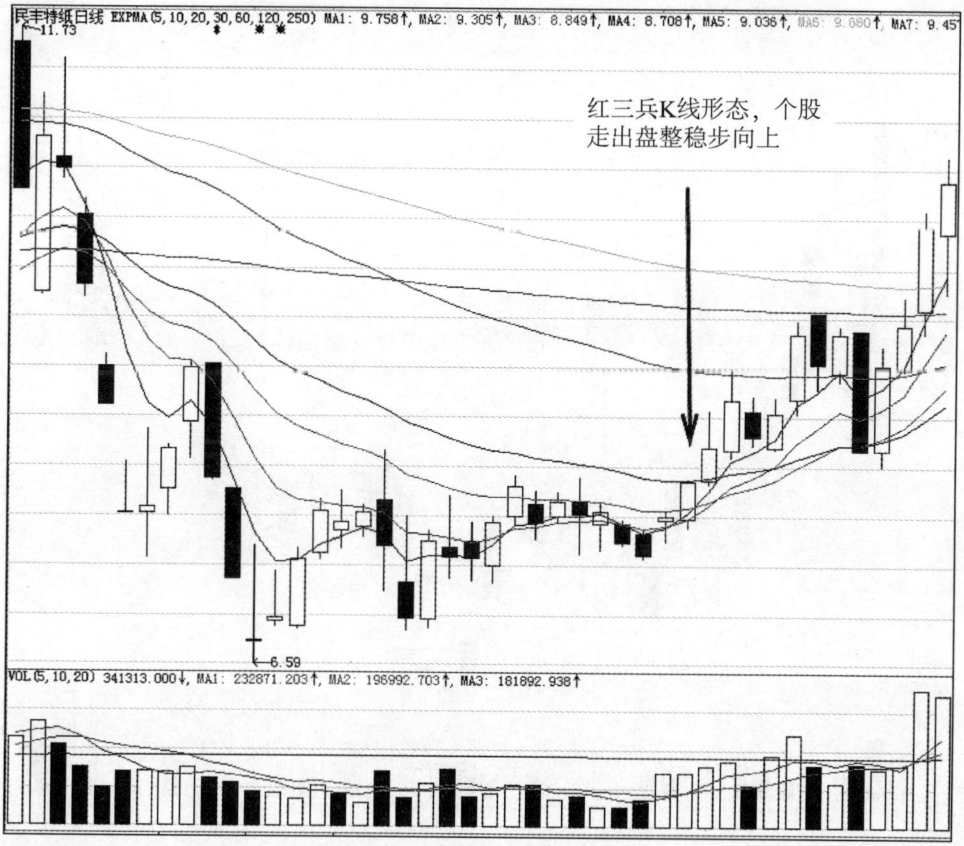

图 3-2-2

图 3-2-2 是民丰特纸（600235）2015 年 8 月—2015 年 10 月的 K 线走势图。在下跌走势中，做空动能得到释放。与此同时，抄底的多头资金开始逐步介入。个股走势在这样的多空变化中出现企稳迹象，个股随之震荡筑底。

随着筑底行情的慢慢开展，多头势力逐步介入，个股的多空力量再次发生变化，多方力量开始大过空方力量。个股在 K 线上也表现为出现抬升，出现稳步推进的红三兵 K 线形态。个股多空力量打破平衡，多头占据优势，股价运行方向随着红三兵形态的出现得到确认。

在红三兵形态形成前，投资者需要明白，是因为前面有了一些转势 K

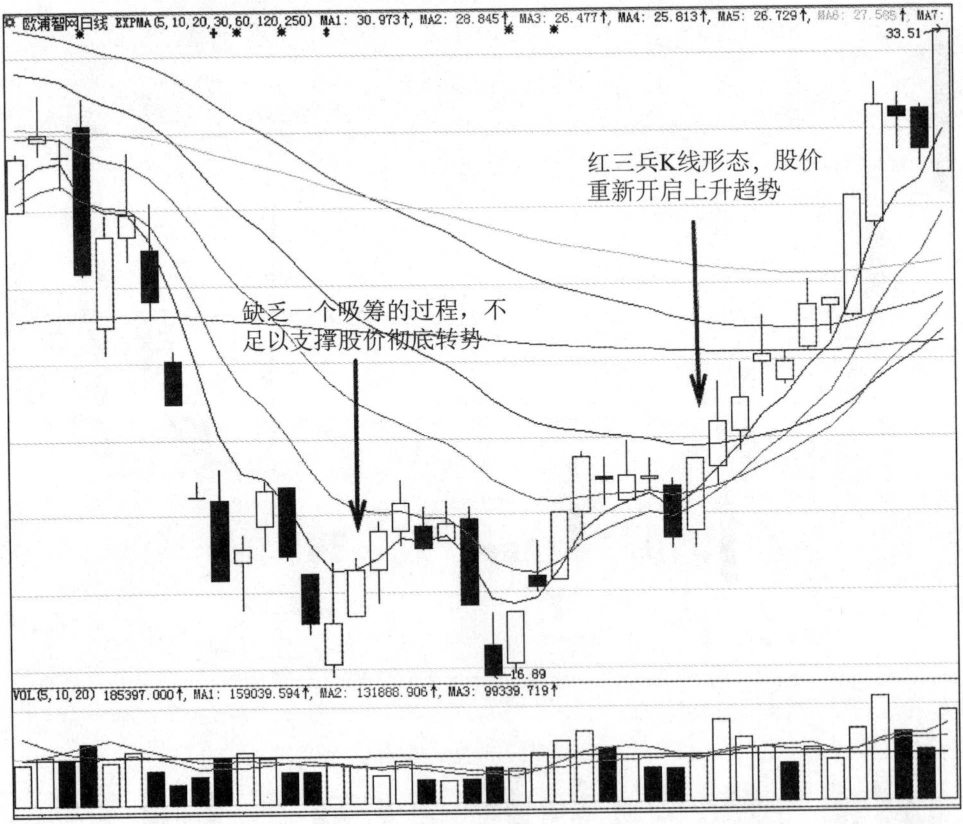

图 3-2-3

线形态支撑，个股走势才一步步走出这一形态的。在该形态成立之后，投资者也需明白，随着股价抬升，会遇到抛盘的问题。随后出现的夹心饼形态，正是这一情况的反映。

下面再看一个案例。如图 3-2-3。

图 3-2-3 是欧浦智网（002711）2015 年 8 月—2015 年 10 月的 K 线走势图。个股在形成双底形态后开始上升趋势，这一上升趋势的始发点就是由红三兵形态构成的，此后的个股行情也顺势而发，逐步上行。

在这个形态之后，可以看到个股走势直线向上。投资者也一定注意到，在此之前出现的另一个红三兵 K 线形态，上升走势没有得到很好的延续，在行情走到一半时就出现了夭折。

投资者在分析这一夭折行情时，也必须承认正是这一回落走势构成了双底中的左底，量能逐步放大也是功不可没。相反，如果没有这一形态走势的支撑，个股后市会有这样的行情吗？答案是不言自明的。

下面再看一个红三兵 K 线形态走势。如图 3-2-4。

图 3-2-4 是万达院线（002739）2014 年 11 月—2015 年 6 月的 K 线走势图。个股在一段升势后出现高位横盘走势，个股走势减弱。这一横盘走势是为了消化前期形成的大量获利盘。从图中可以看到，个股长时间运行在均线之上，均线是支撑股价继续上行的力量。

在长时间的横盘后，抛盘被消耗得差不多了，新进资金又刚刚介入，需要新的升势才能获取收益。在这些共同因素的支撑下，个股走出三连阳的走势，形成红三兵 K 线形态，股价随后开始新的上升趋势。对一般投资者来说，这时出现的红三兵就是最好的买入点位，后期回调确认的点位也可作为买进点位。

在这一形态中，红三兵 K 线形态的强势已经表现得淋漓尽致了，该形态出现后，股价大幅抬升，开启上升趋势。

投资者在使用红三兵形态时，要注意其他技术指标的位置与信号。就单个指标来说，难免会出现行情反复的情况，这也是前文讲的，要注意分析 K 线形态所处的位置、均线形态，以及量能变化，然后再做出买卖决定，

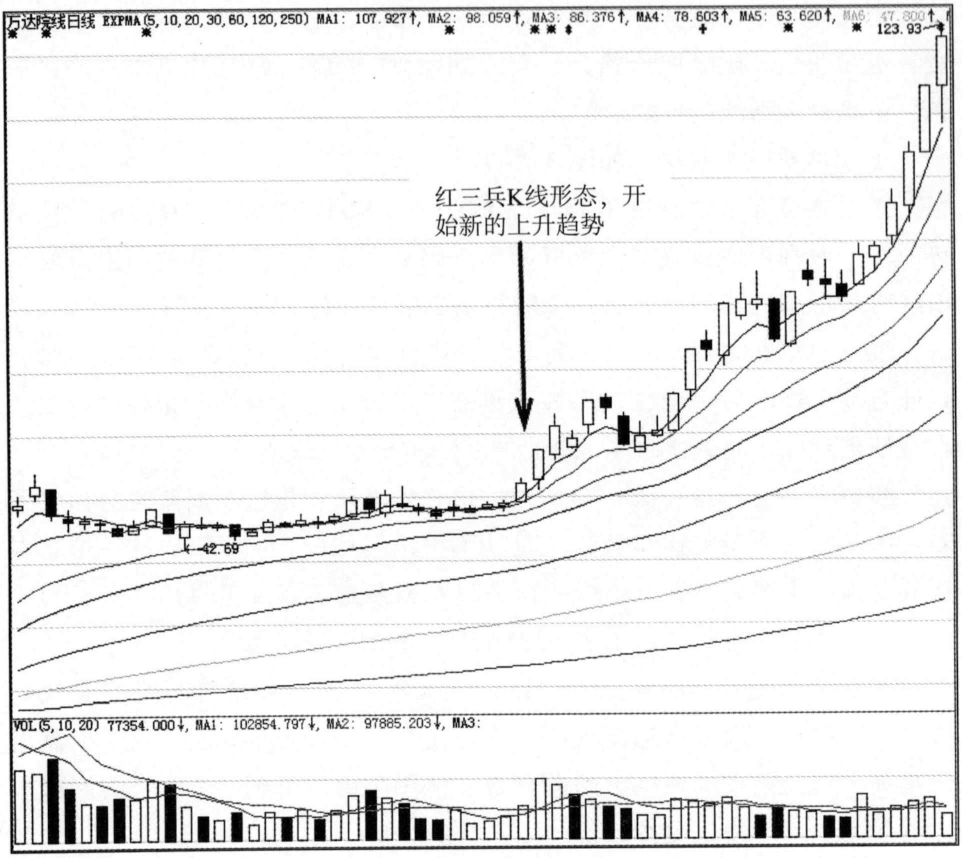

图 3-2-4

这样可以让自己的投资更保险。

投资者要注意以下几个实战操作要点。

第一，操作中可寻找红三兵下方的重要支撑位，比如说黄金分割位、明显的底部形态、横盘突破等。如果下方有重要支撑位支持，股价上行有多种技术指标支撑，买进理由更为充分。

第二，审视 K 线交易的前提——结合整体的风险收益比和成功率，综合判断是否值得建仓。

第三，在适合建仓的情况下，当第一根阳线出现，并依托重要支撑位向上拉升时，激进者可进场建立小型试探单，止损就设在重要支撑位之下。

第四，第二天，如果价格形态走得标准，符合红三兵形态，多单可继续持有。早先没有进场的，也可以进场做多。第三天，红三兵形态确立，这时也是结合其他分析手段继续建立多仓的机会。

红三兵K线组合的技术要求，主要包括三根小阳线、上下收盘价和开盘价的关系。其中有一种更为强势的走势，即三根小阳线都是光头阳线，收盘价收于最高价或接近最高价，该形态则演变为“三个白武士”。下面讨论这一形态的使用。

三、白武士，打前阵

红三兵、三个白武士和下文讲到的三阳开泰形态，形态力量更甚一层，在多头力度和阳线实体方面都层层推进，逐渐深化。

三个白武士K线组合由三根短小且连续上升的阳K线组成，K线收盘价一日比一日高，如同武士勇敢前进，基础扎实，后势涨幅将加大。如图3–3–1。

其技术特征如下。

第一，出现在上涨行情初期。

第二，由3根连续创新高的小阳线组成，即每天的收盘价高于前一天的收盘价，且都是小阳线。

第三，每天的开盘价在前一天的实体之内，也就是每根阳线的开盘价低于前一天的收盘价，但高于前一天的开盘价。

第四，每一天的最高价都高于前一天的最高价，每一天的最低价都高于前一天的最低价。

第五，每天的收盘价等于或接近当天的最高价。

三个白武士是红三兵的一种特殊形态，与上一节的红三兵K线组合的区别在于：三个白武士中三天收出的K线都是光头小阳线，即每天的收盘价等于或接近当天的最高价。在这最高价的变化之中，多方力量又一次得到增强。阴线难觅，阳线更甚。

若是三天的阳线转化为大阳或中阳，则该形态演变为“三阳开泰”，下一小节再作探讨。

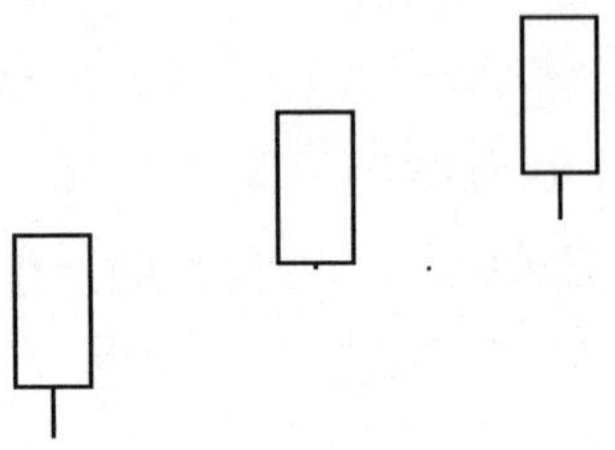

三个白武士

图 3-3-1

三个白武士的多空博弈原理与红三兵形态相似。三根光头阳线显示多方进攻的力量更为强大，收盘直接收在全天的最高价位置。在涨升初期或股价横盘整理后出现三个白色武士，表示股价已经经过充分的换手，多方积累了一定的上升能量，继续上涨的可能性较大。在这一形态出现后，个股向上运行的动力更大，买进信号更明显。

下面来看一些案例，从案例中分析多空力量的变化和阴阳转换。如图 3-3-2。

图 3-3-2 是联明股份（603006）2014 年 12 月—2015 年 4 月的 K 线走势图。个股在下跌过程中形成一个双底反转形态，这一形态的出现，预示股价行情将转势，后期将出现新的上涨行情。

细看这一双底形态，则能发现在形成右底的时候，个股走出了三个白武士的 K 线上涨形态。在这一 K 线形态的推动下，股价才站稳均线，与前一个底部构成双底形态。个股也在这两个因素推动下，后期开始走出一波大的上升行情。

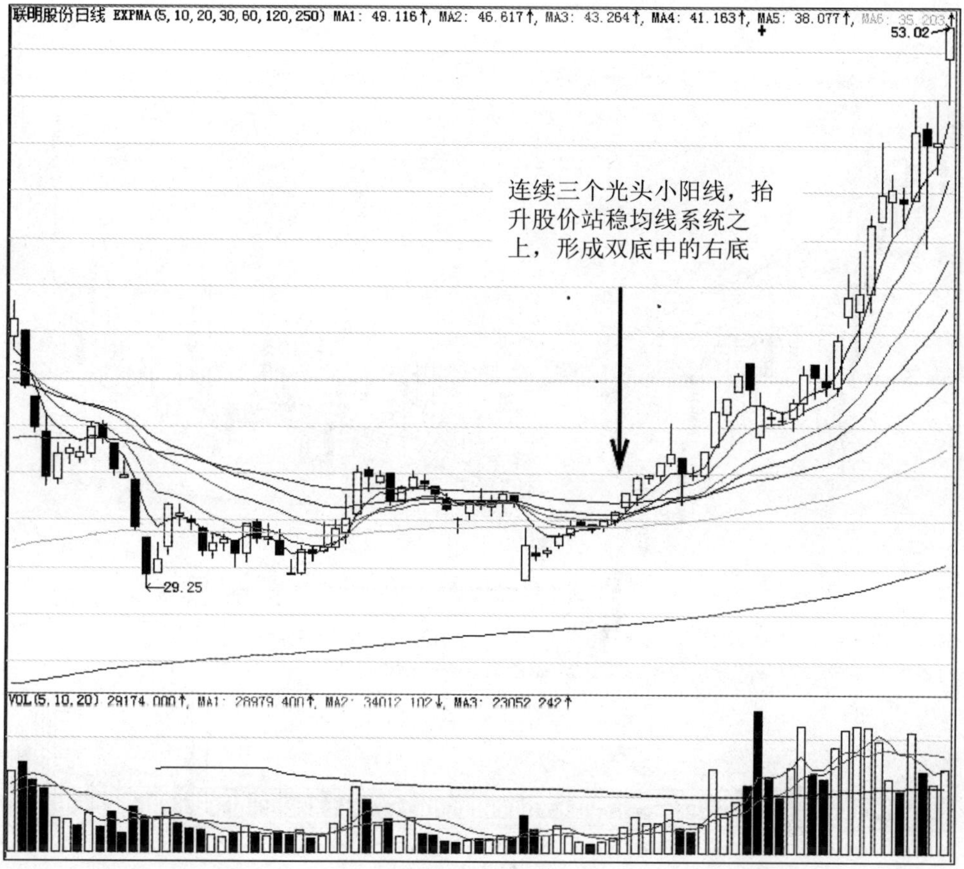

图 3-3-2

在这一案例中，体现的是 K 线形态与底部反转形态的共同研判效果。个股站稳在均线之上，也有均线方面的考量。投资者在使用 K 线形态或均线作用时，也可以参考其他指标的信号，多方研判，作出更正确的判断。

下面再看一个案例。如图 3-3-3。

图 3-3-3 是大湖股份（600257）2010 年 12 月—2011 年 4 月的 K 线走势图。个股经历一波下跌行情之后，在 K 线图上出现了三个白武士形态。

个股于 2011 年 1 月 26 日、27 日连续两天收出小阳线，收盘价位于顶部位置。1 月 28 日，该股又收出一根大阳线，从而形成三个白武士 K 线形态。

图 3-3-3

这就告诉投资者，个股多头势力强大，预示行情已触底反弹，投资者可以择机买入操作。

个股在之后出现一段时间的上行，在高位遇到前期的套牢盘涌现，对股价的上行产生压制，个股随后进入震荡走势。个股消化了这些抛盘后，继续新的上升趋势。

个股运行中，多空力量在每一阶段都不一样，投资者要注意分析其中多空力量的转换，随时注意风险的产生。

投资者在操盘中需要注意以下几点。

第一，股价或指数处于低位时效果比较明显，如果这时出现此信号，股价见底回升的可能性大。

第二，在下降趋势中，三个白武士呈阶梯形逐步上升，说明行情已经发生明显转变，后市将逐渐转好。

第三，在上升趋势中，如果股价上涨幅度较大，上涨速度过快时出现该形态，则有可能导致行情短期见顶。只有在缓慢上涨过程中出现该K线组合形态，才表明股价将进一步上涨。

三个白武士K线组合比红三兵K线组合的上攻力度要大，表明多方开始反击。但在实战中仍然有其独立使用的风险，需要投资者结合其他多种分析方法后才能做出操作决策。

四、三阳开泰

三阳开泰之说源自《易经》。六十四卦中，古人以“坤”为十月的卦象，“复”为十一月卦象，“临”为十二月卦象。卦爻分阴阳。“坤”卦六爻皆取阴爻，为纯阴之象；“复”卦一阳生于下；“临”卦二阳生于下；而“泰”卦乾下坤上，阳爻有三——于是“三阳开泰”成为岁首的吉语。

三羊象征三阳。“三阳开泰”是一种吉祥语，表示大地回春，万象更新的意义，也是兴旺发达、诸事顺遂的称颂。股市中的三阳开泰K线组合，显示股价开始企稳转强，是加速上涨的信号。如图3-4-1。

其技术特征如下。

第一，出现在上涨行情初期。

第二，由3根连续创新高的中阳线或大阳线组成。

第三，每天的开盘价在前一天的实体之内，也就是每根阳线的开盘价低于前一天的收盘价，但高于前一天的开盘价。

第四，每一天的最高价都高于前一天的最高价，每一天的最低价都高于前一天的最低价。

三阳开泰与红三兵、三个白武士形态类似，不同之处在于三天的K线都为中阳或大阳线。三阳开泰对每根阳线是否有上影线无限制，也并无明

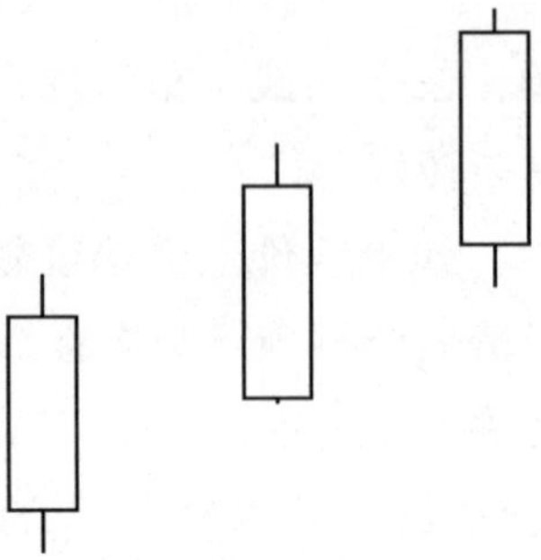

三阳开泰

图 3-4-1

确要求。

从阳线的大小和多方力量的壮大角度来看，可以视为阳线进一步生长，多方力量进一步壮大。

三阳开泰 K 线组合发生在股价企稳之后与加速上扬之前，是多头能量在短时间内快速爆发的信号。稳中有升连续拉出三根中阳线或大阳线，行情呈现加速上升的特征。个股运行到这一阶段时，因前期多方能量积蓄充足，表现出的多方力量非常强大，在 K 线图上就表现为大阳线多次出现。

投资者在分析三阳开泰形态时，要注意第三根阳线的实体大小与上影线长短。如果阳线实体呈现逐渐缩短或者出现上影线较长的现象时，说明该三阳开泰 K 线形态缺乏进一步上涨的动力。如果三根阳线呈现出光头形态，则为强势型三阳开泰 K 线组合，投资者要把握住投资机会。

下面来看一些案例，分析形态成因及以后的走势。如图 3–4–2。

图 3–4–2 是盐田港（000088）2010 年 11 月—2011 年 2 月的 K 线走势图。个股在前期走到高位后，抛盘大量涌现，一时间空头势力强势无比，走势连出大阴线，股价大幅下挫，此后股价进入下降趋势。

在个股不断下行的过程中，抛盘得到释放，卖空势力逐渐变弱。期间

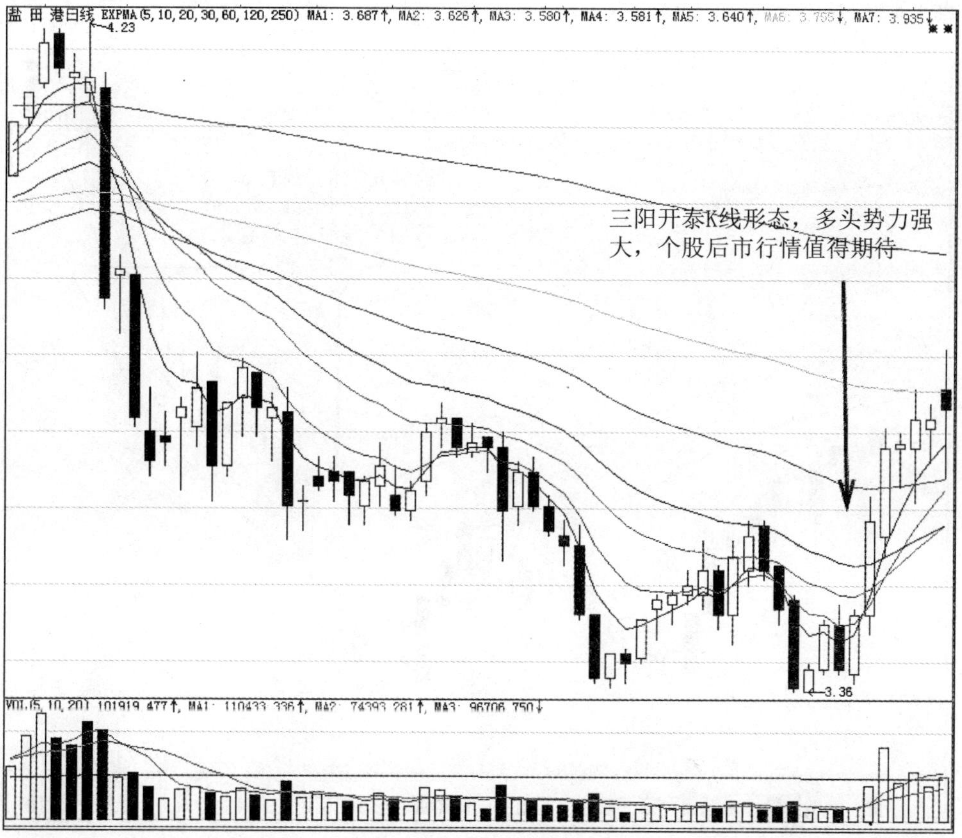

图 3-4-2

出现的连续小阳线走势，告诉投资者有资金在悄悄介入，多头力量得到增强。个股走势在一连串的小阳线后形成左底，此后虽出现再次下跌，但量能减小，卖空力量明显弱化。

经过前一段时间的吸筹，多头力量慢慢壮大，此后连续拉出三根大阳线，形成三阳开泰形态，并伴随放量吸筹，多头力量得到明显体现。在这样的多空力量对比变化下，个股后市行情看好，投资者的买点也逐渐显现。

下面来看个股后期走势。如图 3-4-3。

图 3-4-3 是盐田港（000088）2010 年 12 月—2011 年 4 月的 K 线走势图。个股在形成三阳开泰形态后，股价出现快速拉升走势，短时间内股价升幅

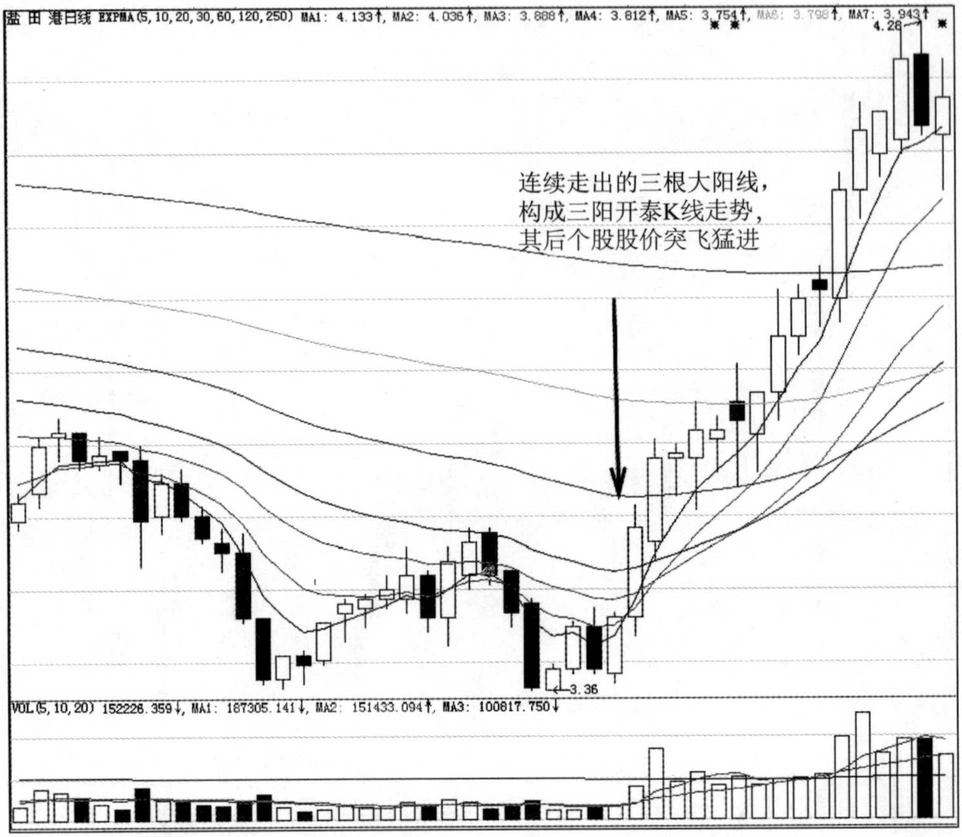

图 3-4-3

巨大。支撑这一切的多头力量在形成三阳开泰形态后，就明显地告诉各位投资者了。

当然，投资者在买进个股后，也需要注意股价在前期套牢盘的抛压以及个股大幅升高后，因兑现收益而形成的卖盘抛压。卖盘涌出表现为做空势力重来，新一轮阴阳转换开始。

下面再看一个三阳开泰的案例。如图 3-4-4。

图 3-4-4 是雷曼股份（300162）2014 年 9 月—2014 年 12 月的 K 线走势图。个股在上升行情后出现一波回调走势，股价回调时并未跌破均线系统，说明股价还维持强势走势。在量能上表现出的缩量也可以看出这一点，

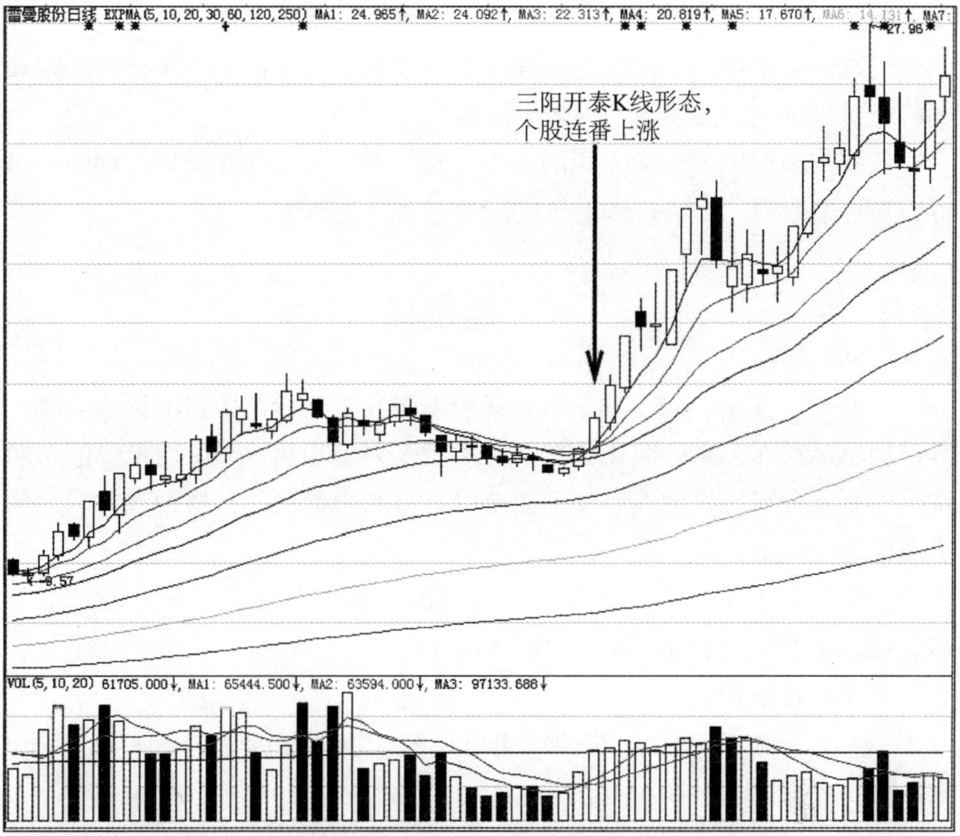

图 3-4-4

这就说明股价并未形成大的抛压。股价回调之后再次强势上扬，走出三阳开泰形态。个股在该形态之后走出上升行情，形态形成时的买点明显。

三阳开泰在实战中出现的概率较高，我们对其成功率进行过测试，效果非常不错。以 1999 年 1 月 1 日— 2009 年 1 月 1 日期间沪深两市股票的历史数据统计，测试成功率如下。

统计数据显示，市场共发出该形态做多信号 10557 次，成功 9064 次，平均成功率 85.86%，收益率达到 50%的股票占 94.5%。这是一个较为少见的高成功率形态。

三阳开泰与红三兵、三个白武士形态类似，都是在低位时连拉 3 根阳线，预示后市行情见底回升，但三者的实战意义略有不同。在实战中，红三兵出现的概率最高，但成功率在三者中最低。三个白武士次之，三阳开泰转势信号最强，成功率在三者中最高。

这也反映出阳线实体变化的一个过程，在阳线实体变大的过程中，多方力量逐渐增强，个股行情走势反转有更高的成功率。

五、定反转

红三兵、三个白武士和三阳开泰形态多发生于行情即将深化的阶段，其前期早已存在多空的演化，有一定的做多力量积累，其后期走势值得期待。还有一种形态发生在底部，完全以自身的力量确立行情的转势，这一形态称为“三阳反转”。

三阳反转 K 线组合形态是一类典型的 V 型反转走势，显示股价急跌后企稳，多方快速展开反攻。如图 3-5-1。

其技术特征如下。

第一，三阳反转由 6 根 K 线组成，前 3 根为连续下跌的 K 线，后 3 根为连续上涨的 K 线。

第二，在前 3 天的 K 线中，都是连续下跌的阴线，即股价一天比一天收低，且收盘价低于开盘价。

第三，在后 3 天的 K 线中，都是连续上涨的阳线，即股价一天比一天收高，且收盘价高于开盘价。

在 V 型反转上涨过程中，个股表现通常非常惊人，涨幅非常大，在短期内就有急速的拉升。究其原因，个股的 V 型反转一方面在于公司基本面发生变化。由于信息突然公布，之前股价并没有反映这方面利好，在消息明确之后，股价往往持续涨停。

另一方面就是技术上的炒作，主力资金借助短期题材进行疯狂的拉升。这种情况下，由于介入的主力资金吸筹时间较短，后期在快速拉升之后，会出现大幅度的回调走势。当然有时也会在一个平台上通过横盘盘整消化

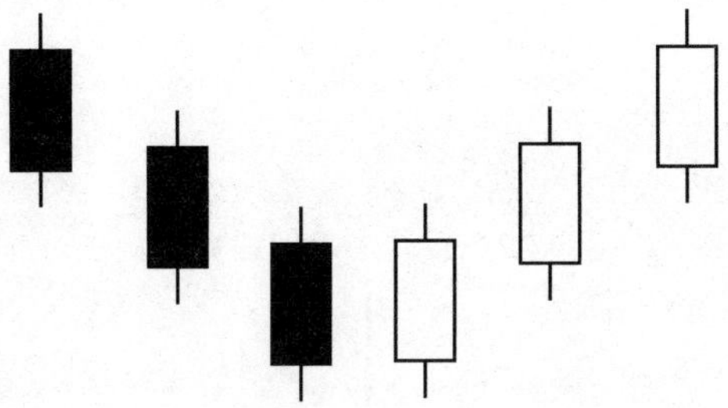

三阳反转

图 3-5-1

获利筹码。

对于这种情况，投资者一般较难把握机会。因为许多个股往往连续涨停，不给买入的机会。等到上涨相当大的幅度，投资者有机会买入的时候，一般来说已是风险较大的时候。

此类个股有两种介入机会：一种是如果第一个涨停不坚决，投资者可积极参与。一种是当上涨一波后有短暂的调整，之后再度发力发起第二波冲击，可在中期调整时积极介入。投资者可根据这两点来把握买点时机。

下面通过案例找出个股其中的买点。如图 3–5–2。

图 3–5–2 是古越龙山（600059）2012 年 10 月—2013 年 1 月的 K 线走势图。个股快速下跌后，从技术面来讲有超跌反弹的需要。这时只需要一个引子，就可以引发股价的反弹走势。

这时在消息面出现一个不大不小的消息：古越龙山（600059）公司于 2012 年 12 月 7 日召开第六届董事会第六次会议，审议通过《关于实施黄酒产业园区配套后熟陈化建设项目 1 号、2 号后熟陈化车间建设工程的议案》。工程计划总投资约 9900 万元，完工投用后可新增陈化能力约 4 万吨。工程建设有利于缓解公司生产经营和发展之间的矛盾，对稳定和提高公司陈化黄酒的质量具有重要的意义。

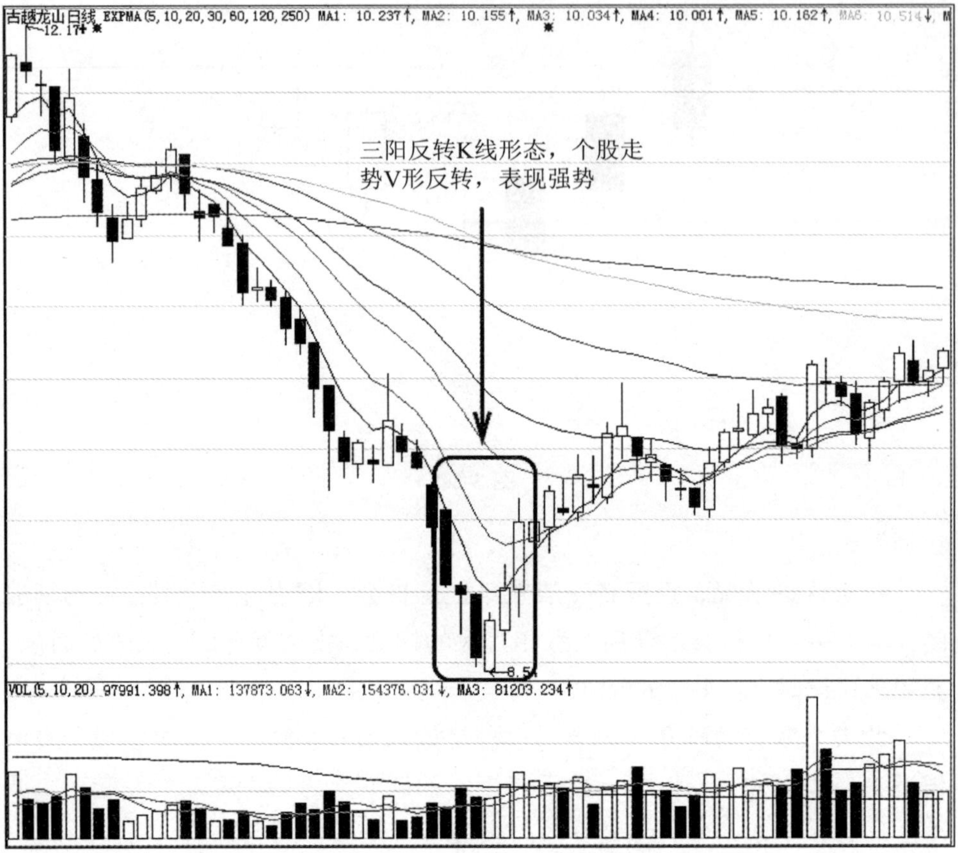

图 3-5-2

在这样一则消息下，股价出现了连续上涨，完成行情的反转。对于这样一则消息，投资者的反应怎样？

对投资者来说，买点体现在三阳反转形态确立后，以及突破上方套牢盘的压制后。当然，投资者需要注意行情有可能难以为继，毕竟主力吸筹时间不足，支撑股价上行的量能不会太充分。

下面再看一个案例。如图 3-5-3。

图 3-5-3 是特力 A（000025）2015 年 6 月—2015 年 8 月的 K 线走势图。股价在三个涨停阳线下，形成对前期三个跌停板的收复，三阳反转形态成

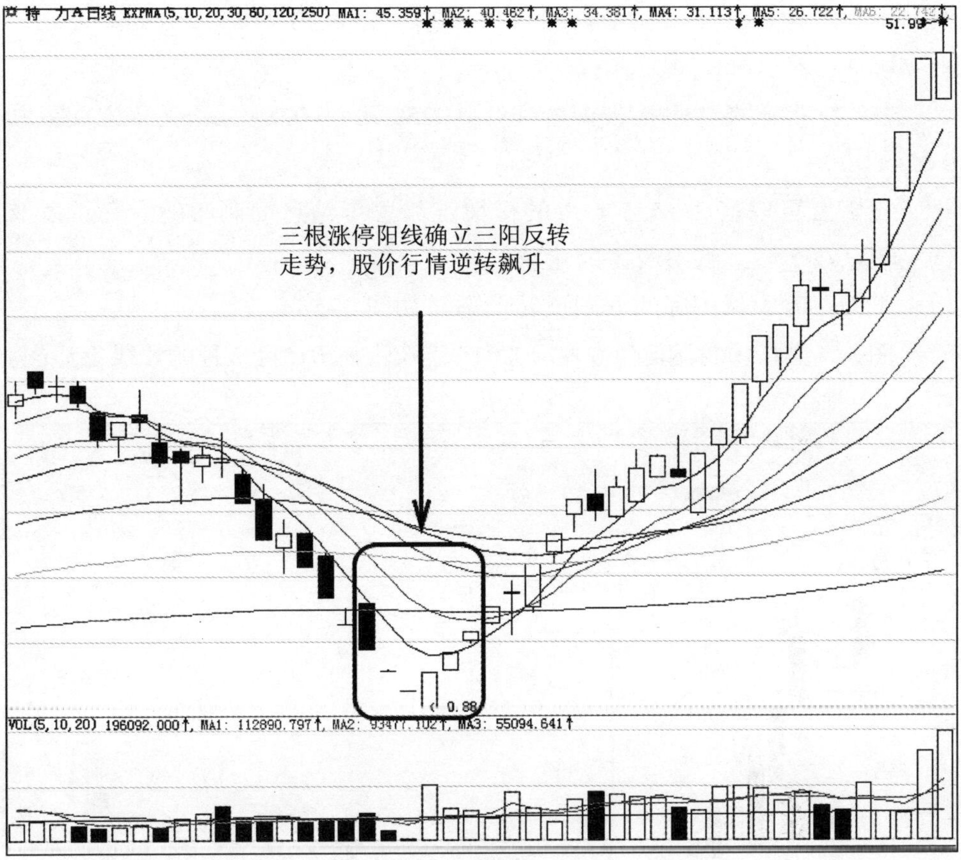

图 3-5-3

立，个股后期行情看好。

个股走出大阳线，说明上升动力强劲，投资者可以择机介入。个股上行一段时间后，出现获利盘抛压，但股价并未出现较大的回调，一个简单的震荡即完成消化浮筹，表明股价继续上行动力充足。回调后股价再次上升，形成个股的二次买点，投资者可以好好把握。

下面来看一下对应的消息面。

特力 A（000025）本期业绩预计情况：

2015 年 1 月 1 日—2015 年 6 月 30 日期间归属于上市公司股东的净利

润，本报告期比上年同期增长约 40%~60%，盈利约 750 万元 ~860 万元，上年同期盈利：538.04 万元；

基本每股收益，本报告期盈利约 0.0252 元 ~0.0289 元，上年同期盈利 0.0244 元。

投资者可以就 2015 年 6 月的行情走势思考消息面刺激的意义，以及这一消息在个股上涨中所占的比重。

下面再看中材国际的三阳反转形态。如图 3-5-4。

图3-5-4是中材国际(600970)2015年6月—2015年8月的K线走势图。

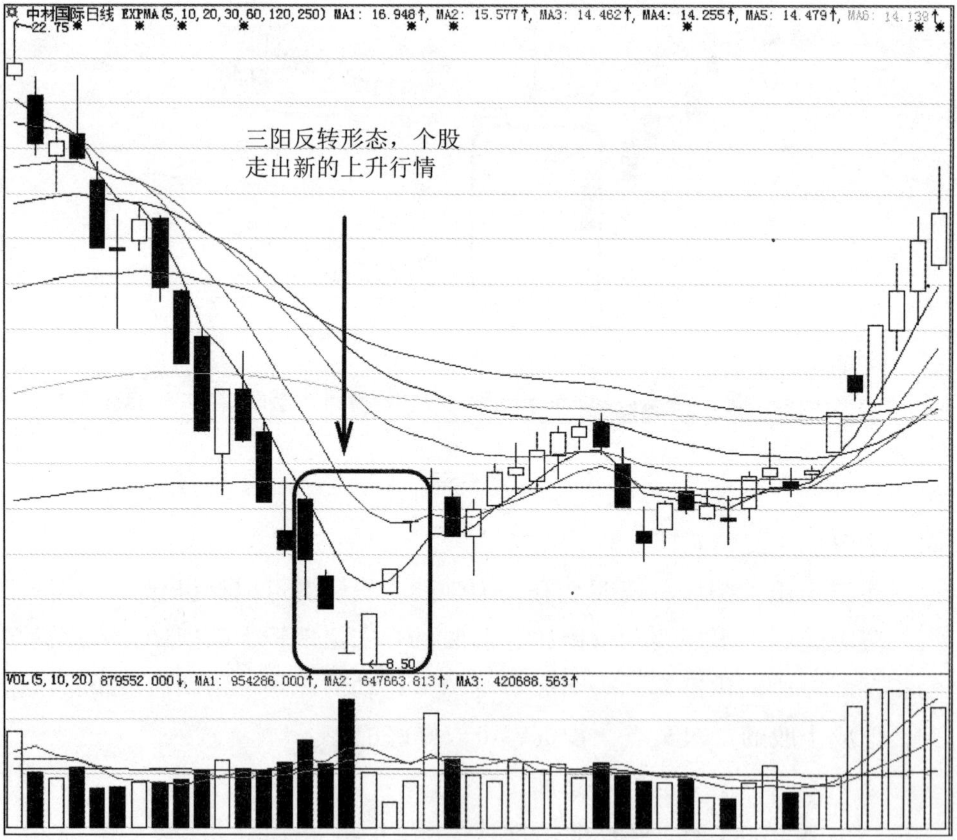

图 3-5-4

个股在前期走出一波连续下跌的走势。在这波走势中，观察个股的量能变化，可以发现在低位的时候出现明显放量，这是有资金接盘的迹象。随后出现的无量涨停，则告诉投资者抛盘较小，市场惜售情绪严重。在这样的市场多空变化下，个股的回升将在意料之中。

个股出现三阳反转形态过后，浮筹涌出，形成抛压，但这并未对个股的上行造成太大的麻烦，相反又为股价的上行补充了新的能量。

个股在以后的行情中遇到空头抵抗，情况同样如此：空头力度不足，多头在不断战胜空头的过程中继续上扬。

对投资者来说，最好的介入点位就在形态成立时，以及回调确认后的上升趋势中。希望投资者能够把握投资机会。

实战中，V 型反转无疑是所有技术走势中最令人期待的。在市场持续低迷时，突然出现大阳线，必有其市场成因，市场尤其多头势力发力，才会走出多头行情，这也是投资者买进 V 型反转的基础。

出现连续的大阳线，无疑会吸引投资者的眼球，进一步推升个股的上扬。但投资者也需注意量能的变化，一切基础都体现在量能的变化之上。上升的基础在于量能的积累，抛压的形成在于获利筹码的积累，即上方抛盘的压力。请投资者随时注意其中多空力量变化的力度，因为阴阳的变化就寓于其中。

第四章 阴尽阳生之三生万物

一、前路曲折

连续阳线出现，显示出多方力量的强大，但其中存在的隐患也在慢慢浮现。因为获利盘的积累会带动抛盘慢慢出现，形成新的做空力量，做多力量面临考验。做多力量必须摆脱这些抛盘的影响，才能更上层楼，这一过程形成上升三部曲形态。

上升三部曲由大小不等的5根K线组成，走势有点类似英文字母"N"。如图4–1–1。

其技术特征如下。

第一，在上升走势中，出现一根中阳线或大阳线。

第二，在阳线后面跟随着3根小阴线，即黑三鸦，这是上升途中回落调整和筹码换手所致。

第三，小阴线或高或低地排列，并保持在第一天长阳线的范围之内，也就是3根小阴线的最高价不能超过第一根长阳线的最高价，而3根小阴线的最低价不能低于第一根长阳线的最低价。

第四，黑三鸦后又出现一根中阳线或大阳线，且其收盘价高于第一根阳线的收盘价。

上升三部曲是指在股价经过一段时期的上涨后，首先出现一根大阳线或是中阳线，显示多方发起强而有力的攻击。然后空方组织力量反击，连

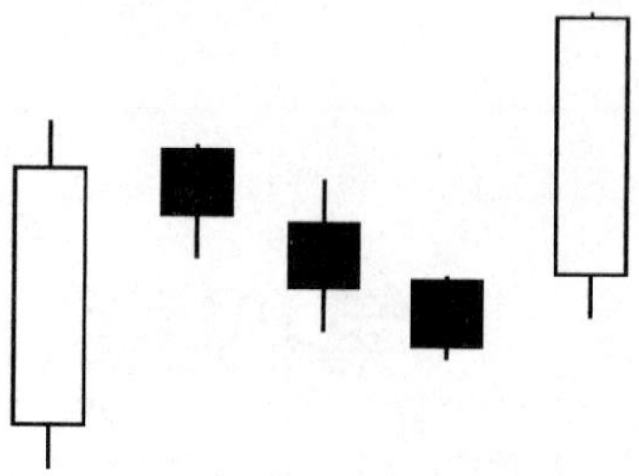

上升三部曲

图 4-1-1

续出现了三根小阴线。这些连续的小阴线不能吞没大阳线，形成三阴不吞一阳的态势，反映多方力量仍然强于空方力量。随后出现一根大阳线或是中阳线，这根中阳或大阳 K 线将前面的三根小阴 K 线吞没，形成一阳吞三阴的结果。

空方力量经过三天时间都无法吞掉第一根阳 K 线，随后多方力量再次发起强劲攻击，空方力量再次败北，显示出多方力量强劲，接连大败空方。随后个股再次上涨，蓄势待发。

下面通过一些案例来看看这一形态的出现与使用。如图 4–1–2。

图 4–1–2 是汇金股份（300368）2014 年 3 月—2014 年 6 月的 K 线走势图。个股连续收阳后，面临均线的压制，个股出现回调的需要。在一根大阳线后连续走出三天的震荡走势，接连放出阴线。但这些阴线并未出现深跌的走势，价格仍处于大阳线底部之上，显示个股走势仍维持强势。这个走势在成交量方面也有所体现，涨时放量，跌时缩量。这些因素都表明个股的上升动力仍在，做多动能充分。随后出现的大阳线印证了这一事实，个股接着出现快速拉升。

上升三部曲发生于上升行情中，这种走势的出现是由于市场清洗浮筹

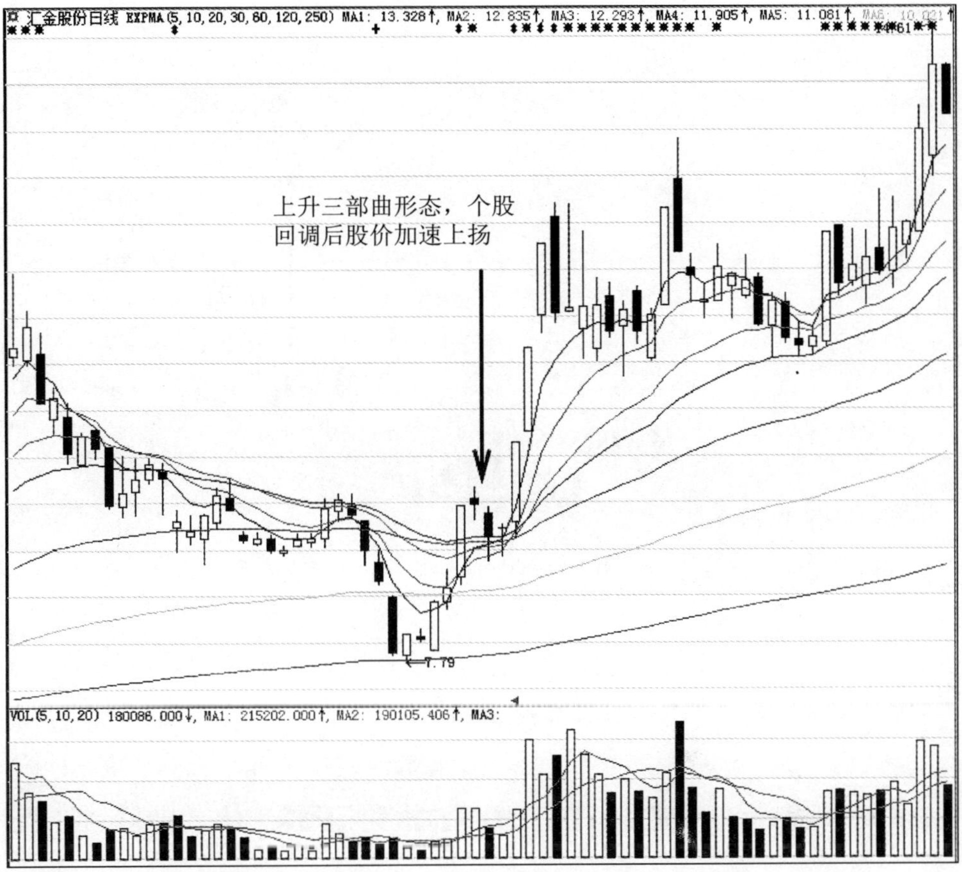

图 4-1-2

的需要。浮筹去尽之后，股价将继续上涨。投资者可以择机介入，获取后期上升的利润。

下面再看一个案例。如图 4-1-3。

图 4-1-3 是新华制药（000756）2008 年 11 月—2009 年 2 月的 K 线走势图。个股在上升初期走出宽幅震荡的走势，出现明显的涨时放量、跌时缩量的态势。这样的走势集吸筹与洗盘于一体，个股在这样的走势下缓慢攀升。

一天个股走出一根大阳线，显示做多动能充足，随后股价进入下跌盘

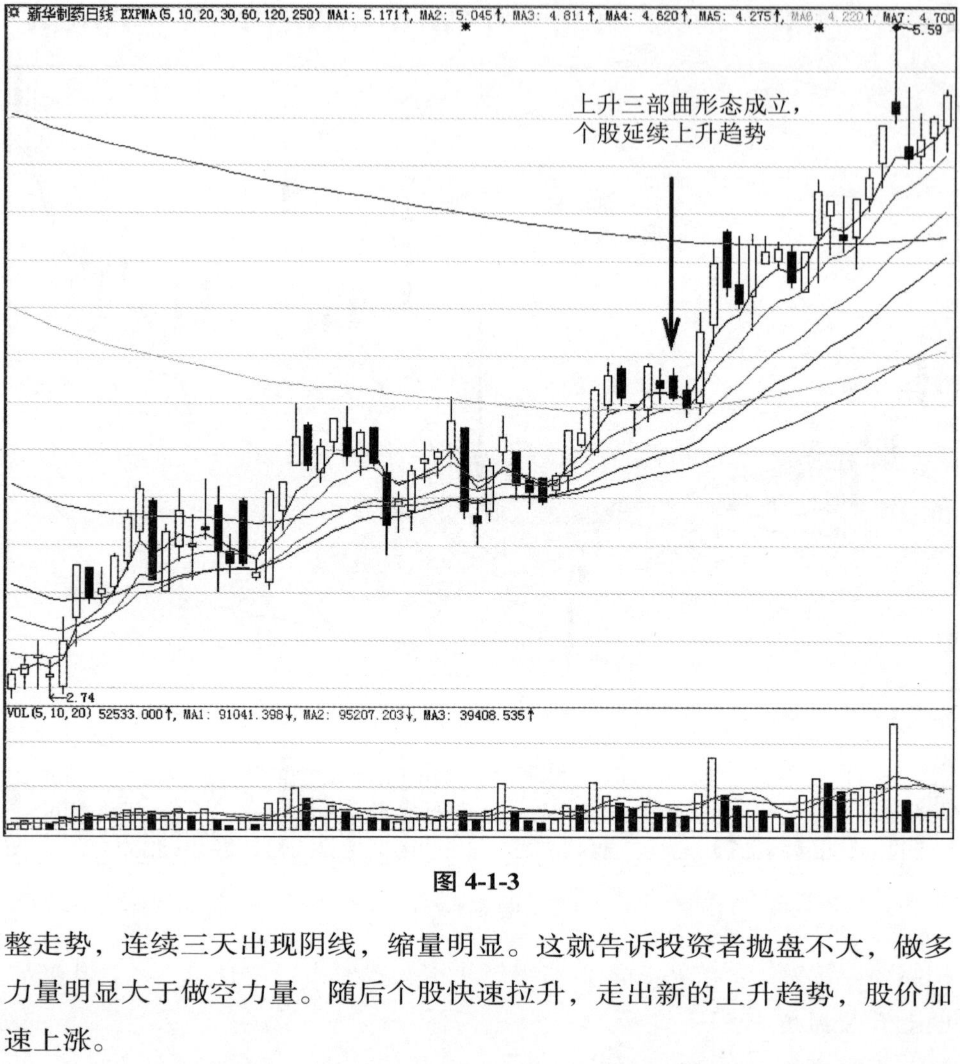

图 4-1-3

整走势，连续三天出现阴线，缩量明显。这就告诉投资者抛盘不大，做多力量明显大于做空力量。随后个股快速拉升，走出新的上升趋势，股价加速上涨。

阳线与阴线体现的是多空力量的对比，上升三部曲体现的就是做多动能大于做空动能的情况。在上升三部曲形态中，因为个股的股性不同，庄家操盘手法不同，有时会随着出现一些形态上的变异，例如，中间的小阴线多一根或少一根，在阴线中间夹杂着小阳线。但这些都不影响个股多空力量的对比，也就不会影响个股的看好预期。

图 4-1-4

图 4-1-4 是西藏矿业（000762）2014 年 11 月—2015 年 6 月的 K 线走势图。个股在上升趋势中形成的上升三部曲，在形态上有一点特殊，股价回调中形成一根小阳线。但投资者一眼就可以看出，这根小阳线的出现并不会影响到多空双方的力量对比。实际上，出现一根小阳线倒是让投资者对后市行情更加看好。当然这根阳线的出现也会增加大资金吸收的筹码，后市行情仍然看好。

上升三部曲一般出现在个股上涨过程中，表明多方上攻虽然遇阻，但连续多日回调幅度不大，后市将继续上行。回调中的小阴线也是庄家清洗浮筹的手段，当浮筹清洗完毕，庄家再拉一根大阳线，宣告一轮震仓洗盘暂告一个段落，接着又将发动向上攻势。

投资者在具体操作这一形态时需要注意以下几点。

第一，上升三部曲组合K线的下影线越长，多头气氛越浓；实体越长，多头就越强。

第二，5日换手率越高，后市的上升行情就越强。

第三，如果处于头尾的两根长阳线出现时有较大的成交量配合，表明股价的上涨趋势更加强烈，投资者应该以持股为主。

二、步步高升

新的套牢盘和新的抛压盘形成新的行情波折，多方力量战胜新的做空力量，迎来新的上涨行情，股价和指数步步高升。

步步高升，顾名思义，就是数根K线步步走高，股价连续上涨，阳线实体不断加大的K线组合。如图4-2-1。

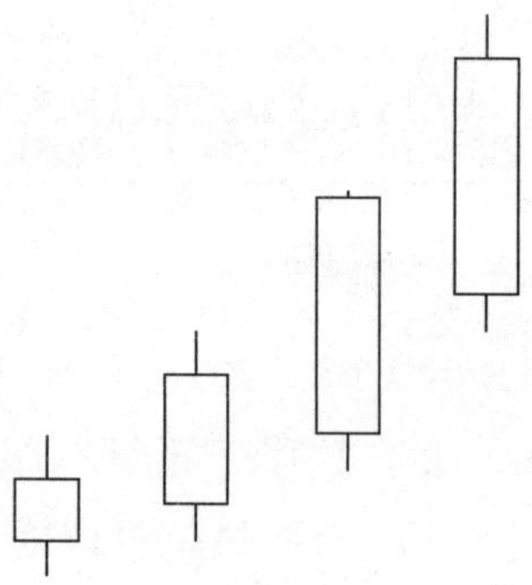

步步高升

图 4-2-1

其技术特征如下。

第一，步步高升 K 线组合由 4 根阳线组成。

第二，连续 4 天上涨，即每一天的收盘价都高于前一天的收盘价。

第三，阳线实体不断加大，即每一根阳线的实体都大于前一根阳线的实体。

步步高升K线组合形态是由4根及4根以上阳线组成的K线组合形态。在股价不断上涨的过程中连收阳线，阳线实体也越来越大，使得股价上涨幅度越来越大。

在股价上升途中，多头接连向空头发起进攻，且攻势一天比一天猛烈，反映在 K 线图上就是股价连收阳线。阳线实体越来越大，也是股价加速上行的征兆。连续阳线的实体由小变大，表明多头攻势日见顺利，多方必将趁热打铁，向空方发起总攻。

下面来看一些案例，分析其中的形态走势。如图 4–2–2。

图 4–2–2 是新中基（000972）2014 年 12 月—2015 年 4 月的 K 线走势图。个股在回调后走出一个连阳走势，在这一连串的阳线走势中，阳线实体呈现越来越大的形态，表明多头势力在这一过程中越发强势，打得空头溃不成军。在这一步步高升形态之后，个股做出一个简单的回调洗盘，就开始快速拉升的走势。

多头快速拉升股价的底气从何而来？步步高升形态就告诉了投资者多头的强大实力。在这一形态成立时，量能又出现明显上升，表明多头势力进一步强大。

对于后来出现的回调，投资者可从前期高点的抛压来理解，当个股突破这一抛压，必将迎来更大的升势。

下面再看一个案例。如图 4–2–3。

图 4–2–3 是宁波热电（600982）2008 年 12 月—2009 年 2 月的 K 线走势图。该股在 2009 年 1 月 21 日、22 日、23 日和 2 月 2 日连续 4 天收出阳线，股价重心一天天上移，阳线实体也一天天增大，出现标准的步步高升 K 线组合形态。多头实力在这一形态中显露无遗。

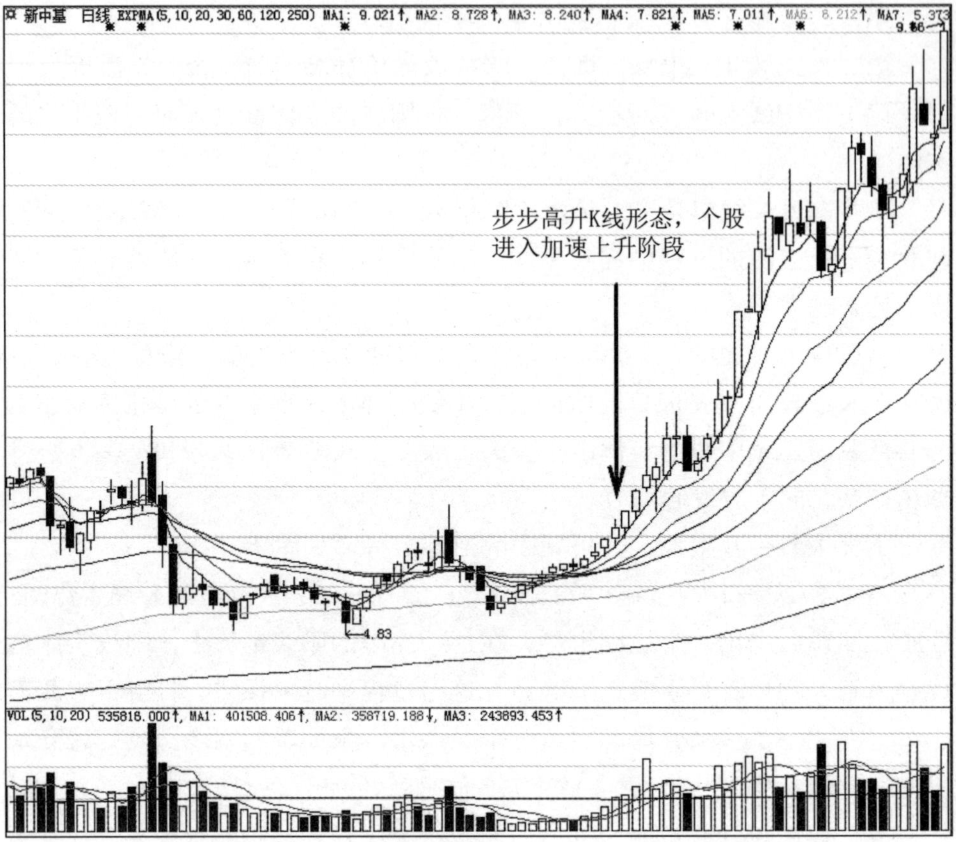

图 4-2-2

2 月 4 日承接上一天上涨后，接下来两天收出两根洗盘阴线，阴线形态可看做套牢盘的抛盘和获利盘的抛压共同作用。这一短暂回调，形成投资者最佳的介入点位与时机。洗盘结束后，股价加速上涨，短期涨幅惊人，买进的投资者获利颇丰。

步步高升 K 线形态在实战中具有较高的成功率，该形态出现时，表示上涨行情处于不断加速状态，一轮个股的牛市行情可能就此诞生。

实战中，如果阳线实体比较大，特别是第三、第四天的阳线已经是中阳、大阳线的话，就说明多头力量十分强大，即使遭到空头反扑，也不过

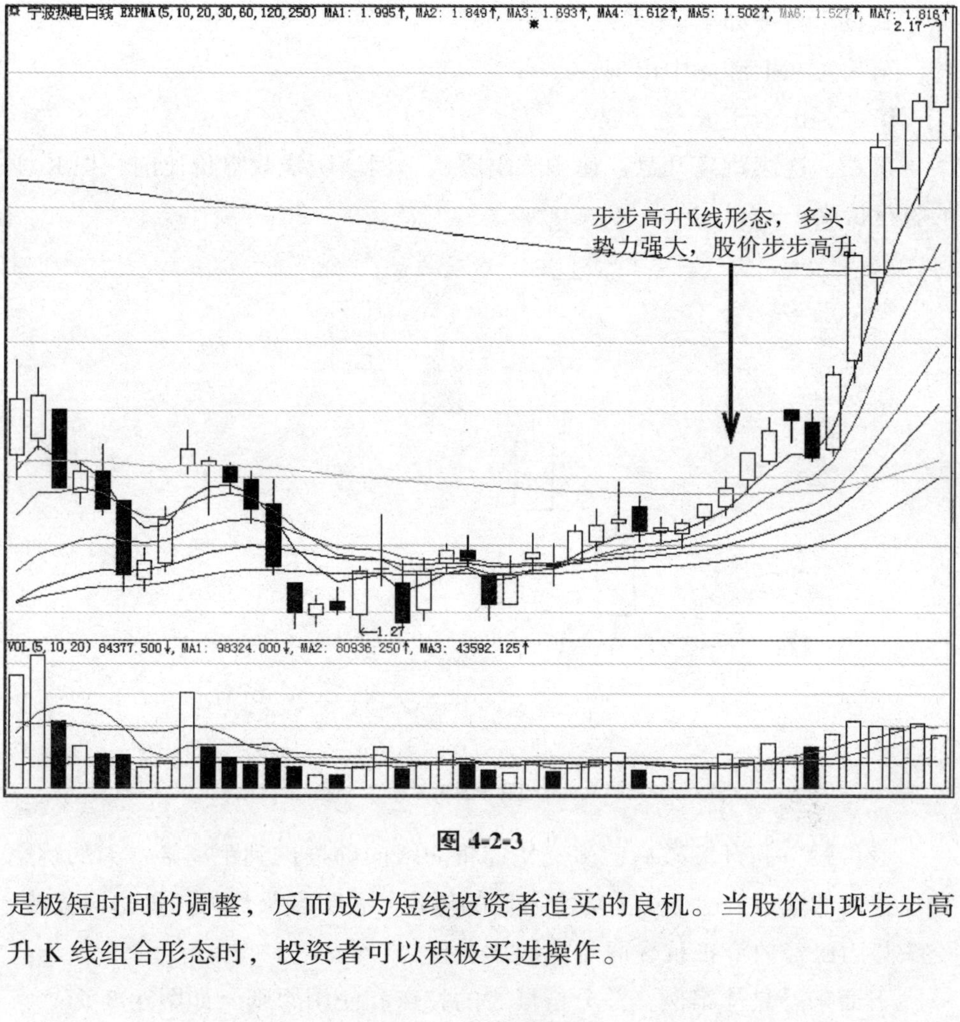

图 4-2-3

是极短时间的调整，反而成为短线投资者追买的良机。当股价出现步步高升 K 线组合形态时，投资者可以积极买进操作。

三、一骑绝尘

做多力量一再战胜做空力量，其时已形成势如破竹之势。股价接连跳空上涨，如一骑绝尘。

跳空上涨 K 线组合是个股或指数连续跳高开盘的一种形态。如图 4-3-1。

其技术特征如下。

第一，在上涨途中出现。

第二，由若干 K 线组成。

第三，连续跳高开盘，途中收出阴线，但该阴线收盘价比前一根 K 线的收盘价高。

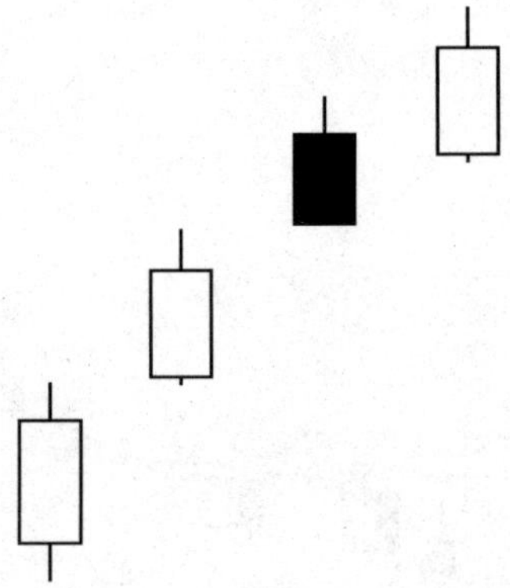

跳空上涨

图 4-3-1

股价跳空高开突破后，多头快速将防线向前推进到距离第一天的跳空缺口较远的地方，这是多头势力占优的体现，表明多头势力占据绝对优势，空头势力已经放弃抵抗，股价将继续上行。

下面来看具体案例，并分析形态的特点和使用原则。如图 4–3–2。

图 4–3–2 是老凤祥（600612）2008 年 10 月—2009 年 2 月的 K 线走势图。个股在 2008 年 11 月出现了跳空上涨形态，个股一路高开高走，虽然有一天尾盘回落收出一根阴线，但收盘价依然高于前一天的收盘价，个股强势特征明显。个股在拉升行情中收出一根阴线，有明显的洗盘痕迹。个股在快速洗盘后，出现加速上涨走势，连拉两根长阳线。

从长期走势来看，个股经过调整洗盘，步入了上升通道。这一上升行情的能量准备，前期吸筹功不可没，个股在此后走出了翻倍行情。

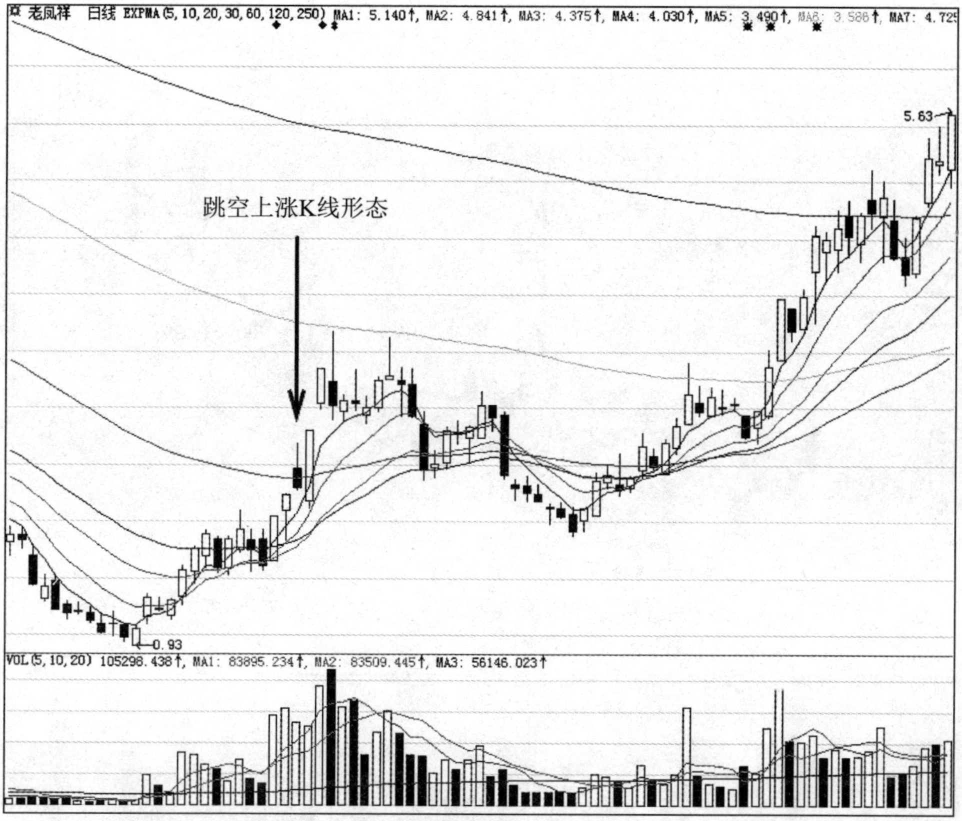

图 4-3-2

下面再看一个案例。如图 4-3-3。

图4-3-3是人福医药(600079)2015年3月—2015年6月的K线走势图。个股在一段盘整行情后期出现放量拉升的走势，个股收出一根大阳线，随后一天股价直接以跳空的方式开盘，维持高位震荡。尾盘市场虽有回落，但股价总体仍维持在高位，表明多头势力明显强于空头。个股经过一波回调后，随后开启长期上升趋势。

跳空上涨K线形态是在股价上升过程中连续跳高开盘，收出众多阳线，中间出现少量阴线，但这些阴线的收盘价均比前一根K线的收盘价高。这些阴线是上升过程中出现的上升抵抗，是买方力量逐渐加强的一种表现，

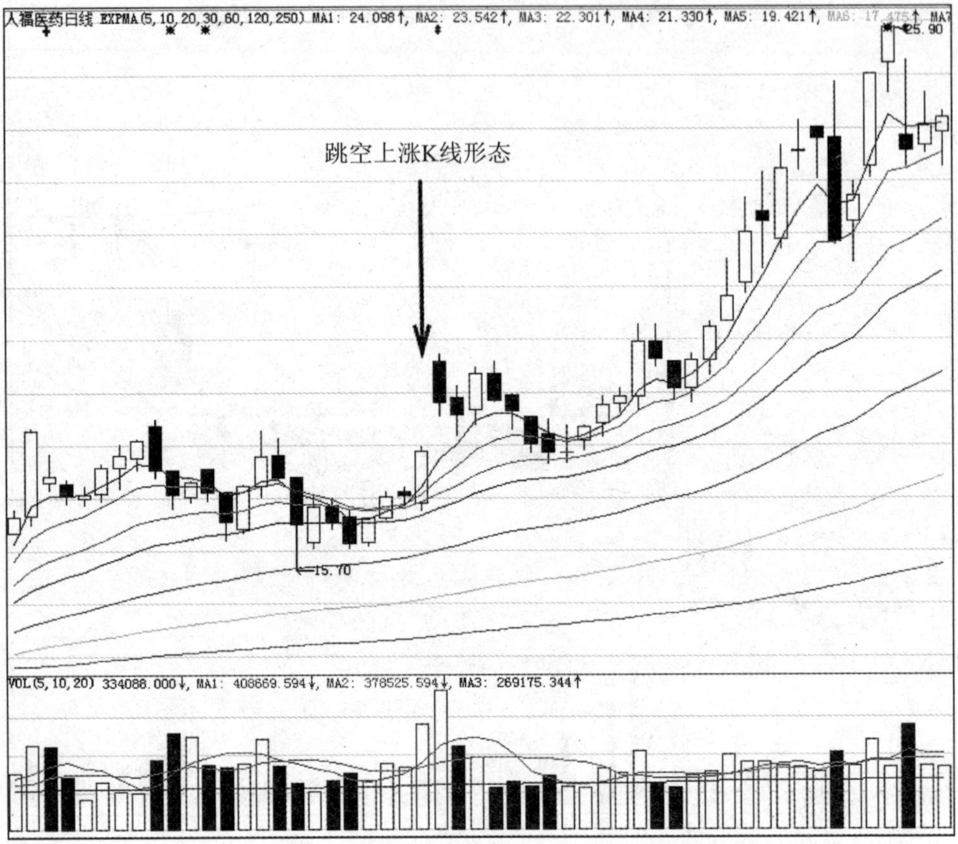

图 4-3-3

它显示日后股价仍会继续上涨，少数还可能出现加速上扬的态势。投资者见到上升抵抗形 K 线图形，可适量买进。

四、自在五连阳

从上文的多空发展进程中可以看到，做多力量是一个慢慢积累的过程，是在一步步战胜空方中长大的，行情也是在这样的过程中一步步开展的。当然还有一种情况：个股用相当长的时间在底部积蓄做多力量，对于这样的一种走势，虽然股价在前期表现得滞后一点儿，但因为做多能量积蓄得充足，行情爆发之时往往会一鸣惊人。低位五连阳是其中一种，平台吸筹也是其中一种。

低位五连阳K线组合，顾名思义，就是由5根低开走高或跳跃式的小阳线组合而成，是指股价在低位连续拉出5根或者5根以上的小阳线。如图4-4-1。

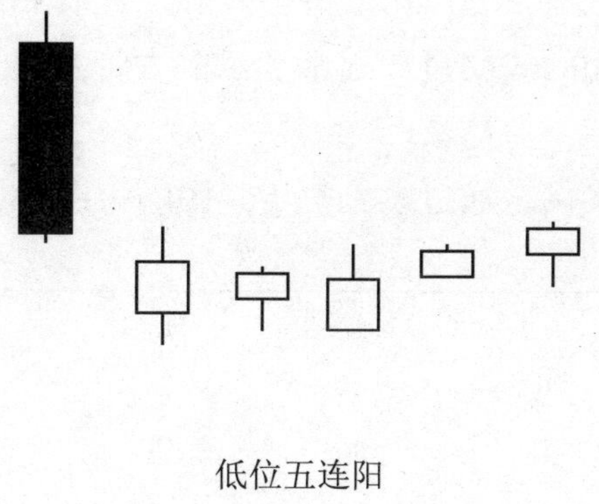

图4-4-1

其技术特征如下。

第一，出现在上升行情初期。

第二，在股价下跌持续一段时间后，连续拉出5根（有时可能是六七根）阳线，这些阳线多为小阳线，即K线实体都不超过3%。

低位五连阳K线组合表示在此价位有多方力量逐步进场，预示着股价已经见底，后市行情将逐步好转，是一种买入信号。

低位五连阳K线组合的出现，说明逢低吸纳者众多，买盘强劲，底部已经形成，多方蓄积的力量即将爆发，后市上涨的可能性极大，对应的成交量也呈温和放大之势。

其市场含义代表主力机构积极压低回补增仓，又不使股价或指数过于快速大幅上扬的一种较为隐蔽的增仓行为。

低位五连阳若出现在低价区，股价经过长期下跌之后，连续收出小阳线，同时成交量温和放大，意味着股价已探底成功，多方正在逐步积蓄能量准备反攻。从另一个角度讲，很可能这是某些主力资金在悄悄逢低建仓，未来股价很可能走出一波中级上升行情。

该形态出现在中价区或高价区时，则说明股价到达一定高位之后，经过一段时间的换手洗盘，抛压已经逐渐减轻。此时如果连续出现小阳线，同时伴随着逐步放大的成交量，通常预示多方将发起一轮强攻，大幅拉抬在即。

下面来看一些案例，通过案例解析其中的买点。如图 4–4–2。

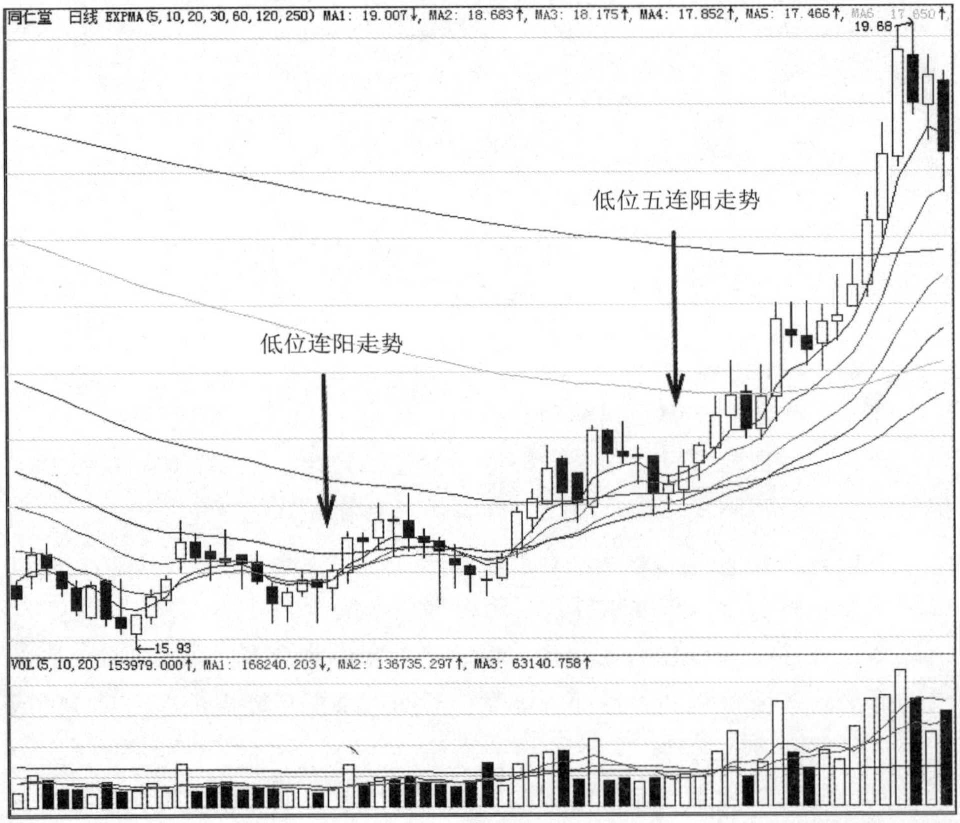

图 4-4-2

图 4-4-2 是同仁堂（600085）2014 年 5 月—2014 年 8 月的 K 线走势图。个股在低位时多次出现连阳走势，表明多头资金在这样的小阳线之下悄悄流入。随着时间的推移，多头量能慢慢聚集。

在最后一次五连阳之后，股价短时间回调，然后就开始快速拉升。在投资者羡慕股价的抬升时，也必须认识到股价的抬升动力在低位时就已清楚地告诉各位了，若投资者能及时买进，获利也会相当丰厚。

下面再看一个案例。如图 4-4-3。

图 4-4-3 是云天化（600096）2014 年 5 月—2014 年 8 月的 K 线走势图。

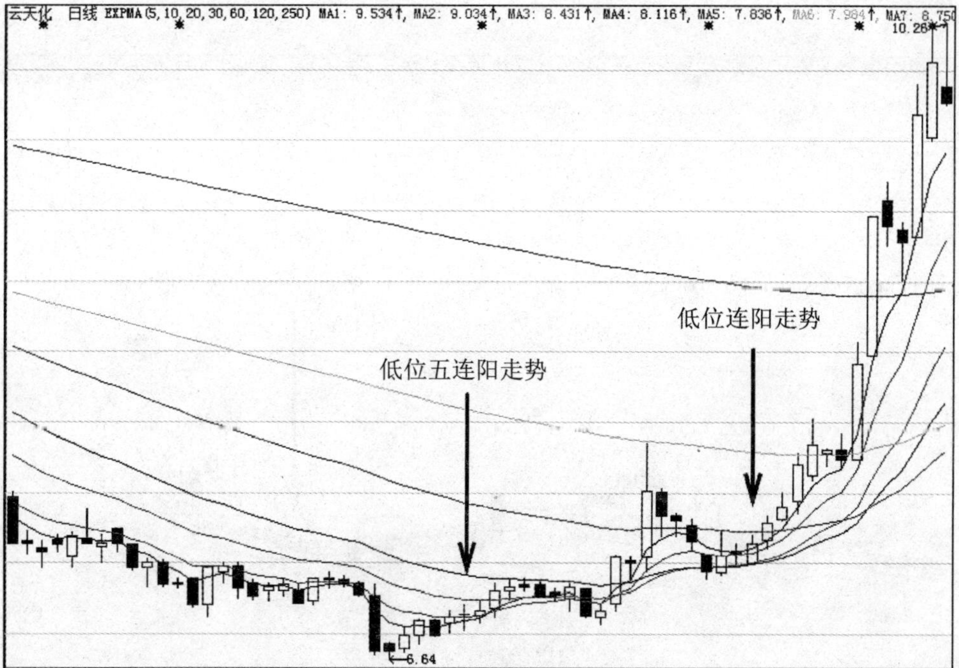

图 4-4-3

个股连续在低位出现两个连阳走势，资金介入明显。当然，在两个连阳之间还有大阳吸筹，但这些反映的都是做多资金正在介入，也是股价看好的信号。股价在吸筹之后做出一个洗盘动作，就开始快速拉升行情。个股拉升的起点无疑就是连阳之后。

这两个案例显示的是个股运行在低位时出现五连阳形态及其以后的走势，表明连阳走势是一个吸筹的过程。完成这一过程后，股价上涨将是自然而然的事情，投资者可以把握其中的机会。

下面再看一下出现在中位的连阳走势，观察其中多空力量的变化。如图 4-4-4。

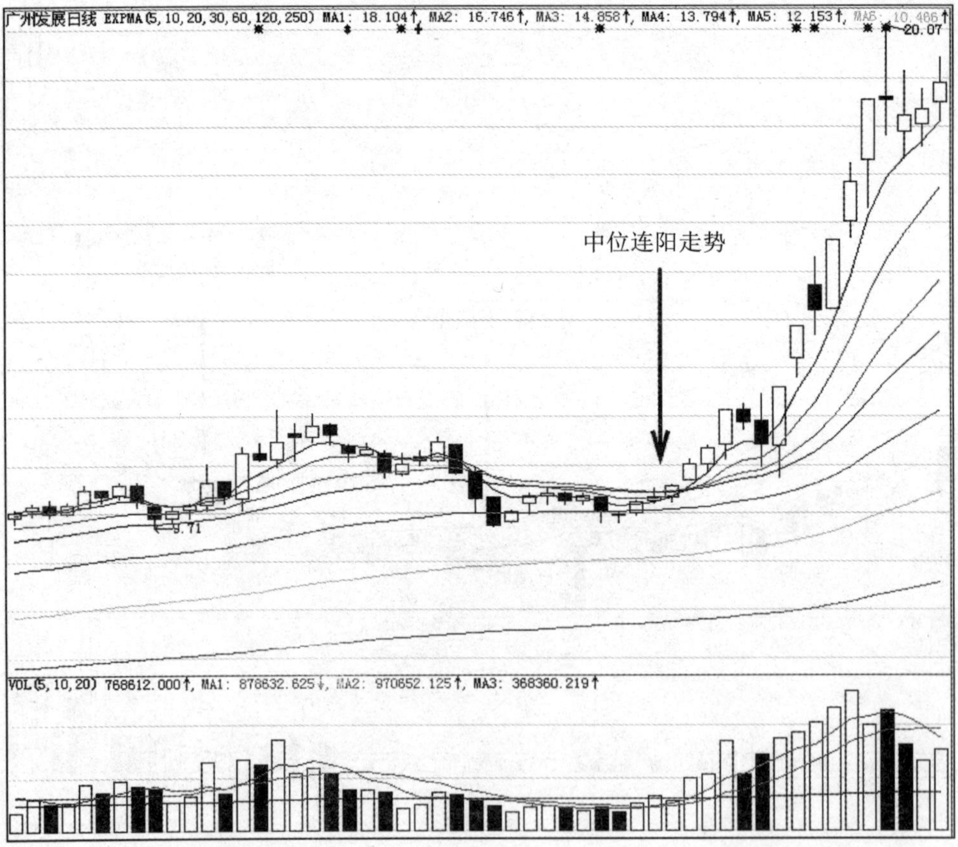

图 4-4-4

图4–4–4是广州发展(600098)2015年3月—2015年6月的K线走势图。个股在上升行情中段出现一波回调走势，但图中看到回调时量能不大，股价仍牢牢站稳在均线系统之上，这些因素支撑投资者对个股后市的向好判断。个股在回调后期出现连阳走势，显示有明显的做多资金介入，个股再次启动也就紧跟着发生。

回调是一个洗盘的过程，清洗上升带来的盈利筹码，减少抛压。连阳则是吸筹，表明做多动能增强。这一增一减之间，个股多空势力明显发生变化，个股随后重回上升趋势。

再看中葡股份（600084）中的连阳走势。如图4–4–5。

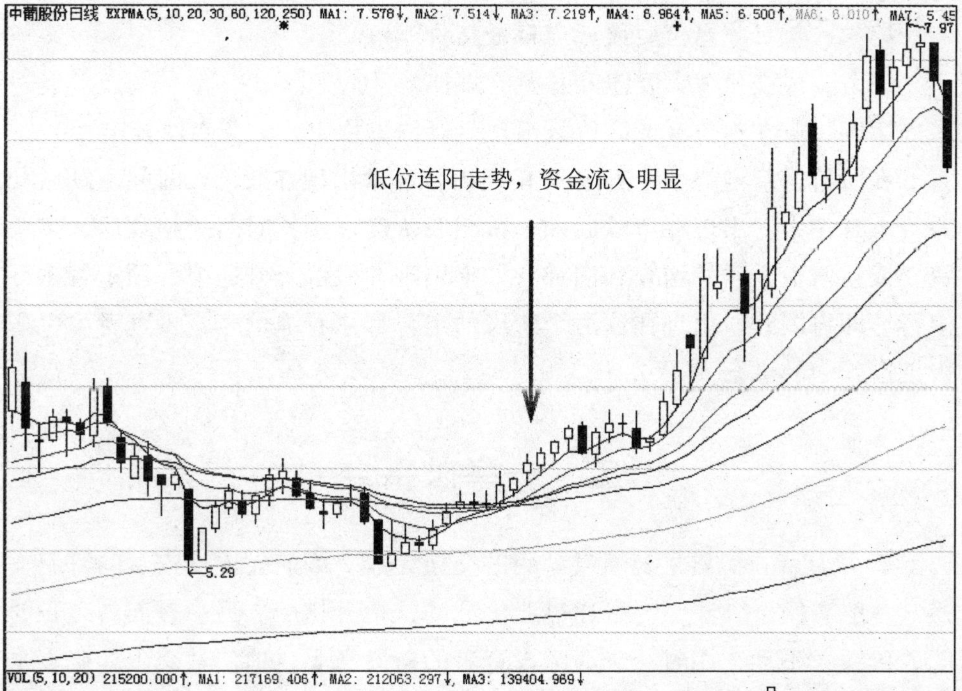

图4-4-5

图 4–4–5 是中葡股份（600084）2014 年 12 月—2015 年 4 月的 K 线走势图。个股在上升行情中段出现回调，在回调的后期出现连阳的走势。在这一段连阳走势中，量能出现明显的增加，资金流入明显，个股的做多能量得到壮大。小幅洗盘后开启上升行情，连阳走势背后的买进信号强烈。

低位五连阳 K 线形态在实战中应用广泛，在出现该信号之后，投资者可以逢低适量买进。在具体操作中，投资者对出现在中价区域或高价区域的连阳走势要保持警惕，注意股价后期可能出现反转走势。

投资者在操作该形态时，可从以下几点来把握。

第一，股价最少要连续 3 天收出小阳线，若能达到 5 天或以上，则信号更为可靠。

第二，每日收盘价要接近当日最高价。

第三，成交量放大要温和并且有规律。

第四，若在中价区或高价区出现，要快进快出，以免高位套牢。

在股价运行走势中，五连阳 K 线组合经常出现在股价长时间下跌后和股价上升途中。出现在下跌后期，说明股价经过较长时间的超跌后，多头资金或新增资金开始增仓和回补。如果出现在股价上升途中，预示着主升浪行情即将展开。出现在这两个阶段的走势都是看涨信号，投资者可以积极把握其中的机会。

五、一举破平台

做多力量的积累主要通过筹码的交换完成。如何完成投资者的筹码交换？一般有两个办法，一是通过股价波动，抬升打压。另一方面就是长时间股价纹丝不动，用时间来消磨投资者的持股意志，迫使其交出筹码，平台吸筹就是如此。对平台实现突破则是吸筹动作结束的信号，表明做多力量积蓄充分，行情即将开展上涨走势。

平台突破是指股价启动后已经拉出一定的升幅，日 K 线在形态上形成一个横盘整理的小平台，之后突然放量突破平台。如图 4–5–1。

其技术特征如下。

第一，股价处在拉升初期，已经有一定的涨幅。

第二，股价在一段时间内横向震荡，每天以小阴小阳线运行，形成一个小平台，时间在 3~10 天之间。

第三，一根放量大阳线突破平台整理期的最高点，并且收盘时大阳线收在整理平台的最高点之上。

第四，股价突破的同时，成交量也迅速放大。

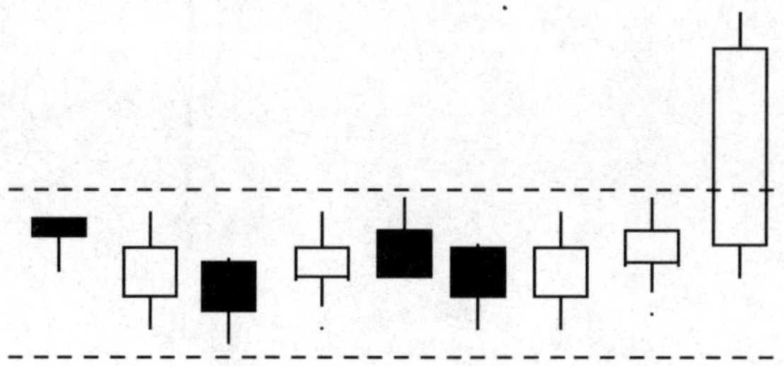

平台突破

图 4-5-1

平台突破 K 线形态的出现，是庄家再次发动拉升行情的开始，也是行情再次启动的一个标志。庄家在拉升过程中突然停止做多，使缺乏耐心者出局，一般持续时间相对较长。通过长时间的横盘，加剧散户的焦虑心理。横盘时间越长，这种焦虑感就越强烈，从而动摇了散户持股的信心。渐渐地，那些意志不坚定的、缺乏耐心的持股者最终放弃继续持股的念头，后期拉升时抛盘隐患不再，股价正式进入拉升环节。

下面通过案例来进行说明。如图 4–5–2。

图 4–5–2 是中国船舶（600150）2014 年 6 月—2014 年 10 月的 K 线走势图。个股开启上升趋势后，股价逐步走高。在相对高位，因获利盘的涌出，

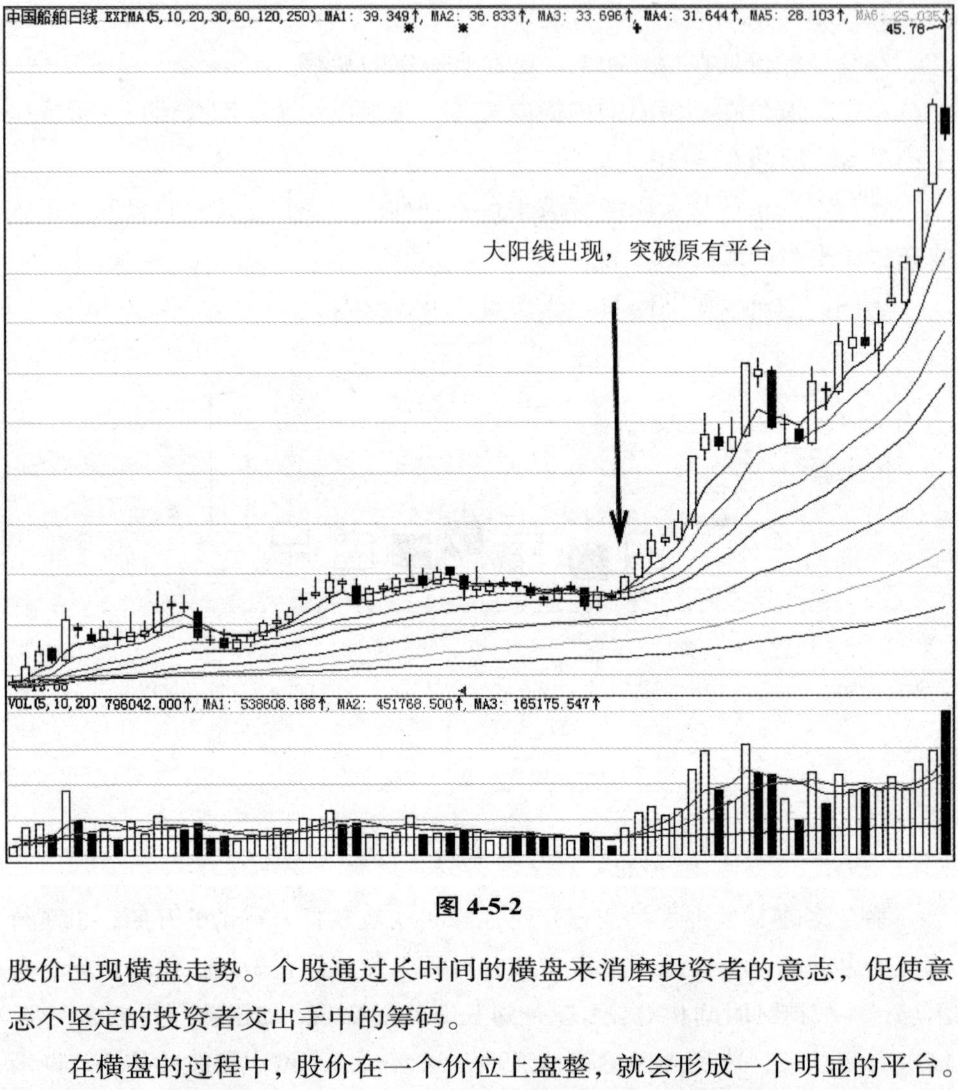

图 4-5-2

股价出现横盘走势。个股通过长时间的横盘来消磨投资者的意志，促使意志不坚定的投资者交出手中的筹码。

在横盘的过程中，股价在一个价位上盘整，就会形成一个明显的平台。当大资金收集到更多的筹码后，获利盘抛压的问题也顺利解决。做多动能得到增强，做空动能得到释放。一根大阳线形成对平台的突破，个股此后走出新的上升趋势。

下面再看一个案例。如图 4-5-3。

图4-5-3是万通地产(600246)2014年5月—2015年1月的K线走势图。

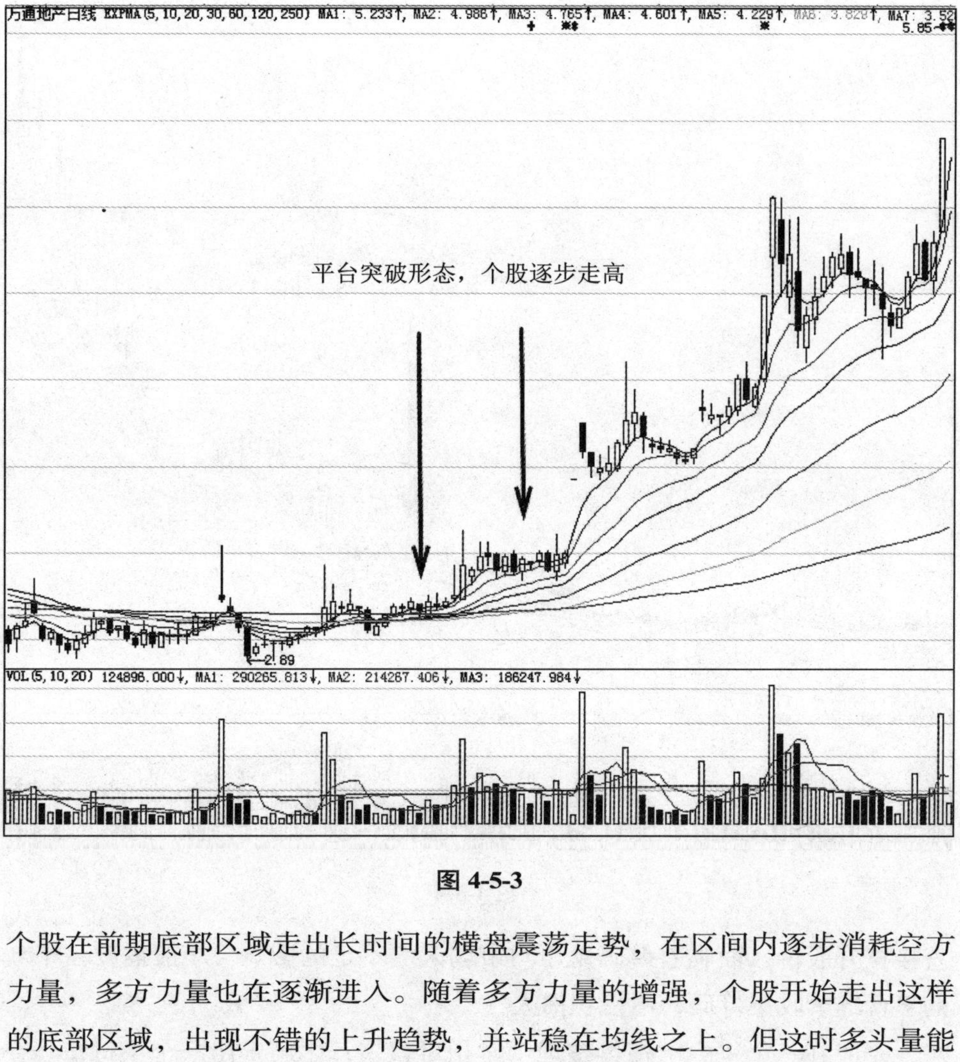

图 4-5-3

个股在前期底部区域走出长时间的横盘震荡走势，在区间内逐步消耗空方力量，多方力量也在逐渐进入。随着多方力量的增强，个股开始走出这样的底部区域，出现不错的上升趋势，并站稳在均线之上。但这时多头量能还没有强大到能够直接拉升股价的程度，所以在高一点的位置进行盘整。

这样的拉升、盘整走势，形成一个个的平台突破走势。个股一边拉升股价一边清洗、收集筹码，表明个股走入长期上升趋势。

图 4-5-4 是贵州百灵（002424）2015 年 1 月—2015 年 6 月的 K 线走势图。个股在长期横盘之后，走出放量阳线，个股有选择上升趋势的迹象。此时

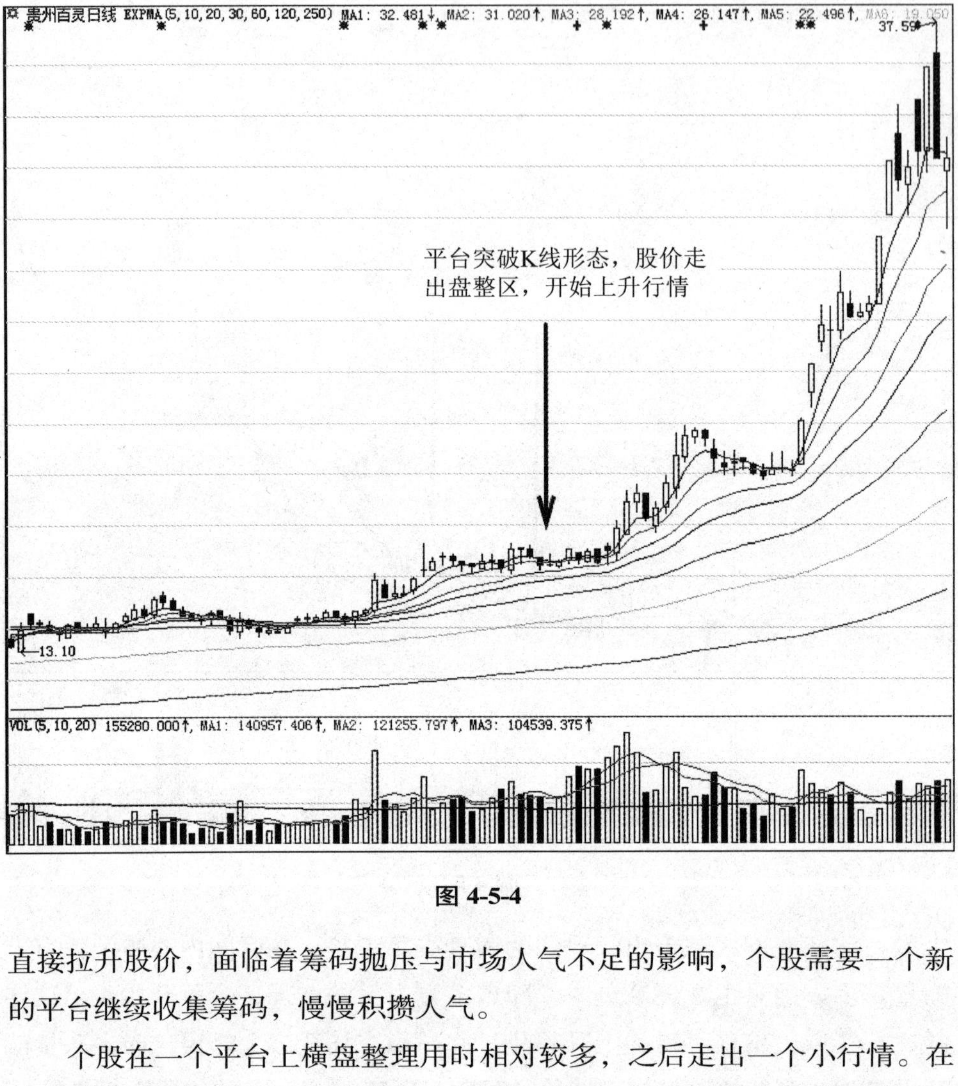

图 4-5-4

直接拉升股价，面临着筹码抛压与市场人气不足的影响，个股需要一个新的平台继续收集筹码，慢慢积攒人气。

个股在一个平台上横盘整理用时相对较多，之后走出一个小行情。在小行情之后浮筹出现，个股又做出一次洗盘动作，这次洗盘用时相对较少，个股随后快速拉升。

在这个过程中，个股的吸筹、洗盘用时长短，也可以看出此间多空力量的变化。越往后期，个股的做多动能越是充分，这也是建立在之前的长期准备之上。

多空变化是一个过程，需要时间的积累，但其中也会出现一个临界值，此后股价变盘。个股多空逐渐变化，会在K线上留下痕迹，变盘后确立新的方向，就是K线形态发出的信号。

作为投资者，需要通过K线的阴阳变化找出其中的蛛丝马迹。小阴小阳就是一个多空渐进的过程，平台突破则是突破临界值后的变盘信号。

下面再看佳都科技（600728）的平台突破。如图4-5-5。

图4-5-5是佳都科技(600728)2015年1月—2015年6月的K线走势图。个股在底部区域出现一连串的小阴小阳线，多头势力在这些小阴小阳中逐

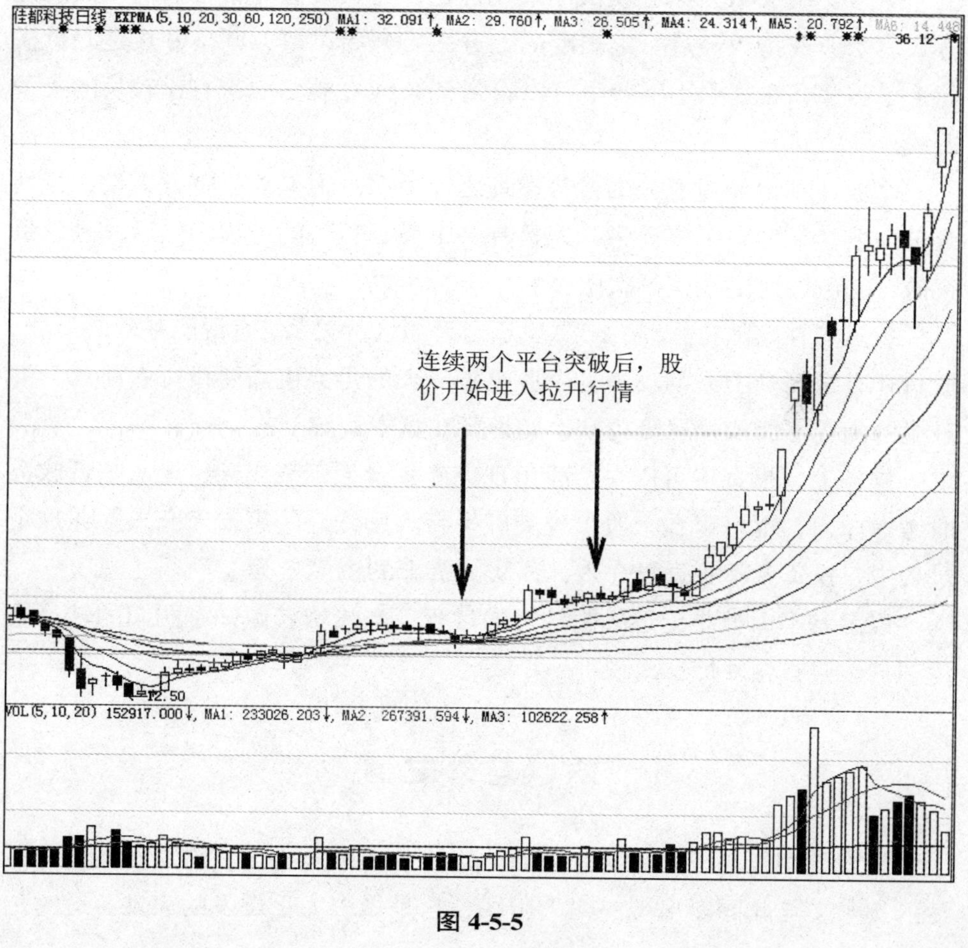

图 4-5-5

步增强。个股股价出现慢慢抬升的迹象，随后出现一点儿回调走势，但回调的幅度都不大，量能也保持缩量。

在这一过程中可以看到空方势力消减的迹象，多头势力增强，空头势力消减，个股再次走出小幅的升势。随着量能逐步放大，多头势力进一步增强。股价在此之后继续小阴小阳的走势，多方在区间慢慢地继续积蓄能量。随着时间的推移，多空发生转变，一根大阳线的出现打破多空平衡状态，多方势力明显强于空方势力，股价随后开启长期上扬趋势，短时间就出现巨大升幅。

平台突破K线形态在实战中应用广泛，是大资金非常喜欢的一类洗盘方式。个股或指数经过一定幅度的上升之后开始调整，调整方式是股价横向上下震荡，在这个小平台中可以看到日K线在震荡中带有比较长的上下影线。

个股或指数经过充分的蓄势整理之后，多方力量战胜空方力量，行情突破向上。在形态上表现为：先是有一个横盘整理的过程，然后才是放量突破，突破性大阳线是再次做多的标志。

投资者在实战操作时，需要注意当天的量价关系，有量能基础的上涨，股价才有进一步上升的动力。个股突破当天的走势也需要投资者注意，突破时的阳线不能依赖尾盘拉升，而是要在盘中稳健上行。

操作上，投资者可以在个股出现突破平台大阳线当天，尾盘临近收盘时考虑介入，也可以在个股出现突破平台大阳线后的第二天介入。在这个过程中，投资者不宜过早介入，谨防大资金的诱多行为。

以上基本上就是论述的阴转阳的过程，当投资者熟知了阴阳的转换之后，自然会有意外惊喜出现。

六、意外之喜

突变性阳线与三阳反转有异曲同工之效。做多力量在跌跌不休中有耗尽的迹象，与此同时出现一根大阳线，这是做多力量爆发的表现。这时出现一根大阴线，也说明做空力量已是毫无还手之力。做多力量态度坚决，做空力量疲软，行情值得期待。

突变性阳线是股价经过疲弱的下跌走势之后，突然出现一根突破性的大阳线，是一种底部反转信号。如图 4–6–1。

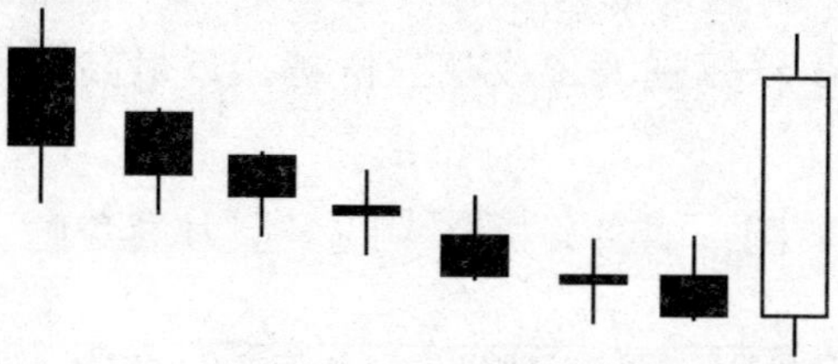

突变性阳线

图 4-6-1

其技术特征如下。

第一，在产生突变性阳线之前的 6 ~ 9 个交易日内，股价始终处于疲弱下跌走势中。其中每一个交易日的收盘价必须低于前一交易日的收盘价，或者每一天的收盘价低于当天的开盘价，这两个条件只要符合其中一个即可。

第二，当这种下调走势持续几天后，如果有一天突然出现一根具有变盘性质的中阳线，可以视其为突变性阳线。

第三，突变性阳线涨幅必须达到大于或等于 5%和收盘价高于开盘价 5%这两个条件。

当突变性阳线 K 线组合形态成立时，意味着股价阶段性探底成功，通常将会出现一波有力的反弹行情或中级行情。

正常的股价运行一般是涨跌互现的。在大盘没有异常的情况下，这种一边倒的连续性下跌走势，极有可能是空方力量的刻意所为。在股价似自由落体之势跌落时，空头力量得到极大的释放。

伴随着股价的大幅下跌，多头力量逐步显现。这时只要多头稍显一下实力，就可以拉出大阳走势，对疲弱的空头形成迎头痛击之势，带动个股的市场人气。

这一过程也正是大资金控盘常用的方法，用深度跌幅清洗不坚定的浮筹，回之一根中阳线低位吸筹，同时又可测试上方的抛盘压力。一般来说，最后一天的阳线涨幅越大，或收盘价越接近最高价，越说明大资金急于结束洗盘的心理。

下面来看案例，同时分析其中的多空力量变化。如图 4–6–2。

图 4-6-2

图 4-6-2 是中南建设（000961）2013 年 10 月—2014 年 2 月的 K 线走势图。该股自 2013 年 12 月份走出连续性的阴线，下降走势明显，这期间成交量始终处于萎缩状态。

直到 2014 年 1 月 22 日，该股突然放量大涨，下午拉至涨停板，是典型的底部突变性阳线反转 K 线形态。此时是短线很好的买进时机，投资者可以大胆参与。该股第二天、第三天继续涨停，出现轰轰烈烈的涨停现象。经过短短 4 天时间，该股涨幅达到 30%之多。

在漫长的下降行情中，个股做空力量得到完全释放，这一点从成交量的持续低迷上就可以看出。这时只要有一支做多力量登高一呼，就可以唤醒股价的升势。这时出现的放量拉升，本身也告诉投资者多头介入明显。做空动能极度虚弱，做多动能蜂拥而进。一般投资者可以趁势介入，获取投资收益。

下面再看一个案例。如图 4-6-3。

图 4-6-3 是日照港（600017）2008 年 11 月—2009 年 2 月的 K 线走势图。日照港从 2008 年 12 月 19 日开始连收 6 根阴线，每天的低点不断降低，空方力量得到不断释放。

个股于 12 月 29 日收出一根突变性的大阳线，股价封住涨停板，多头力量在这一天强势崛起。从这一天的量能上看到，量能并未出现较大释放，体现出空方力量很小，抛盘很少，做多力量只需用很少的资金就可以拉升股价。

个股在此后走出几天的震荡吸筹走势，随即开始拉升股价。拉升途中抛盘很小，股价以近乎 90 度的角度直线上升，买进的投资者短短数日获利丰厚。

突变性阳线 K 线形态在实际应用中还需要注意以下分析要点。

第一，突变性阳线在大盘运行的绝大多数时间中都是有效的，唯有在大盘处于单边跳水式的暴跌中，由于大多数股票也会形成同样走势，此时突变性阳线的有效性需要结合个股的其他指标进行研判。

第二，突变性阳线是一种底部反转 K 线形态，适用于股价处于低位时。

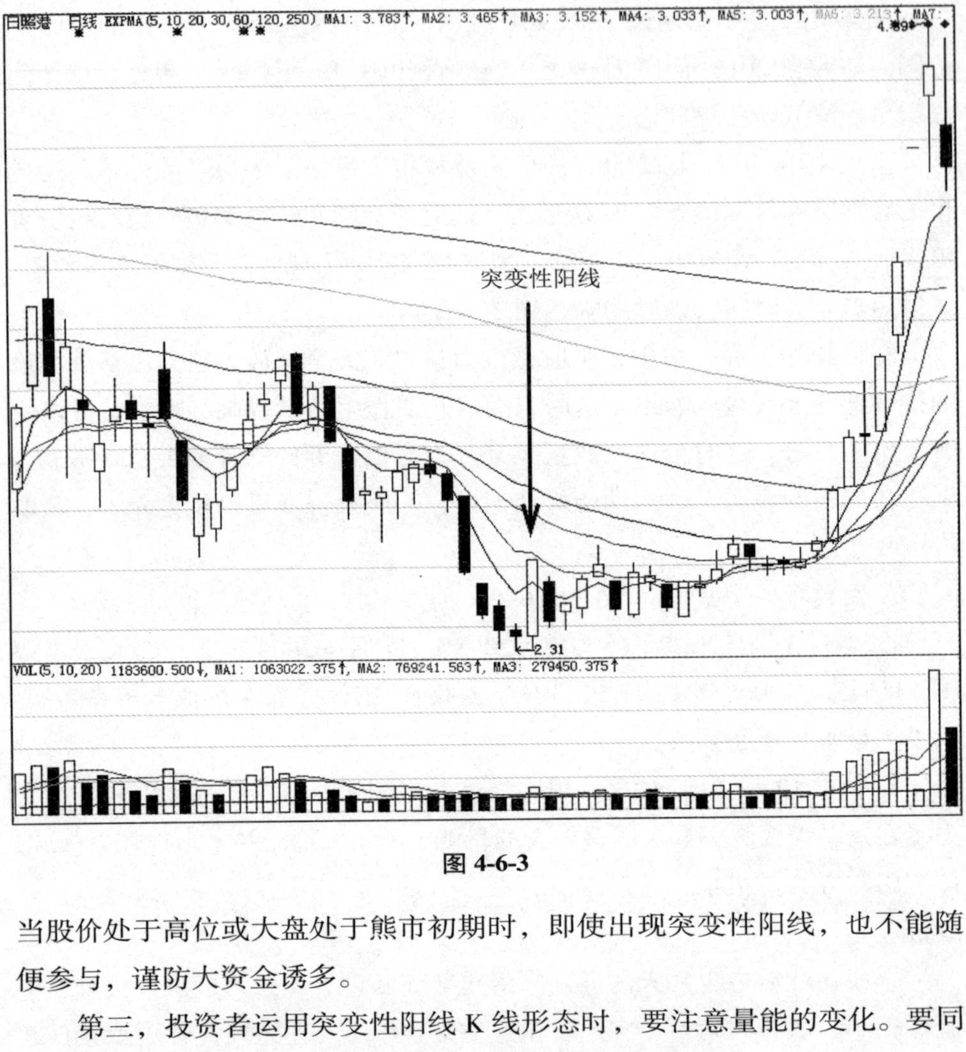

图 4-6-3

当股价处于高位或大盘处于熊市初期时，即使出现突变性阳线，也不能随便参与，谨防大资金诱多。

第三，投资者运用突变性阳线 K 线形态时，要注意量能的变化。要同量能技术指标有机地结合起来分析，才能做到百战不殆。

乐极生悲，阳尽阴生，预示着循环开始新的阶段。

第五章
阳尽阴生之一生二

一、高处不胜寒

做多力量最鼎盛之时，做空力量又在其中生长。阳线的尽头是阴线，做空力量在慢慢掌握市场主导权。

股价一步步上升带来大量获利盘，随着获利盘出现兑现的冲动，做空力量开始生长。股价的多空对比由多方占据绝对优势，慢慢转变为多空取得平衡，高位避雷针形态就是做多力量与做空力量争斗的痕迹。做多力量拉升股价，做空力量兑现筹码形成抛压，长上影的避雷针形态出现，表明阳尽阴生的序幕拉开。

高位避雷针形态是一类经典的出货形态，形态如同矗立在高顶之上的一根避雷针。这种 K 线信号，通常意味着头部到来，是一种确认性的卖出信号。如图 5–1–1。

其技术特征如下。

第一，通常在升势末期出现，股价已经有较大的涨幅。

第二，某天出现一根带长上影线的 K 线，同时伴随着较大的成交量。

第三，这根 K 线可为阳线亦可为阴线，以阴线居多，上影线需超出实体的 3 ~ 5 倍。

相对高位的长上影线，与超买指标相伴，往往是大资金大幅拉高出货所致。该形态与定海神针形态有异曲同工之处，一个是用于测顶，一个是用于测底，作用不同，K 线方向不同，其中的阴阳态势也完全不同。

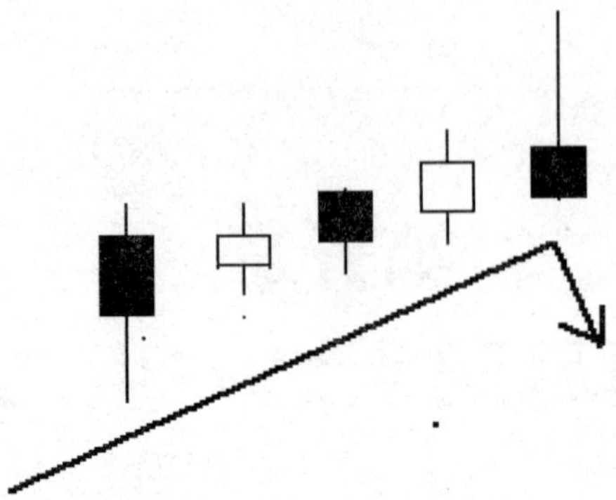

高位避雷针

图 5-1-1

高位避雷针的形成原因有两个：一是大资金诱多，这是大资金出货时的惯用伎俩；二是市场获利筹码抛售。

股价经过持续上扬，出现巨大获利盘。大资金为了顺利出货，在分时图上做出诱多图形，即在当日早盘先大幅拉高，吸引跟风盘涌入，待市场敢死队奋勇入场接盘，“鱼儿”上钩之后再反手做空，股价先升后跌，筹码在高位完成易手。

股价连续上升后，获利盘收益丰厚，累积到一定的程度后，市场对后市看法出现分歧，多头阵营出现哗变，短线客纷纷落袋为安，导致股价冲高回落，亦会留下长长的上影线。

下面来看一些案例，分析该形态形成的原因。如图 5–1–2。

图5–1–2是金自天正(600560)2015年2月—2015年7月的K线走势图。个股完成平台突破后，开始一段大幅度的上涨走势。伴随着大幅的上涨，市场内各路资金都获取了巨大的利润。这时如何兑现这些利润，就成为各路资金思考的主要问题。

一些大资金利用资金优势拉抬股价，诱使一般投资者买进接盘。还有一些投资者看到股价高涨，其中隐藏的巨大危险随时有可能爆发，于是在高位兑现筹码。这些资金带来的抛压，共同构成了 K 线形态的长上影线，

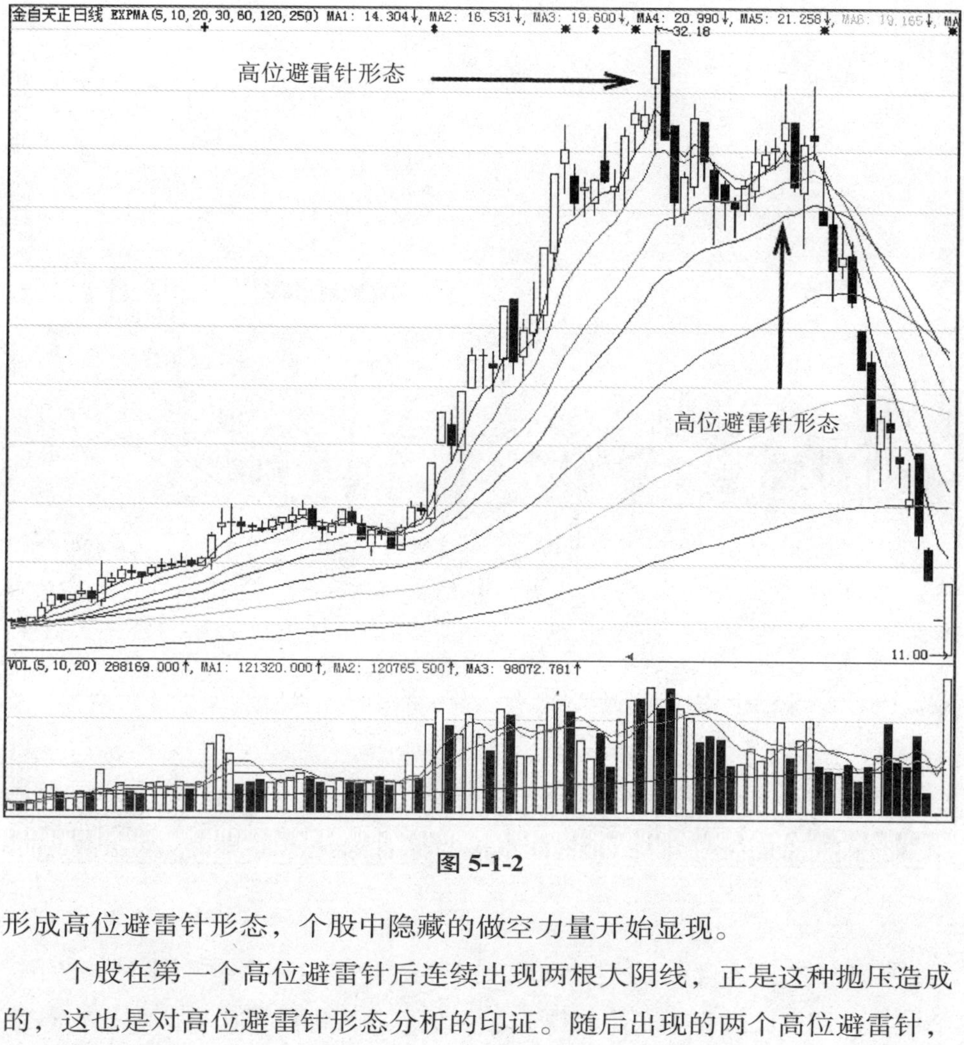

图 5-1-2

形成高位避雷针形态，个股中隐藏的做空力量开始显现。

个股在第一个高位避雷针后连续出现两根大阴线，正是这种抛压造成的，这也是对高位避雷针形态分析的印证。随后出现的两个高位避雷针，成因同样如此。

其中还有一点可以作为投资者卖出的参考。大资金离场是一个持续的过程，因其资金量相对较大，不可能在一天或几天之内完成出货，所以往往会在回调的初期做一些反弹，拉高出货。这也成为投资者离场的第二个高点。

下面看个股是如何一步步走上高位的。如图 5-1-3。

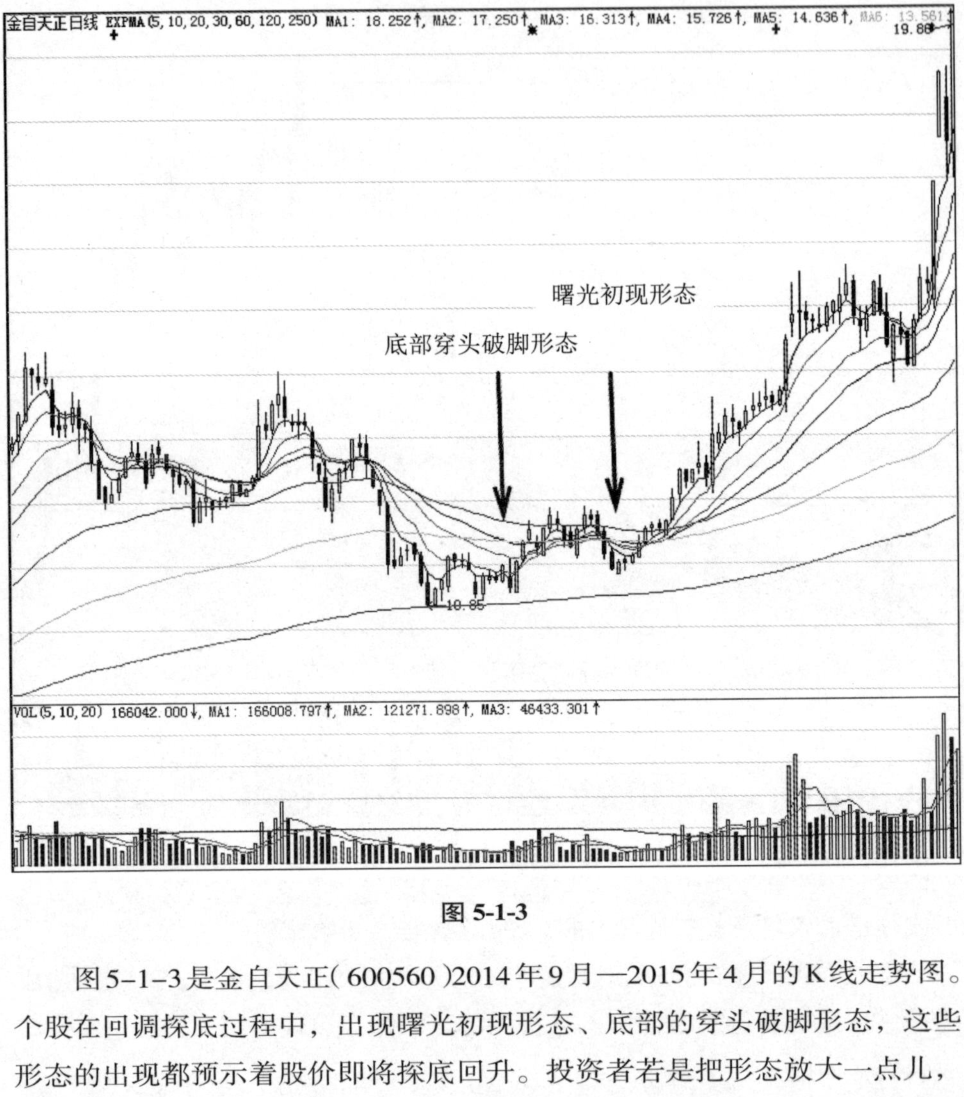

图 5-1-3

图5-1-3是金自天正(600560)2014年9月—2015年4月的K线走势图。个股在回调探底过程中，出现曙光初现形态、底部的穿头破脚形态，这些形态的出现都预示着股价即将探底回升。投资者若是把形态放大一点儿，可看到在这些形态的共同作用下，个股走出一个双底走势，这时个股探底回升的态势更为明显。

个股在K线看涨形态和双底形态的作用下，股价慢慢回升，但前期高点和套牢盘的抛压不容忽视。在盘面上可以看到，个股在一点点消化完套牢盘后，才走出一个确认突破这些压力的大阳线，并且个股此后对这一压力位进行了回抽确认，然后才进入拉升阶段。

个股在突破这些压力线后，压力线附近的筹码转化为新进筹码。这些筹码只有继续做多才能获取收益，在这一过程中，做多动能进一步增强。个股回调确认后，开始直线拉升。

下面再看一个案例。如图 5-1-4。

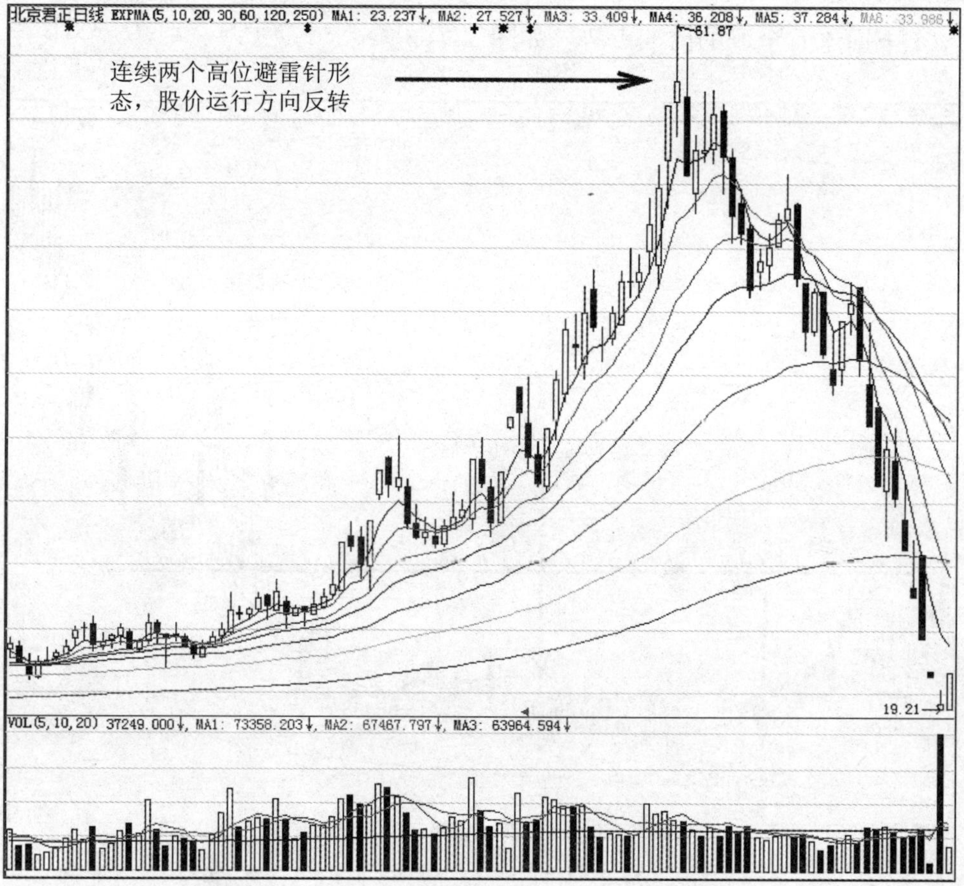

图 5-1-4

图 5-1-4 是北京君正（300223）2015 年 2 月—2015 年 7 月的 K 线走势图。个股在这段区间走出多倍上涨行情，早期介入的筹码获取巨额的投资收益。

随着股价的上涨，这些获利的筹码开始兑现收益，抛压逐渐显现。

个股在 2015 年 5 月 25 日出现高位震荡走势，收出高位避雷针形态，拉高出货的迹象明显。第二天个股走势继续诱多，在一些投资者接盘之后，股价大幅下挫，跌势凶猛。这一天的大阴线已经告诉投资者，大资金正在大踏步离场了。对一般投资者来说，连续的高位避雷针形态出现，就是明确的离场信号。

下面来看个股的前期走势。如图 5-1-5。

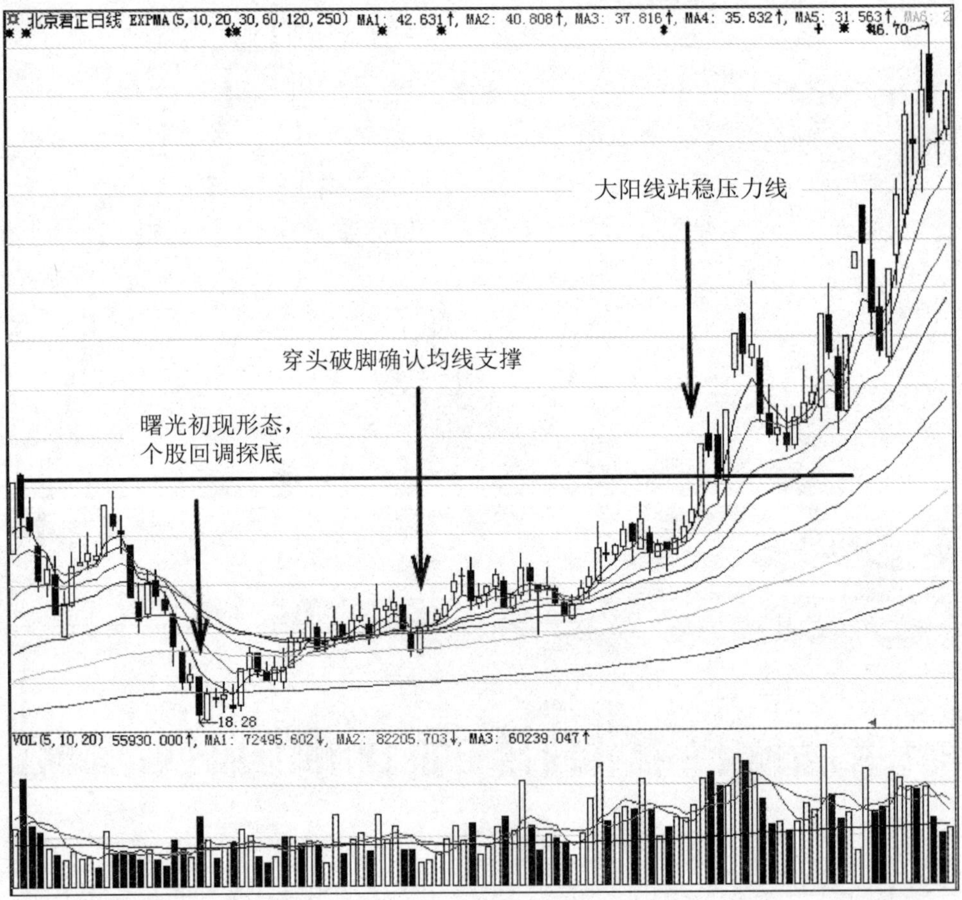

图 5-1-5

图 5–1–5 是北京君正（300223）2014 年 12 月—2015 年 5 月的 K 线走势图。个股在快速回调中出现一个曙光初现形态，该形态出现后，个股完成探底走势，逐渐向均线上方攀升。个股在均线上方出现一个回调的走势，在形态上立即走出一个"穿头破脚"形态，确认均线的支撑有效，个股行情继续上行。

个股在上行途中仍然摆脱不了高点和密集成交区的筹码压制，直到以一根大阳线突破这一压制，压力变动力，个股才开启新的上升空间。

当然，投资者应该清楚地认识到，随着股价的上涨，做多动能得到释放，随着获利抛盘的出现，多空力量出现新的变化，阴与阳的变化就开始显现了。

下面来看深深宝 A 中的避雷针信号。如图 5–1–6。

图 5–1–6 是深深宝 A（000019）2015 年 2 月—2015 年 7 月的 K 线走势图。个股在 3 倍以上的升幅位置出现抛压，盈利浮筹大量涌现。个股承受极大的抛压，走势震荡，在 K 线上连续收出高位避雷针形态。此后个股连收阴线，股价急转直下。

高位避雷针是抛压造成的震荡出货形态，随后出现的连续下跌则是这种抛压的进一步显现，也是获利筹码或者大资金仓皇出逃留下的痕迹。对于这样的情况，投资者及早离场是唯一的出路。

下面来看个股底部走势。如图 5–1–7。

图 5–1–7 是深深宝 A（000019）2014 年 9 月—2015 年 4 月的 K 线走势图。个股在回调中出现弱势平衡的状态，股价在低位横盘震荡。随着区间震荡的持续，空方力量得到释放，多方力量开始逐渐壮大，随后股价走出阳线，进入新的整理区间。

个股在新平台上以小阴小阳的方式运行着，多头在其中集聚能量。随着一根中阳线的出现，个股完成之前平台的小突破，开始了缓慢攀升行情。

主力在后期的缓慢攀升中仍在进行吸筹。在这一时间段，多头掌控的筹码不够，不足以大幅拉升行情，但又不希望被其他投资者拿到低价筹码，个股才走出缓慢攀升的行情。等到主力吸收到充足筹码后，拉升行情随之

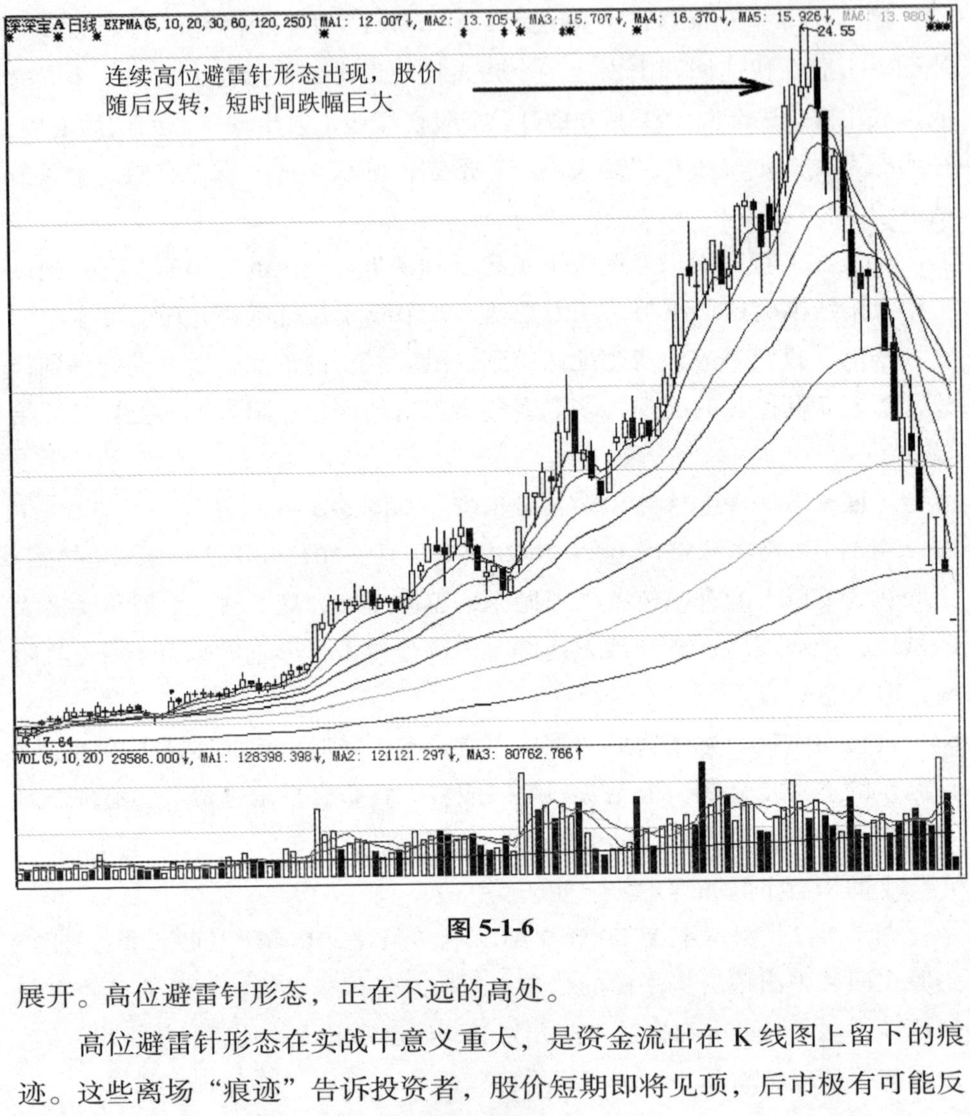

图 5-1-6

展开。高位避雷针形态，正在不远的高处。

高位避雷针形态在实战中意义重大，是资金流出在K线图上留下的痕迹。这些离场“痕迹”告诉投资者，股价短期即将见顶，后市极有可能反复下挫，这也是投资者清仓出货的好时机。

实战中，投资者对带长上影线的高位避雷针形态宜保持高度警觉，特别是大批股票同时出现该形态时，大盘见顶的可能性极大。

操作中投资者可以参考以下几点。

第一，高位避雷针出现当天，应立即果断清仓。

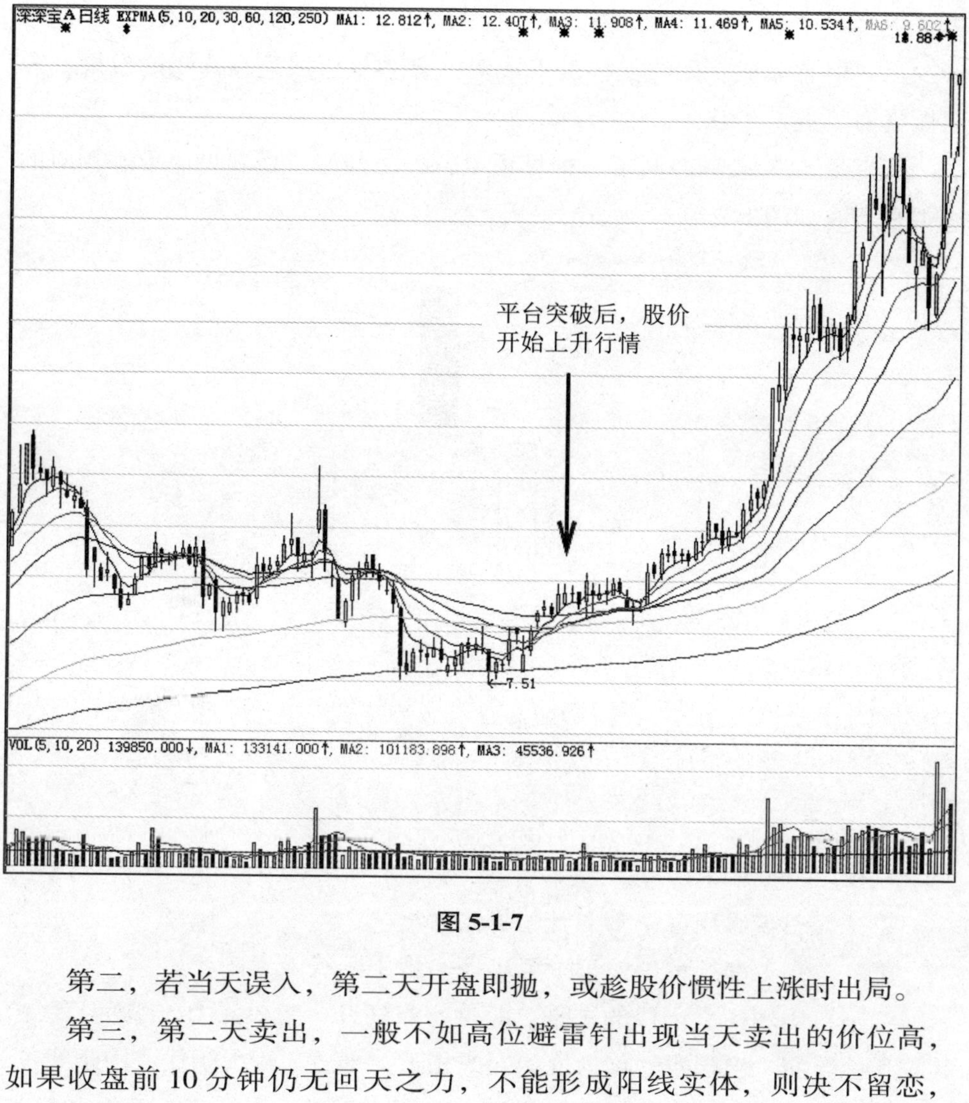

图 5-1-7

第二，若当天误入，第二天开盘即抛，或趁股价惯性上涨时出局。

第三，第二天卖出，一般不如高位避雷针出现当天卖出的价位高，如果收盘前 10 分钟仍无回天之力，不能形成阳线实体，则决不留恋，三十六计走为上。

二、当头棒喝

出现避雷针形态之后，多空力量反复争斗，个股走势出现弱化的现象，带来更多的抛盘。随着做空势力进一步聚集，阴线对阳线的侵袭更进一步，淡友反攻形态形成。阴线实体的形成对做多力量造成当头棒喝的效果，表明做空力量进一步壮大。

淡友反攻K线形态属于一种见顶组合，是与好友反攻见底形态相对的一类形态。如图5-2-1。

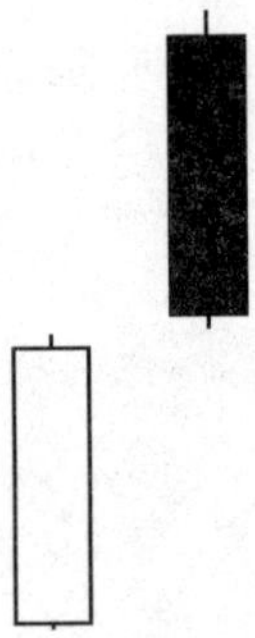

淡友反攻

图 5-2-1

其技术特征如下。

第一，通常出现在一个上升趋势之后。

第二，在上涨行情中，第一天出现一根中阳线或大阳线。

第三，出现中大阳线的次日，股价跳空高开，上攻无力，继而下跌，其收盘价与前一根阳线的收盘价相同或相近，形成一根大阴线或中阴线。

淡友反攻是见顶信号，提示投资者不要再盲目看多。淡友反攻出现在上升趋势中长阳线的次日，当日股价跳高开盘，冲高无力回落，收盘价与昨日收盘价相同或相近，从而形成中长阴线。这样两根K线组成的淡友反攻，是股价上升乏力、即将见顶回落的信号。

在这一时期，个股的多空力量发生变化，个股由多方占据绝对优势慢慢变为多空力量出现平衡，这是一个多方力量逐渐弱化的过程，后市行情将转向看空。

就阴阳转化而言，在阳线实体鼎盛时期，阴线开始慢慢出现，随后的趋势将是阳线慢慢萎缩，阴线逐步壮大。阴阳循环开始进入新的阶段。

淡友反攻 K 线形态中，第一根阳 K 线为中阳线或大阳线，说明市场上多方力量将空方力量打败，大举进攻并取得重大胜利。在接下来的第二个交易日，因为第一根阳线做多能量的惯性作用，使得开盘时一步到位，股价开在当天高点位置，然后多方力量渐渐不支，股价开始逐级下滑。此时的空方力量则乘机反击，收复了当天几乎所有的失地。

淡友反攻 K 线组合反映出多头能量已走到尽头，并露出衰竭的苗头，最终多空双方力量在收盘时打成平手或接近于平手的局面。

下面分析具体的案例，找出其中的多空、阴阳变化。如图 5-2-2。

图 5-2-2 是兴业银行（601166）2015 年 3 月—2015 年 8 月的 K 线走势图。个股在高位出现两个淡友反攻形态，多空双方力量逐渐趋于平衡，股价上升无力，行情难以维持。因为行情难以维持，又带来更多的抛盘，股价于是迅速回落。

如果看个股的前期运行走势，也能在多空力量上找到一些变化的痕迹。个股在上升过程中就出现了高位长上影走势，表明个股走势震荡，已有获利盘抛售，这是空方力量逐渐增强的迹象。

下面看个股的前期走势。如图 5-2-3。

图 5-2-3 是兴业银行（601166）2014 年 12 月—2015 年 4 月的 K 线走势图。个股经过回调，空方势力得到逐步释放，量能方面表现得相对疲软。就在空方势力耗尽之时，多头势力突然发起强攻，个股放量拉升，资金介入明显。随后几个交易日都有明显的资金介入迹象。在量能的放大下，个股做多动能大增，股价走出长期上升趋势。

个股在相对高位出现回调，关注的重点仍是高位套牢盘抛压因素。个股摆脱套牢盘的压制，会继续新的上升行情。

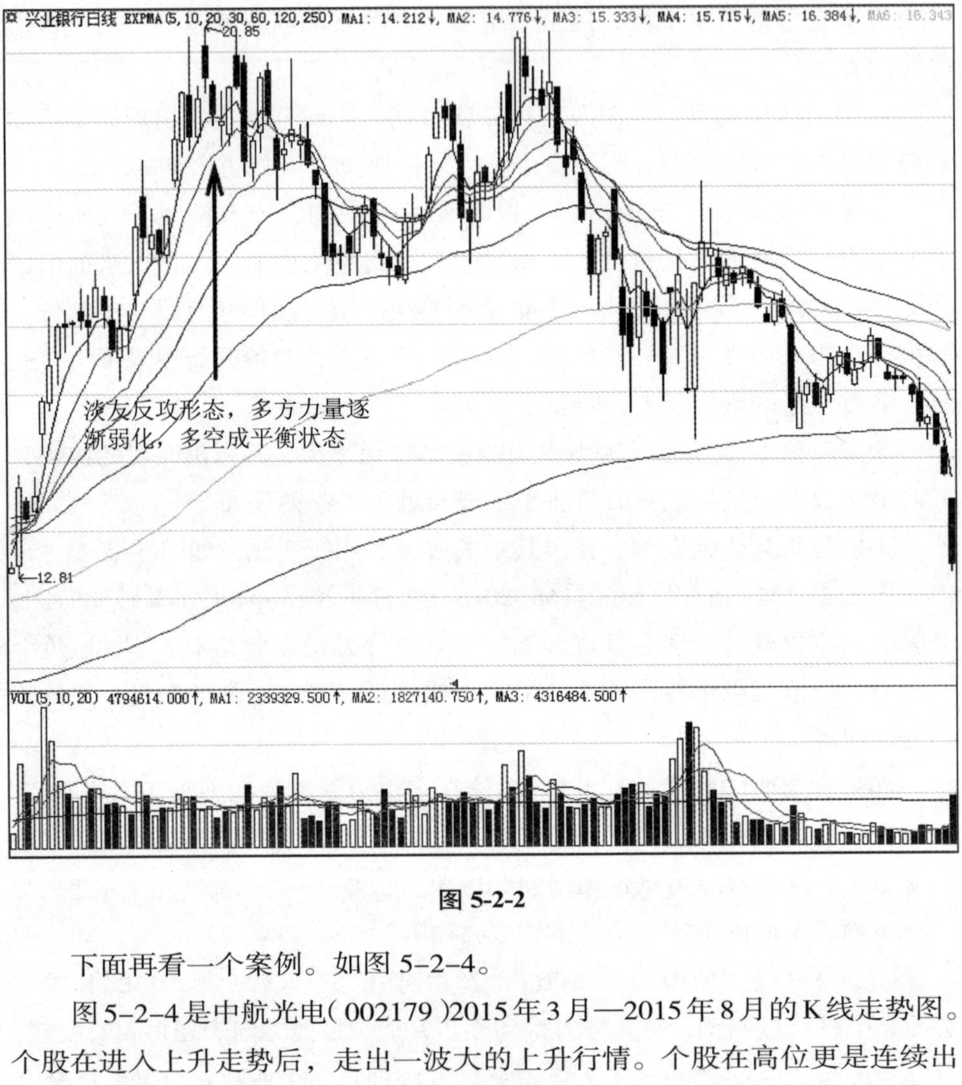

图 5-2-2

下面再看一个案例。如图 5-2-4。

图5-2-4是中航光电(002179)2015年3月—2015年8月的K线走势图。个股在进入上升走势后，走出一波大的上升行情。个股在高位更是连续出现涨停走势，多头力量在这一刻达到鼎盛。

物极必反，随着股价的大幅拉升，多头力量得到释放。盈利盘的增加又带来抛压的增加，空头力量逐步聚集。就在人们认为多头力量处于鼎盛之时，做空力量给股价以迎头痛击，个股走势瞬间萎靡，开始了长期的下行趋势。

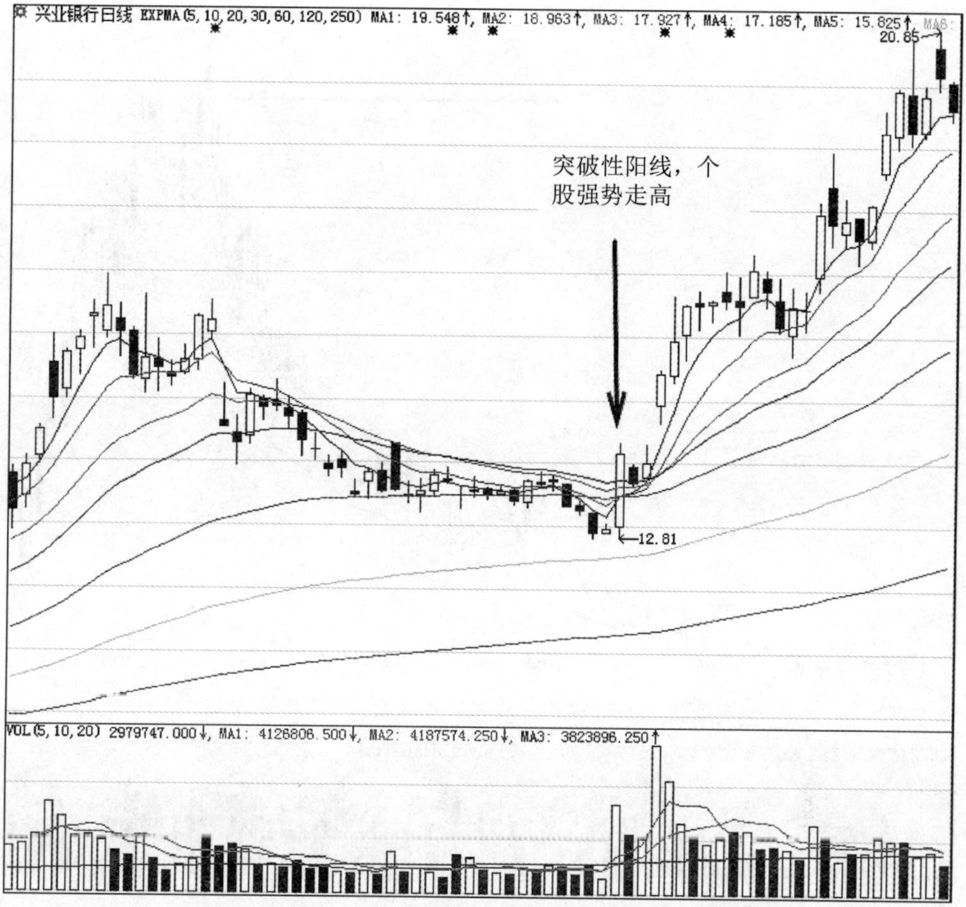

图 5-2-3

拉升股价获取收益，这是多头运行的动力。股价的上升带动更多买盘进入，多头势力在拉升中逐渐增强。但随着股价逐步走高，多空情形出现转变。兑现利润的筹码出现，空头力量就会慢慢掌控局面。兑现筹码对股价的走势形成制约，个股运行态势的变坏带动更多筹码兑现盈利，空头势力进而大增。个股的多空实力在这一期间出现转化，个股的运行方向随之发生反转。

下面来看个股上升行情的推动因素。如图 5-2-5。

图 5-2-4

图5-2-5是中航光电(002179)2014年9月—2015年4月的K线走势图。个股在回调中出现一个宽幅意义上的早晨之星，个股走势在这一形态中完成逆转，重新回到上升趋势中。

对于升势中的个股，投资者要注意股价与均线、量能的关系。在这一案例中，我们看到股价牢牢站稳在均线之上，走势非常稳健。在上升中量能表现为涨时放量，跌时缩量，量价配合良好，这些都支撑股价的进一步上行。对于上升中的回调，投资者需要注意套牢盘和获利盘的抛压，随时注意转势情况出现。

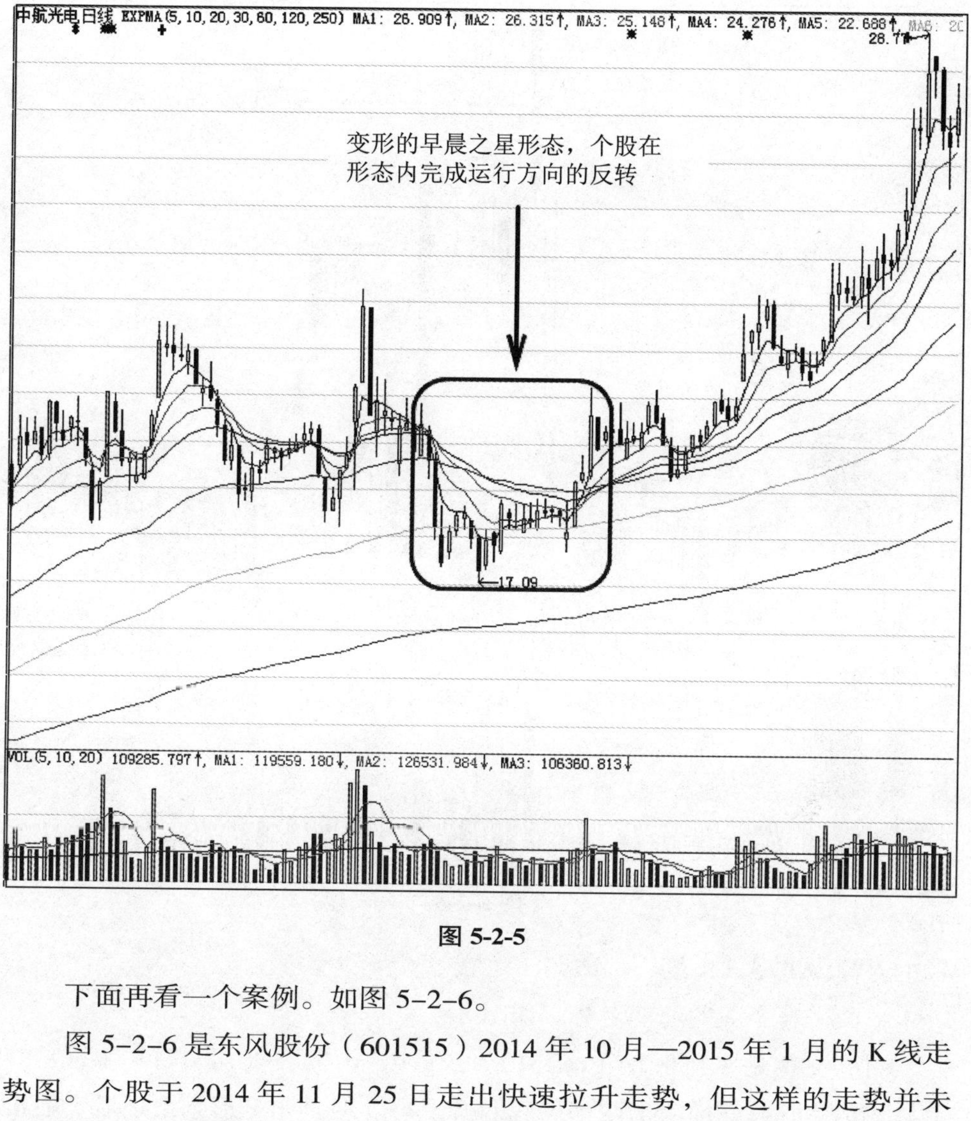

图 5-2-5

下面再看一个案例。如图 5-2-6。

图 5-2-6 是东风股份（601515）2014 年 10 月—2015 年 1 月的 K 线走势图。个股于 2014 年 11 月 25 日走出快速拉升走势，但这样的走势并未维持太久。个股第二天还之以一个大阴线，收盘价维持在前一个交易日的收盘价附近，形成典型的淡友反攻形态。

在这一形态下，可以看到量能急剧放大。抛盘蜂拥而出，对股价的后市走势形成巨大的威慑。个股在后来的行情中维持一段时间的震荡后，随

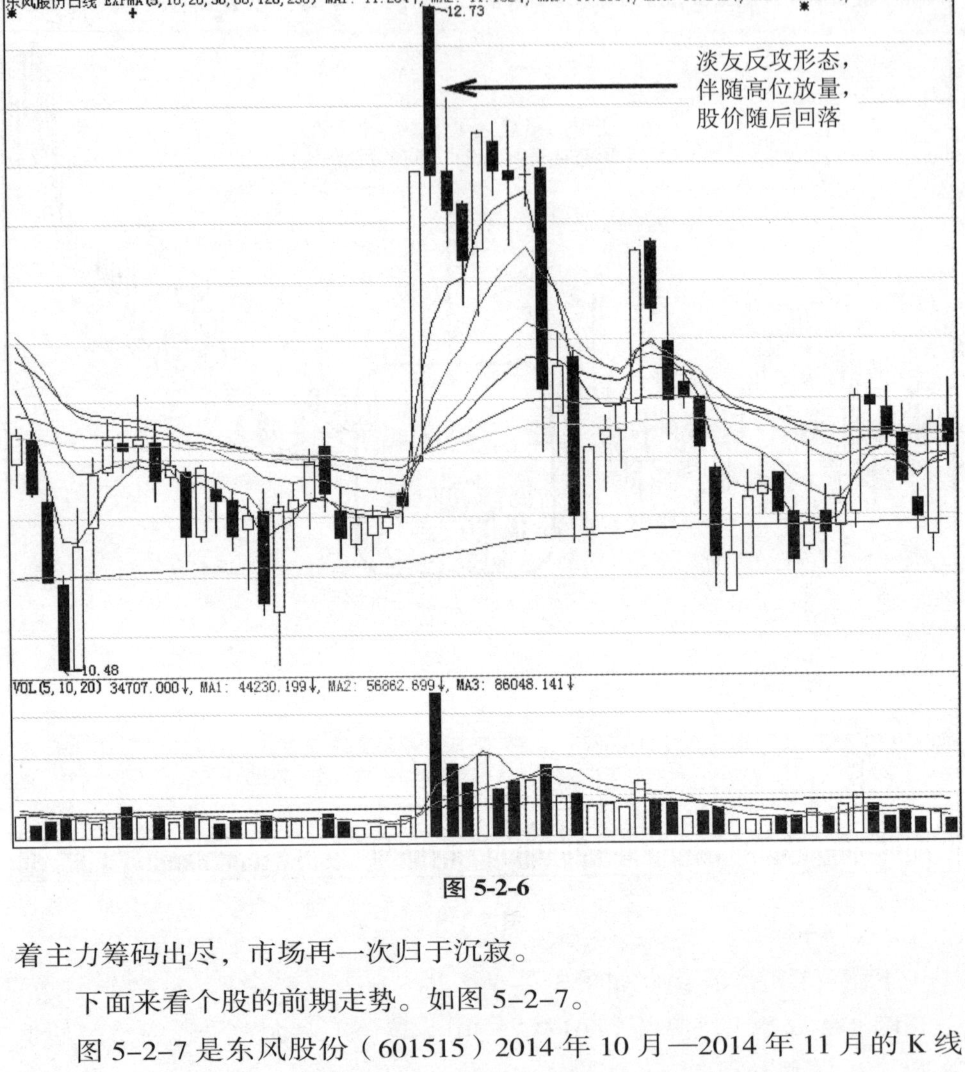

图 5-2-6

着主力筹码出尽，市场再一次归于沉寂。

下面来看个股的前期走势。如图 5-2-7。

图 5-2-7 是东风股份（601515）2014 年 10 月—2014 年 11 月的 K 线走势图。个股在底部走出两个见底回升形态。旭日东升形态出现后，股价见底反弹，但此时的做多量能还不够强大，股价反弹后再次趋于向下。

但注意到这一次的下跌幅度明显小于上一次，这就是旭日东升形态之后做多量能增加的体现。股价回落不大，个股就走出底部穿头破脚形态，做多能量再一次显现，并且个股的底部有了明显的抬高。就这样在做多能

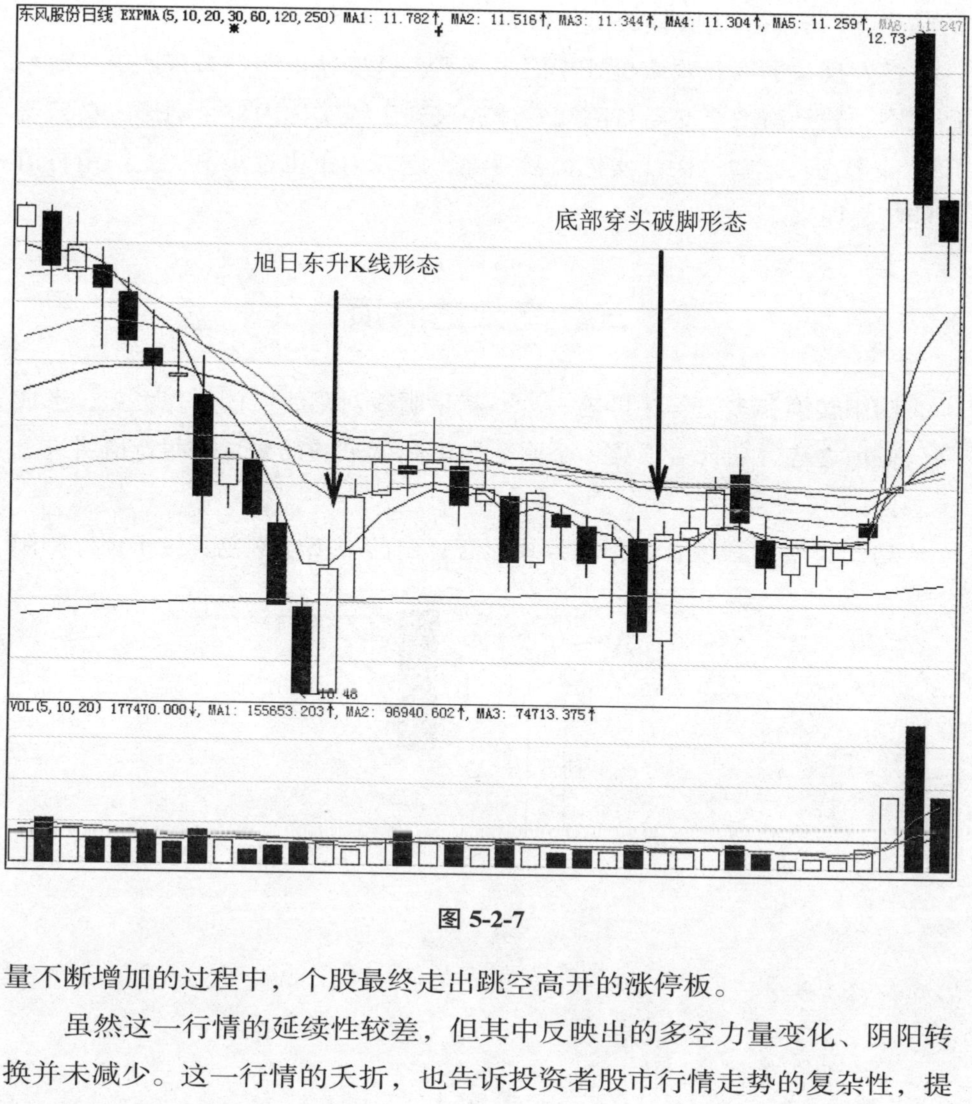

图 5-2-7

量不断增加的过程中，个股最终走出跳空高开的涨停板。

虽然这一行情的延续性较差，但其中反映出的多空力量变化、阴阳转换并未减少。这一行情的夭折，也告诉投资者股市行情走势的复杂性，提醒投资者牢记风险无处不在。

个股的拉升需要齐集“天时”“地利”“人和”，缺一不可。投资者在介入一只个股时，也必须对以上方面有清晰的认识，这样买卖决策才有依据。不要只是因为一根阳线就看涨，一根阴线又马上看跌。投资者需要在更大的方面把握股价的运行方向，然后再根据 K 线的具体运行找出其中的临界点，从而决定具体的操作方案。

淡友反攻的两日收市价处于同一水平，这反映出多空力量处于相对平衡状态。若是第二个交易日阴线实体深入到阳线实体内部，则形成乌云盖顶 K 线形态。这时的阴线实体慢慢变大，空方力量也逐步占优，熊市行情可能随之而来。

三、乌云盖满顶

阴阳转换和多空争斗再进一步，就是阴线对阳线实体出现覆盖，形成乌云盖顶之势。乌云盖顶是一个明显的山雨欲来的征兆，表明行情将进一步恶化。

乌云盖顶 K 线组合又称乌云线形态，由两根不同颜色及位于顶部的阴

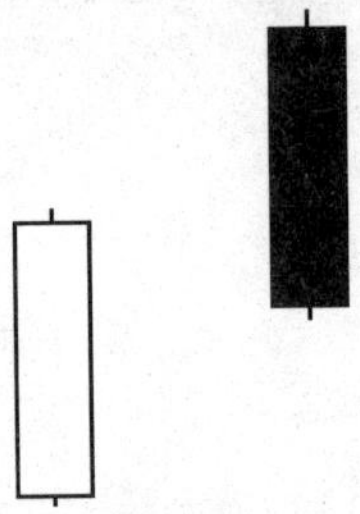

乌云盖顶

图 5-3-1

阳线组成，属于一种见顶回落的转势形态。如图 5-3-1。

其技术特征如下。

第一，通常在一个上升趋势之后出现。

第二，在上涨行情中，第一天出现一根中阳线或大阳线。

第三，第二天股价跳空高开，但没有高开高走，反而高开低走，收出一根中阴线或大阴线。

第四，第二天的阴线实体已经深入到第一根阳线实体的1/2以下位置，这一点非常重要。

乌云盖顶K线形态预示股价上升势头已尽，新一轮跌势即将开始。

乌云盖顶K线形态形成于一段上升趋势中。突然某天出现一根大阳线，显示多方完全掌握市场主动权。股价第二天继续向上跳空逼空，然而当天市场并没有继续上攻，反而出现回落，收盘价收在当日最低处，形成一根大阴线，并且这根大阴线明显扎入了前一天阳线实体的内部。这意味着市场中上升动力基本耗尽，多方势力已成强弩之末。最后一次上攻失利，空方势力彻底控制盘面，市场随后走熊。

下面来看个股案例，同时解释其中的阴阳变化。如图5-3-2。

图5-3-2是中国太保（601601）2014年10月—2015年3月的K线走势图。个股运行到高位时，走出宽幅震荡的走势。震荡之后，个股走出长阳拉升走势，多头力量得到强势释放。

就在股价运行到最高点时，个股的空头势力逐渐强大起来，并对第二天的股价进行阻击。个股高开低走，最终收盘价深入到阳线实体内部，形成乌云盖顶形态。

空方势力在这一场战斗中明显占优。从个股的整个行情运行来看，个股的整体多空实力在一天内完成逆转，空方彻底占优，股价随后进入下行阶段。

下面来看行情的最初阶段。如图5-3-3。

图5-3-3是中国太保（601601）2014年7月—2014年12月的K线走势图。个股在上升初期出现一个长时间的平台整理走势，在这一平台上，抛盘带来的做空力量得到释放。新进的投资者在高位接盘，形成新的做多力量。当这样的多空力量完成转换后，股价开始了新的上升趋势。

因为这一平台整理的时间足够长，相应地多空双方的筹码交换也非常彻底。平台后期做空力量几乎没有，而做多力量不断壮大，非常有利于个

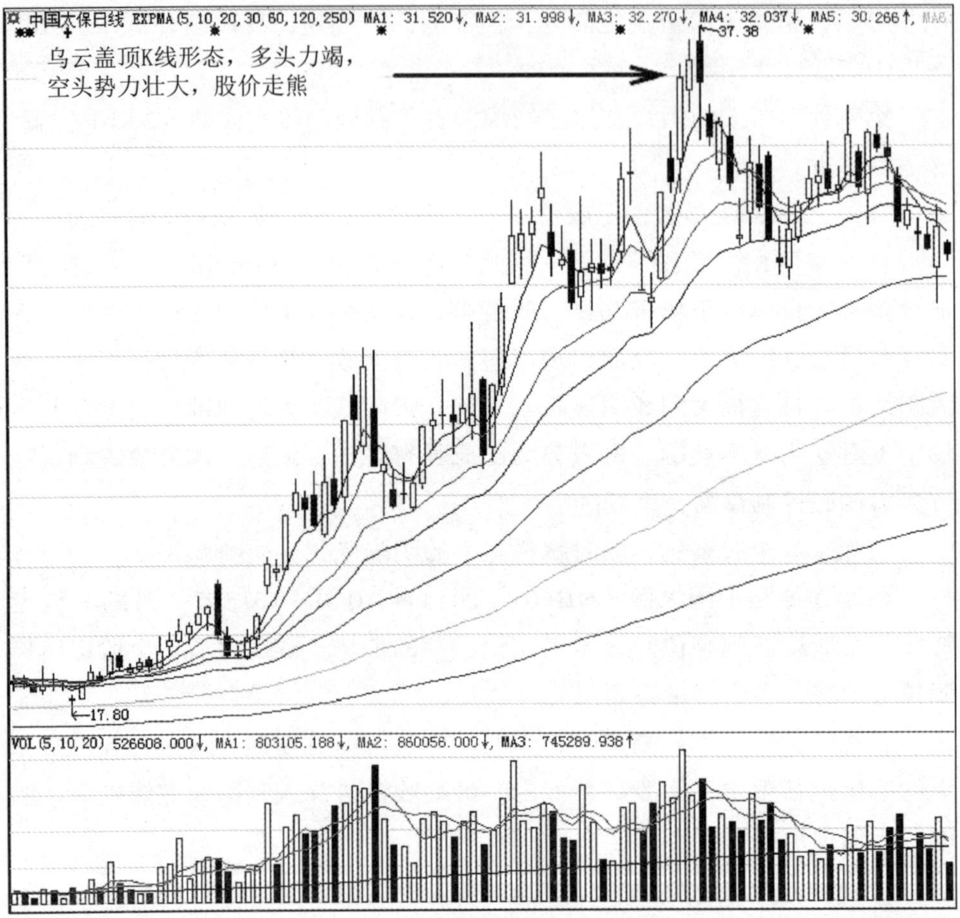

图 5-3-2

股后市行情的拉升，个股的升幅相对也会较大。从这一点也能看出，个股的升幅往往在个股上升初期就已注定，而投资者发现其中的信号则是获利的关键。

下面再看一个案例。如图 5-3-4。

图 5-3-4 是上港集团(600018)2015 年 3 月—2015 年 5 月的 K 线走势图。个股上升到高位时，抛盘带来的空方压力明显增大，在 K 线图上不时地出现看跌 K 线形态。连续两个淡友反攻 K 线形态，指示投资者顶部来临。

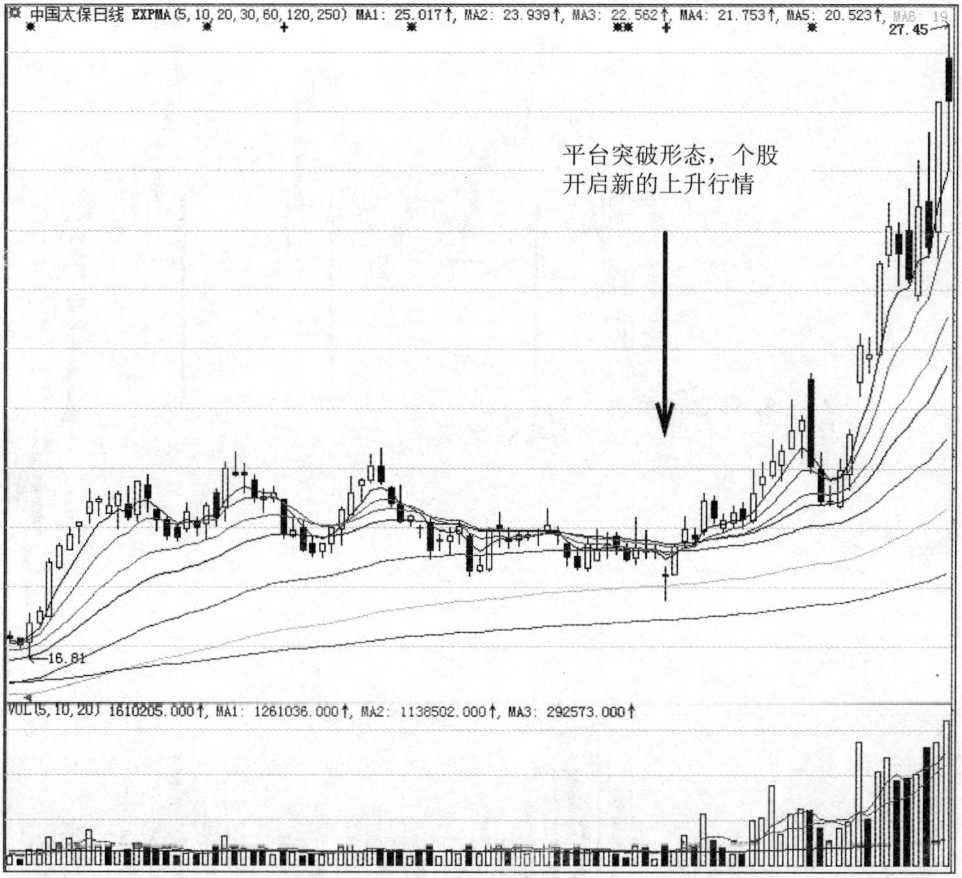

图 5-3-3

在该形态之后，股价都出现了大幅回落。等到 K 线走出乌云盖顶形态后，做空势力大盛，股价快速下跌。

下面来看上港集团的前期走势。如图 5-3-5。

图 5-3-5 是上港集团（600018）2014 年 6 月—2014 年 12 月的 K 线走势图。个股在底部走出连续的五连阳走势，并且在底部进行了长时间的吸筹。即使股价出现抬升，也是维持在一个平台上继续以小阴小阳的方式吸筹。

图 5-3-4

个股在底部用大量的时间收集筹码，积蓄了充足的做多动能，后市行情一旦上涨，涨幅将不可限量。个股在拉升初期走出的连续涨停，正是做多动能充足的体现。

图5-3-6是民生银行(600016)2015年3月—2015年8月的K线走势图。个股上行到高位处，做空势力逐渐增加，在K线图上形成一个淡友反攻K线形态。股价随后逐渐盘整回落。在这一过程中，投资者从个股的运行中就能看到股价走势疲软，做空势力较大。

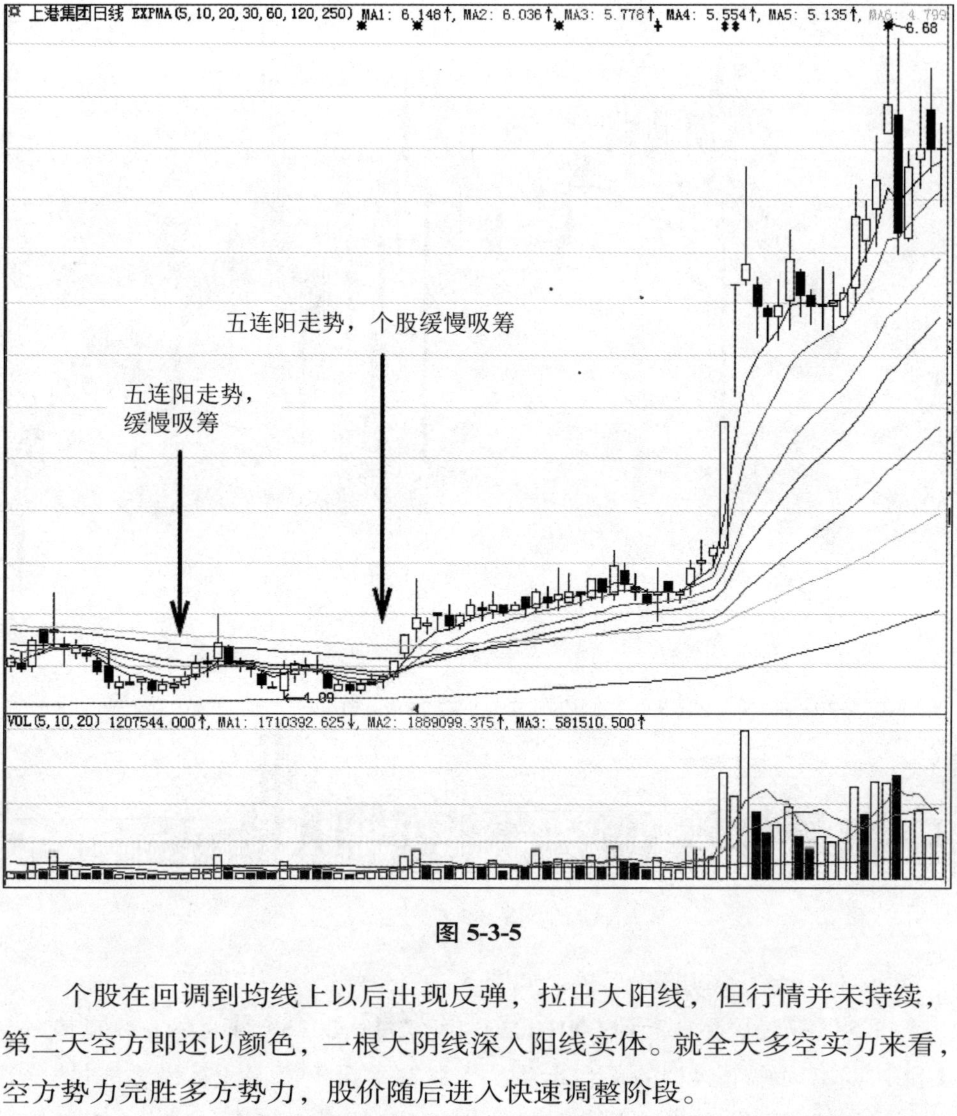

图 5-3-5

个股在回调到均线上以后出现反弹，拉出大阳线，但行情并未持续，第二天空方即还以颜色，一根大阴线深入阳线实体。就全天多空实力来看，空方势力完胜多方势力，股价随后进入快速调整阶段。

个股在高位后期出现的大阳线，多是大资金拉高出货做出的诱多行为，做出良好的 K 线形态，以引诱投资者高位接盘。第一天拉高吸引跟风盘买进，同时又为第二天出货预留空间，一举多得，投资者在追高时不可不防。

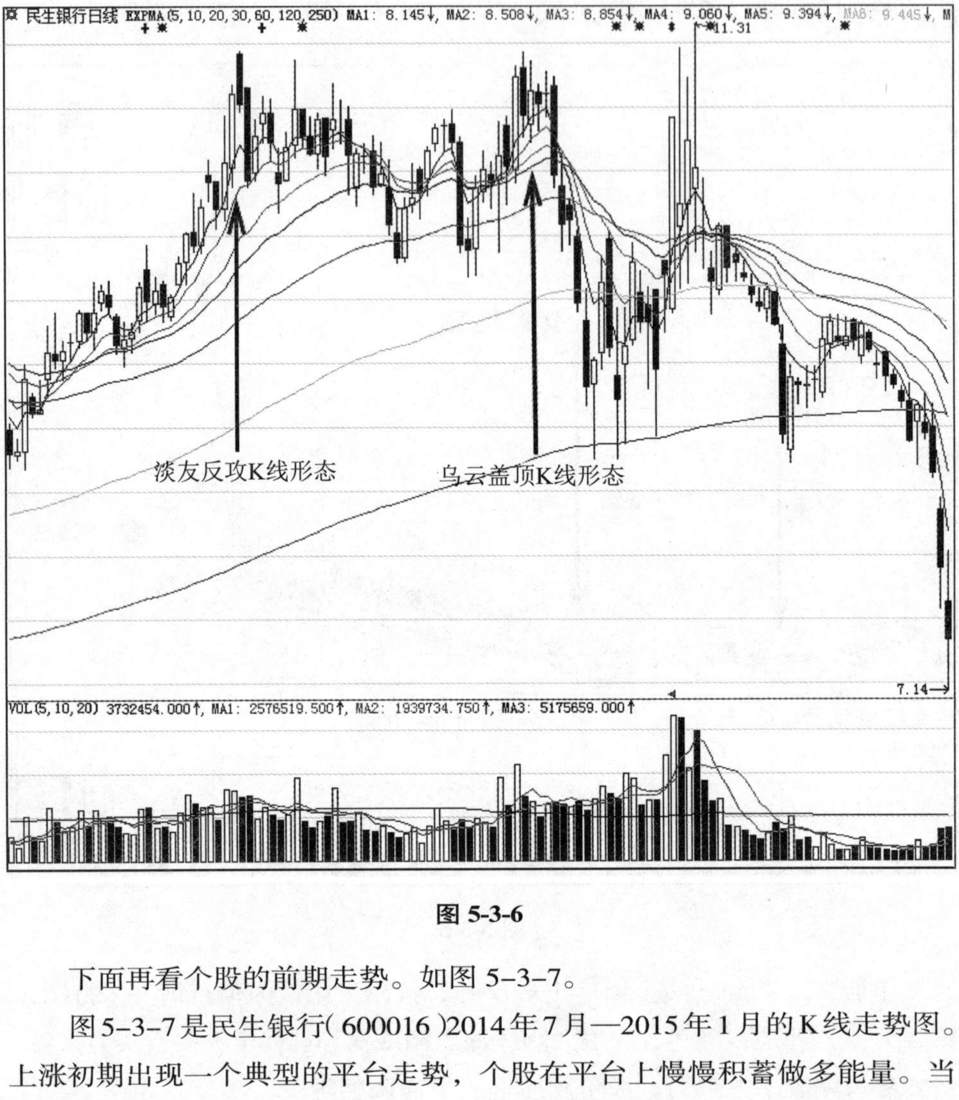

图 5-3-6

下面再看个股的前期走势。如图 5-3-7。

图5-3-7是民生银行(600016)2014年7月—2015年1月的K线走势图。上涨初期出现一个典型的平台走势，个股在平台上慢慢积蓄做多能量。当做空能量耗尽，做多能量大盛之时，个股大阳线走出平台，开始上升行情。因其在平台期调整充分，后期的上涨行情表现得相当不错。投资者可注意其中的机会，当然也要注意后期回调的风险。

实战中，乌云盖顶形态出现频率较高，在许多重要的头部都出现过，投资者应对这一形态高度重视。乌云盖顶形态是强烈的卖出信号，投资者

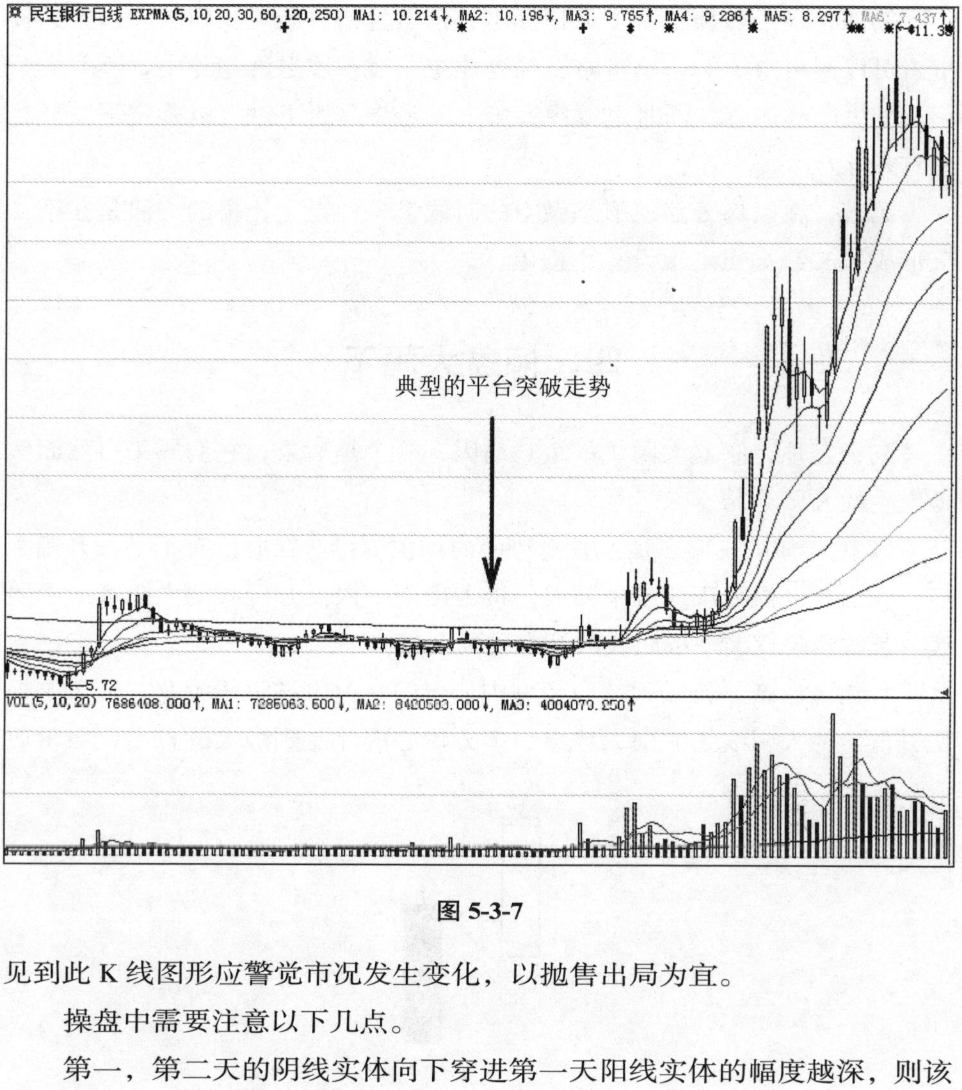

图 5-3-7

见到此 K 线图形应警觉市况发生变化，以抛售出局为宜。

操盘中需要注意以下几点。

第一，第二天的阴线实体向下穿进第一天阳线实体的幅度越深，则该形态构成顶部反转的可能性越大。

第二，若第二天阴线实体全部吞噬第一天的阳线实体，就是看跌吞没形态，见顶意味更强。

第三，第二根 K 线开盘初段的成交量也是很重要的指标。成交量越大，表示其中潜伏的投资者越多，市势转向的可能性越大。

第四，乌云盖顶是一个见顶标志，预示价格可能见顶回落。做空的投资者可以制定初始的空单策略，轻仓建空。在一段上涨趋势中，不要被第一天的大阳线迷惑，同时也要观察第三天走势是否下跌，以确定下跌形态的有效性。

第五，在以乌云盖顶形态做空的时候，一种设定止损的方法是在第二天形成的K线高点之上设立止损单。

四、倾盆大雨下

乌云盖顶，倾盆大雨，一个是前因，一个是后果，它们属于自然而然地发生的K线走势。

倾盆大雨K线形态是上升趋势中的见顶信号。在股价有了一段升幅之后，先出现一根大阳线或中阳线，接着出现一根低开低收的大阴线或中阴线，其收盘价比前一根阳线的开盘价要低。

杜甫《白帝》诗云："白帝城中云出门，白帝城下雨翻盆。"第二根低开低走的大阴线表明雨大势急，多方信心因此受到极大的打击，股价后

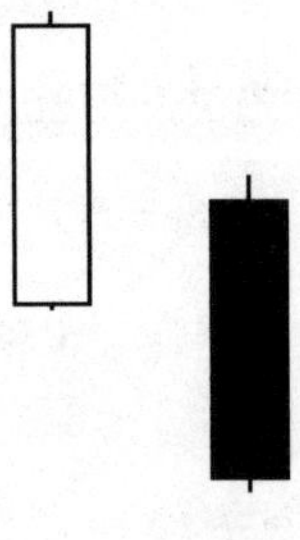

倾盆大雨

图 5-4-1

市看跌。如图 5-4-1。

其技术特征如下。

第一，出现在上涨趋势中，股价已经有了一定的升幅之后。

第二，由一阳一阴 2 根 K 线组成。

第三，先是一根大阳线或中阳线，接着出现一根低开的大阴线或中阴线，阴线收盘价已低于前一根阳线的开盘价。

倾盆大雨 K 线形态与旭日东升 K 线形态在形态外观上完全相反，技术含义上也完全相反。前者一般表示股价后市下跌，后者一般表示股价后市看涨。

倾盆大雨 K 线形态中，第一根中阳 K 线或大阳 K 线，说明当天多空双方在争夺阵地之时经过搏杀，空方力量被打败，多方力量取得胜利。第二根 K 线为低开低走的阴 K 线，显示当天多空双方在激烈搏杀后，空方力量最终取得巨大胜利。

这根阴 K 线在开盘之时就与前一天的阳 K 线大相径庭，间接反映出经过一个夜晚的酝酿之后，空方力量在集合竞价之时就开始发动进攻，最终空方力量将多方力量打得落花流水，多方以惨败收场。

收盘时，空方力量不但吞并前一个交易日多方的全部成果，而且还超越了前一个交易日的开盘价。这一切都说明做空动能异常强劲。

倾盆大雨 K 线形态的多空力量演变过程是：多方力量由强转弱，空方力量发动突然袭击，股价开盘低开；空方偷袭成功后继续发动攻击，最终空方力量吞没多方力量，而且还超越了多方力量，个股随后进入空头市场。

下面来看一些案例，以分析形态的使用原则。如图 5-4-2。

图 5-4-2 是启源装备（300140）2014 年 11 月—2015 年 7 月的 K 线走势图。个股在一段上升行情中走出巨大的升幅。随着股价的抬升，空方势力大盛，在股价高位连收大阴线，并且大阴线对前一天的大阳线形成覆盖。大阴线收盘价低于前一天阳线的收盘价，表明空方势力对多方势力形成明显的占优局面。

图 5-4-2

个股在高位连续两天出现倾盆大雨形态，多次反复告诉投资者空方势力占优的局面，投资者需要引起注意，个股随后的回落将是迅速而且跌幅巨大的。

下面来看启源装备的前期走势。如图 5-4-3。

图 5-4-3 是启源装备（300140）2014 年 11 月—2015 年 7 月的 K 线走势图。个股在底部首先形成一个定海神针 K 线形态，表明股价探底成功。随后股价维持低位震荡，多头在这一区间积蓄能量。这一点从后来的穿头

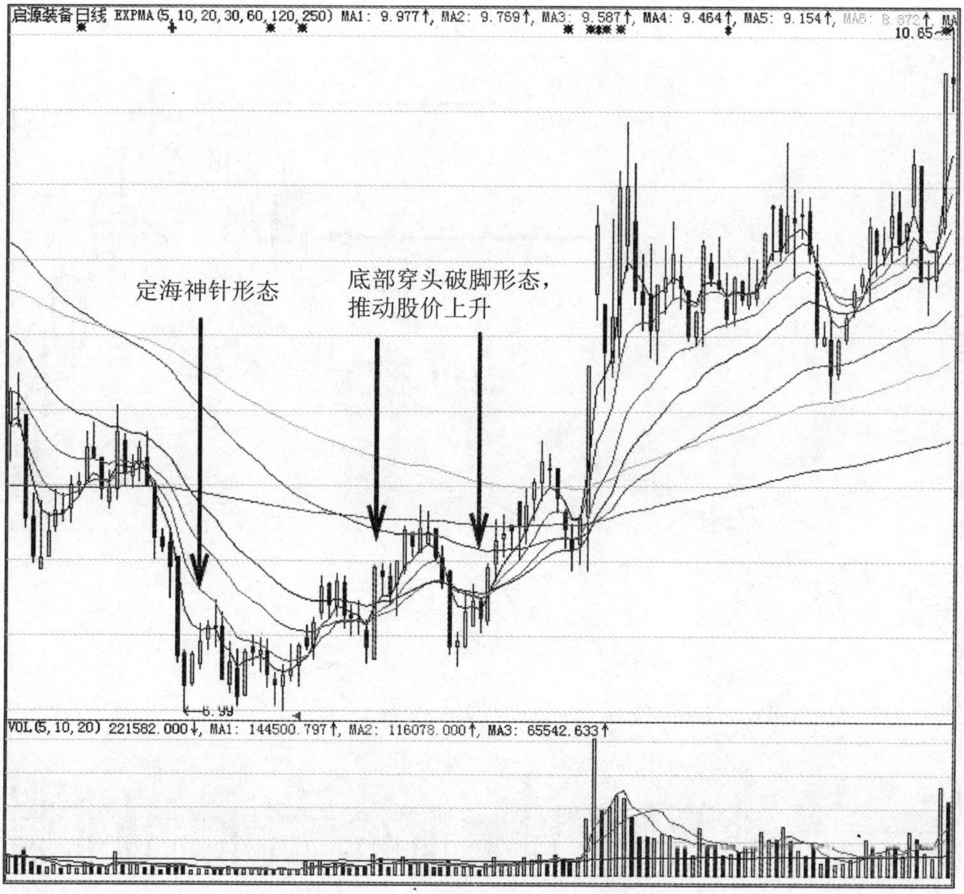

图 5-4-3

破脚 K 线形态上也可以看出，多头势力正在逐步增强。

随着多方能量的转强，股价逐步上移到均线之上。有一天个股以涨停方式放量吸筹站稳密集成交区，多头势力进一步壮大，个股的长期上涨趋势随之确立。

再看一个案例。如图 5–4–4。

图 5–4–4 是白云机场(600004)2015 年 2 月—2015 年 7 月的 K 线走势图。个股在上行过程中两次出现倾盆大雨形态，表明在股价运行中空方势力慢慢强盛。

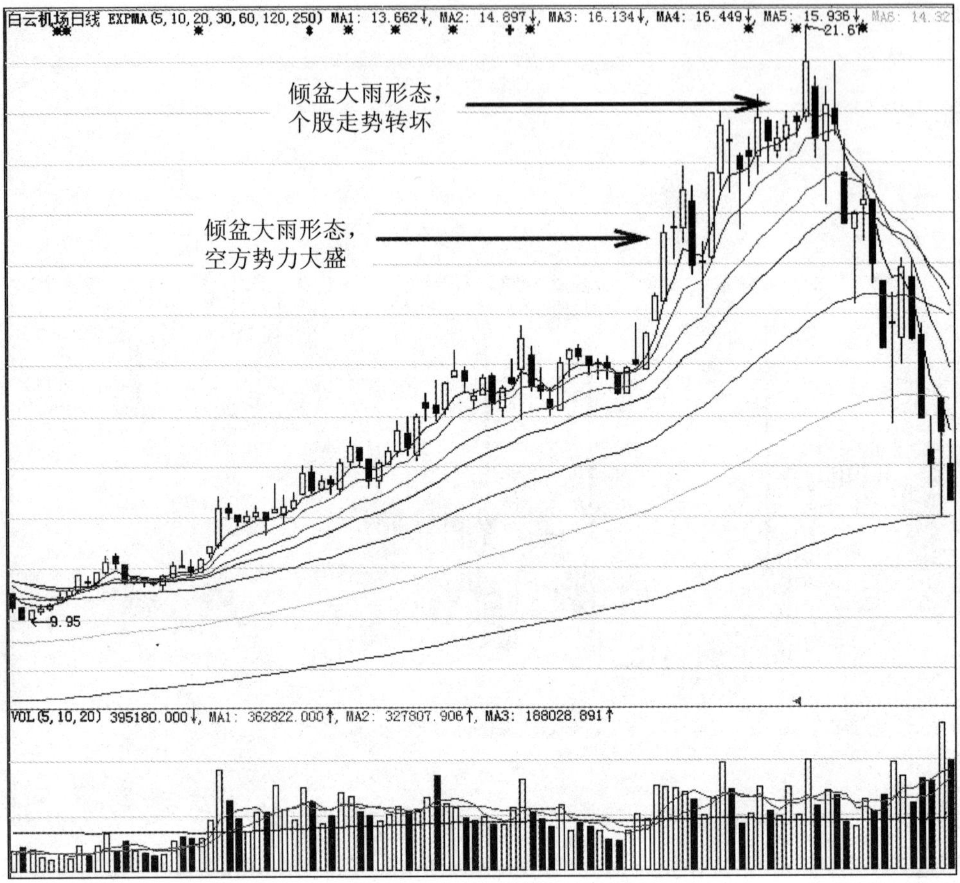

图 5-4-4

个股第一次出现倾盆大雨形态时，股价虽未出现明显的转势，但出现这一形态就告诉投资者，随着股价逐渐走高，抛盘也将随之而来，空方势力正在慢慢集聚能量。

等到股价在高位再次形成倾盆大雨形态时，多方势力进一步消耗，而空方势力经过不断的积累，多空力量发生扭转。空方力量战胜多方力量，股价走势开始由升转跌。

连续两个倾盆大雨形态，虽然出现不同的后市走势，但也正是这些不同，体现了多空力量演化的过程。随着行情的深入发展，多空的力量对比最终才形成逆转。对于这样的走势，投资者可以参考均线系统的走势，以便进行更明确的判断。

下面来看个股的前期走势。如图 5-4-5。

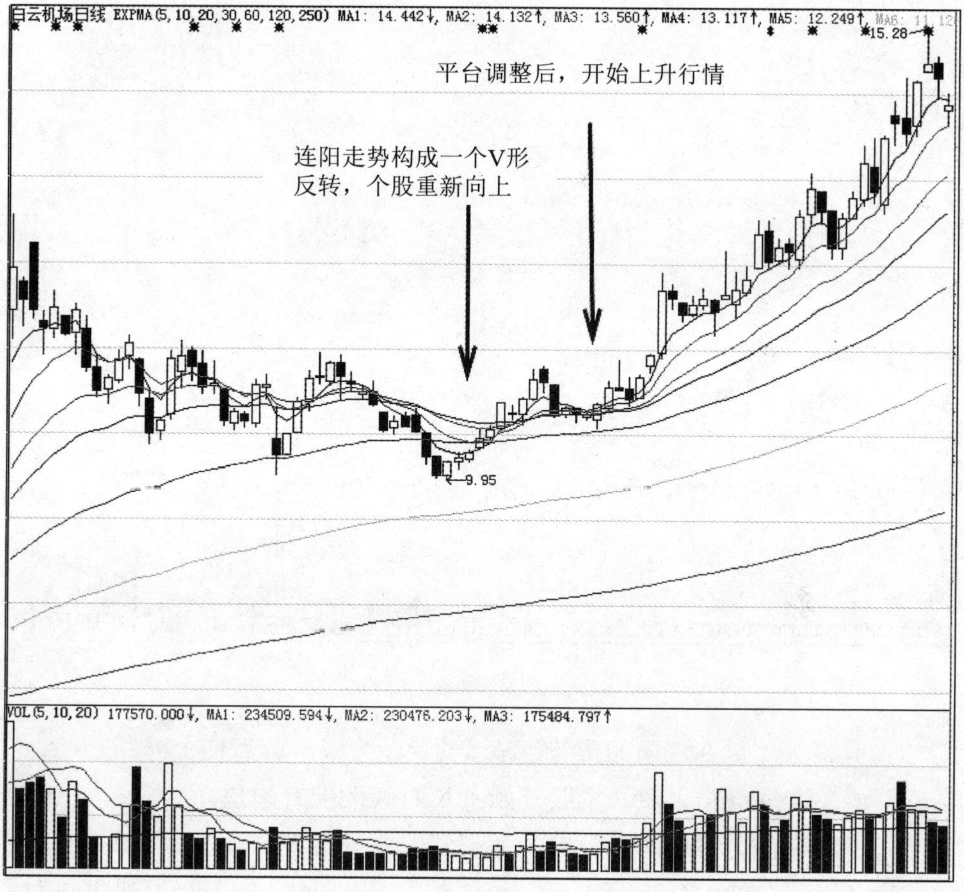

图 5-4-5

图 5-4-5 是白云机场（600004）2014 年 12 月—2015 年 4 月的 K 线走势图。个股在下行中出现探底回升走势，连续多日走出阳线，对前期的下跌趋势形成 V 形反转。

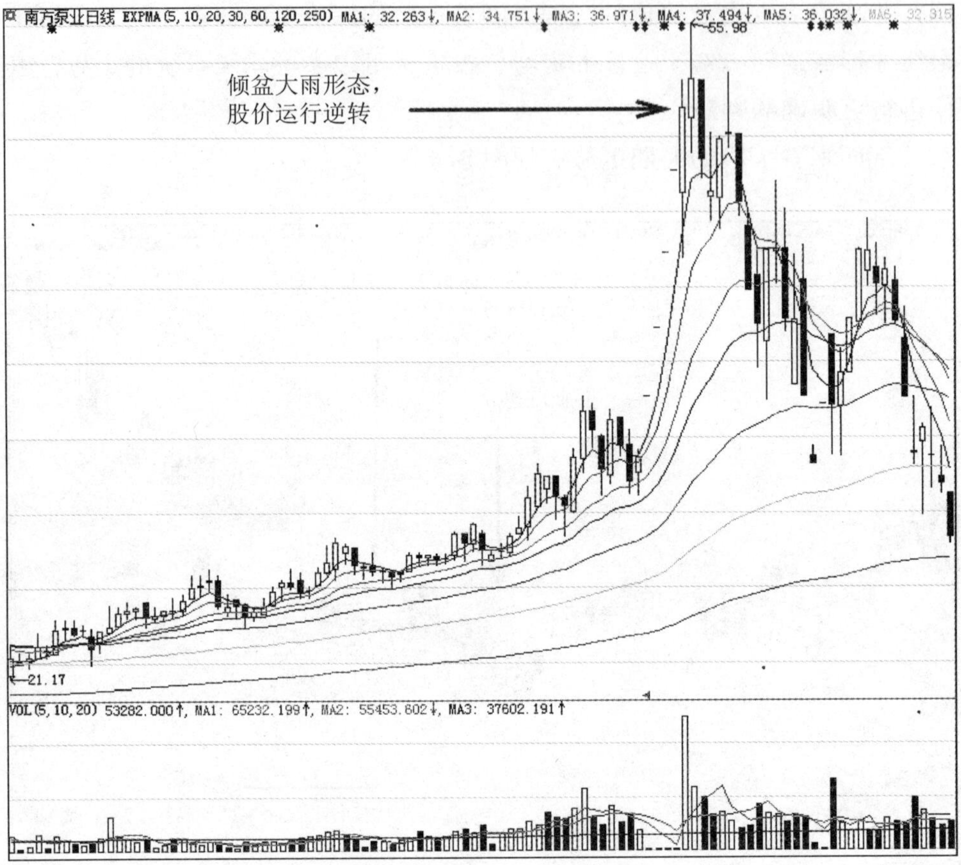

图 5-4-6

个股多头力量在连阳的走势下逐步介入，为股价的后期上升注入动力。在随后的一个洗盘结束后，个股开始了长时间的上升趋势。

下面再看南方泵业（300145）的走势形态。如图 5-4-6。

图 5-4-6 是南方泵业（300145）2015 年 1 月—2015 年 7 月的 K 线走势图。个股在升势后期出现连续一字涨停走势，在短时间内积聚大量的获利筹码，资金兑现收益的需求强烈。个股在高位运行时对应的量能增加，就是这一需求的体现。

需要投资者注意的是，虽然当日股价并未出现下跌，但涌出的抛盘形成的抛压仍不容小觑。个股连续两天收出阳线后，随即放出一根大阴线，抛压在K线形态上体现出来，个股随后进入下行区间。

由多头势力占据绝对优势的连续涨停形态，到空头占据优势的倾盆大雨形态，期间多空力量的转换只有短短数个交易日，量能的放大在其中扮演着关键的角色。这就提醒投资者，在分析形态时，需注意量能的影响。

下面来看个股的前期上升行情。如图5–4–7。

图5–4–7是南方泵业（300145）2014年11月—2015年3月的K线走

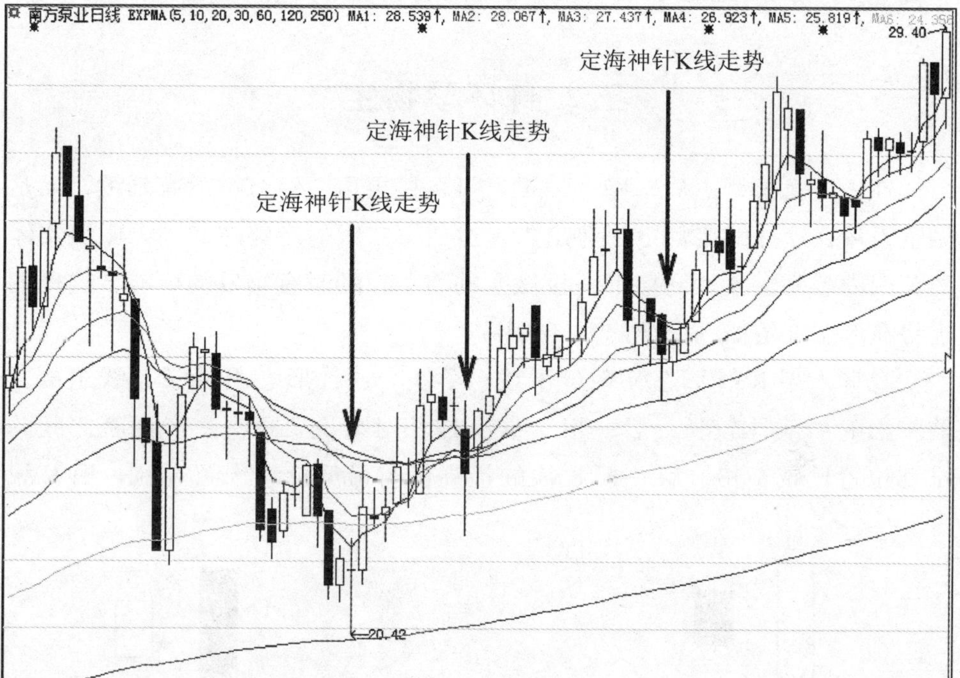

图5-4-7

势图。个股在回调中走出定海神针走势，在形态成立后，股价运行方向反转。个股在此后的上升趋势中多次走出定海神针走势，股价也在这些做多力量的推动下步步走高。

实战中，倾盆大雨 K 线形态见顶信号要强于乌云盖顶形态，这也是做空势力进一步强化的形态走势。形态中第二根低开低走的阴线说明市场中卖盘极盛，相对的买盘却严重不足，表明股价继续做空的动能仍很充分。

投资者在操作中要关注第二根阴线实体大小，其低于前一阳线实体部分越多，转势信号越强。对于这种情况，规避风险就成为操作的第一要务。

五、身怀孕物生

在一根大阳线之后，做多力量本可再接再厉，但行情没有延续，而是做空力量在这样的走势下强势出击，迫使第二天的走势在前一天阳线实体的范围内震荡。就如同播下一枚做空的引子，随时有爆发的可能，这样的走势在形态上仿如一个孕妇身怀六甲。

身怀六甲 K 线形态又名母子线、孕线。这种形态由两根 K 线组成，前一根 K 线实体较长，后一根 K 线实体相对来说要短一些。两者之间的排列位置比较奇特，后一根 K 线的最高价与最低价均未超过前一根 K 线

身怀六甲

图 5-5-1

的最高价与最低价，看上去就像一个孕妇怀着小宝宝的模样，因此称为身怀六甲 K 线。如图 5-5-1。

其技术特征如下。

第一，既可以出现在涨势中，也可以出现跌势中。

第二，由大小不等的两根K线组成，两根K线可一阴一阳，亦可同是两阳或两阴。

第三，第一根K线实体要能完全包容第二根K线实体。

第四，第二根 K 线可以是小阴、小阳线，亦可以是十字线。

身怀六甲 K 线形态出现在涨势中，是卖出信号；出现在跌势中，是买进信号。

出现身怀六甲形态，一般预示着市场上升或下跌的力量已趋衰竭，随之而来的很可能就是股价转势。跌势中的身怀六甲形态，第一根 K 线为阴线，说明当天市场上的空方力量战胜多方力量，空头力量取得最终的胜利。

第二根 K 线为阳 K 线。当天走势高开高走，深入到第一根阴线的实体之内，是多方力量转强的表现。阳线收盘价虽未能突破前一根阴线的开盘价，但多头力量已在其中孕育聚集。

涨势中的身怀六甲形态，第一根 K 线为阳线，说明当天空方力量被多方力量打败，多方力量取得重大胜利。第二根 K 线为阴线，并且是一根低开低走的阴线。低开低走反映出空方力量在当天是逐渐壮大，虽然收盘价收在前一根阳线的开盘价之上，但跳低开盘这一动作反映出空方力量已在孕育。低开低走再次印证了空方力量的发展壮大。身怀六甲 K 线形态中孕育的空头力量，将会很快释放出来，做多力量随后转入衰竭。

下面通过一些案例来分析形态的使用原则。如图 5-5-2。

图 5-5-2 是星徽精密（300464）2015 年 7 月—2015 年 9 月的 K 线走势图。个股在区间中走出一波上升行情，运行到高位时走出高位避雷针形态，个股见顶信号明显，股价随后出现回落。在这一过程中，相信投资者都注意到了做空力量一步步强大。

股价在回落过程中遇到均线支撑走出反弹行情，个股做多动能在此爆

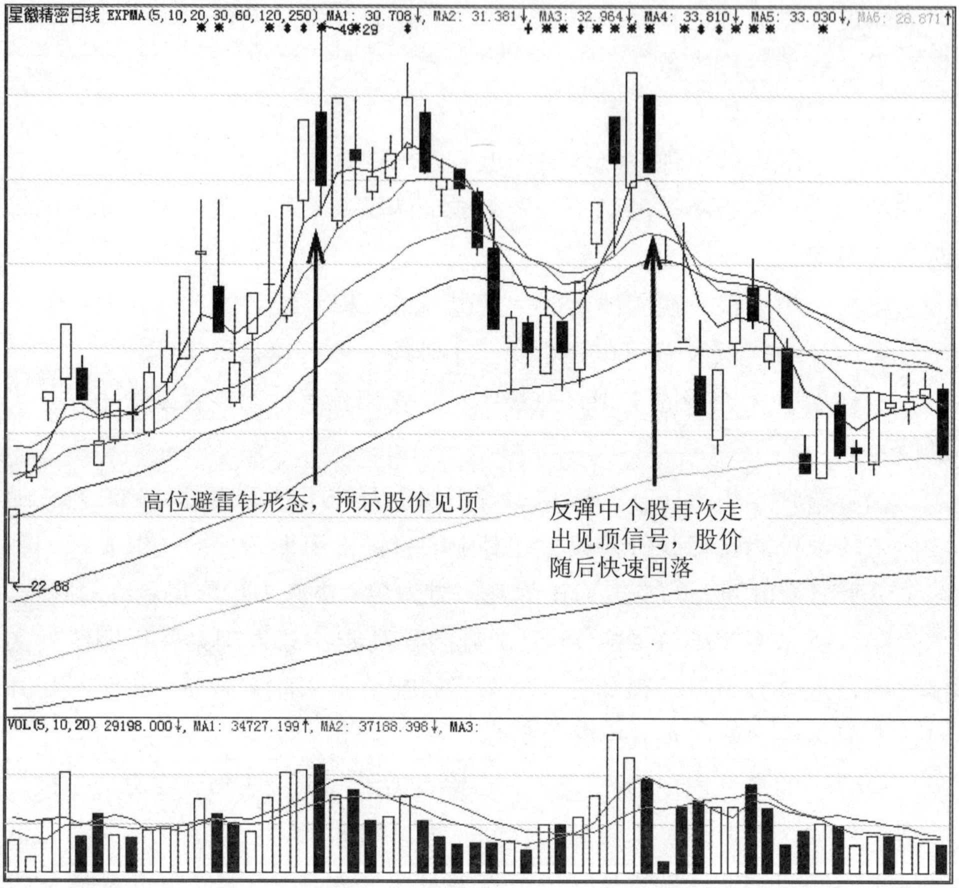

图 5-5-2

发出来。就在人们认为股价会收复前高时，一根中阴线放出，并且阴线实体深入到大阳线实体，形成身怀六甲形态，表明做空力量对做多力量给予迎头痛击，个股运行再次回落。对于其中做空动力的来源，投资者可从获利盘和前一高点的套牢盘处思考。

下面来看个股的前期做多走势。如图 5–5–3。

图 5–5–3 是星徽精密(300464)2015 年 7 月—2015 年 9 月的 K 线走势图。个股在一段上升行情后出现一波回调走势，在回调过程中，量能逐步萎缩，

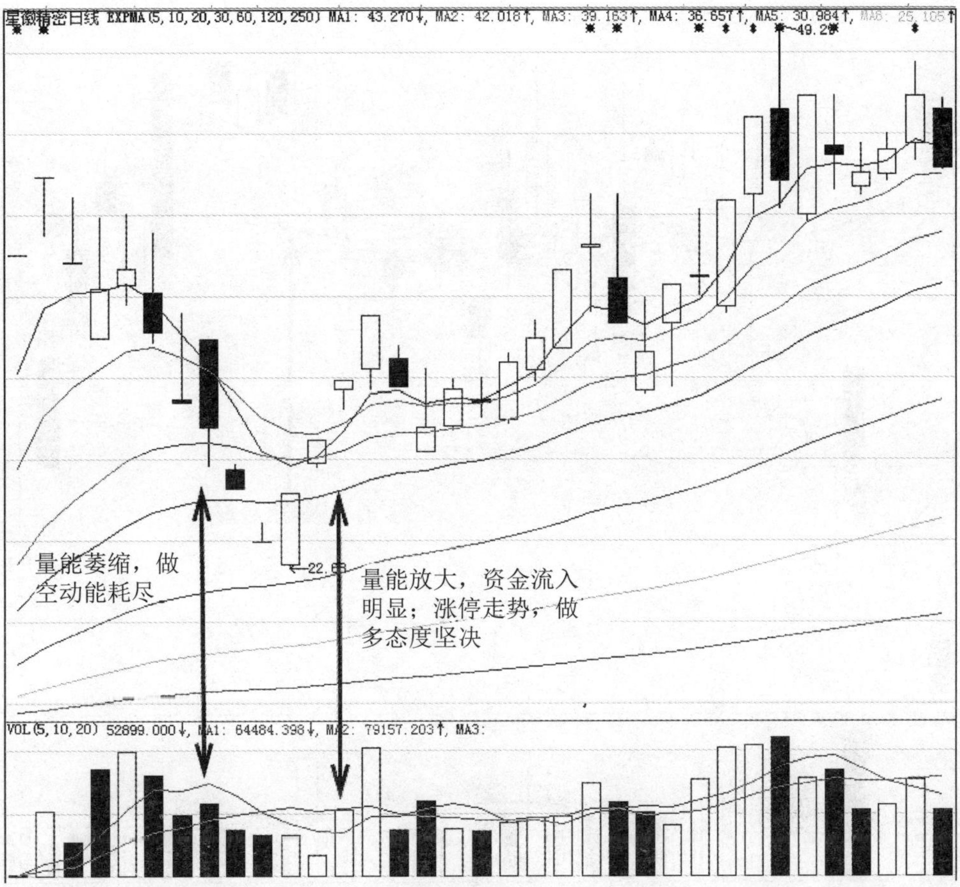

图 5-5-3

做空动能逐步耗尽。就在做空能量一步步耗尽时，个股走出涨停阳线，量能明显放大，显示有做多资金流入，做多动能逐渐强大起来，此时个股的多空力量已经发生逆转。

在连拉 4 个涨停板后，股价进行一个短时间的快速回调，从图中看到，量能并未明显放大，表明做空动能仍然微弱。此后股价继续放量上行，走出一波上升趋势。

再看一个案例。如图 5-5-4。

图 5-5-4 是黄山旅游(600054)2015 年 7 月—2015 年 8 月的 K 线走势图。

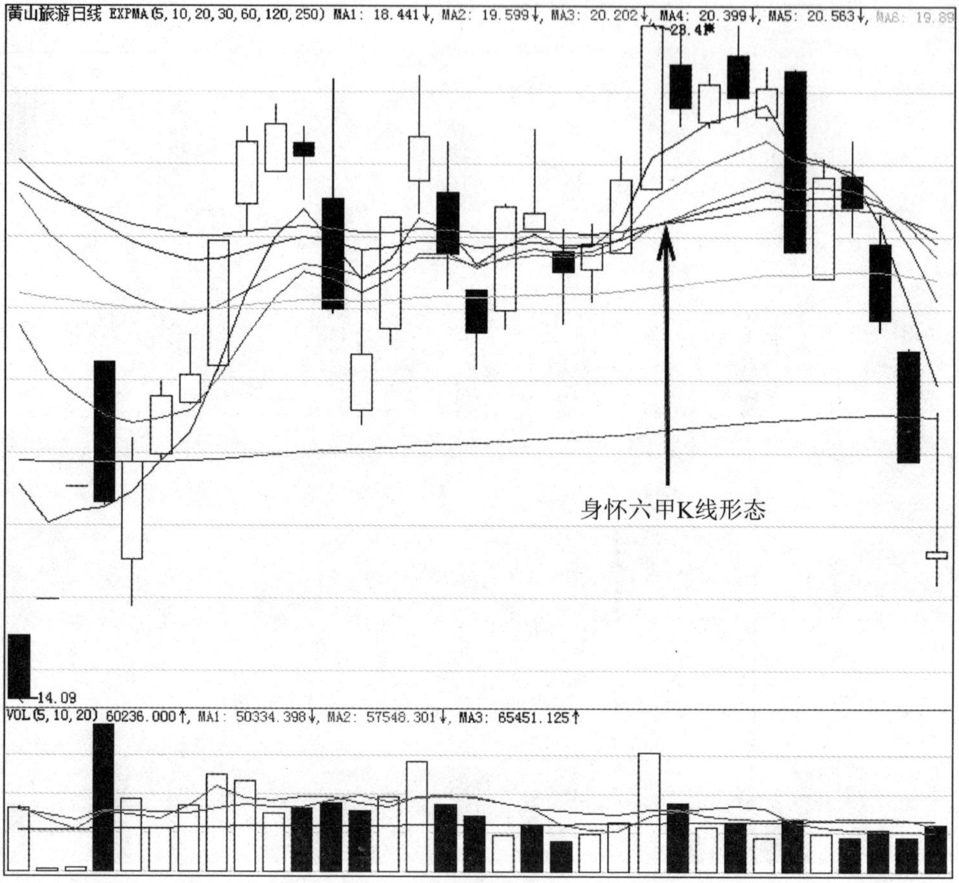

图 5-5-4

在一波反弹行情中，该股走出身怀六甲形态。个股在拉高出货时走出一根大阳线，随后在这一位置上下震荡，形成K线上的身怀六甲走势。股价在大资金的持续抛压下难以支撑，随后开始下行。

拉高出货是大资金惯用的伎俩，也是典型的诱多行为。大资金先是拉高股价，让投资者追高买进，之后在高位震荡，同时又尽可能维持长时间出货，这在形态上就留下了身怀六甲的K线形态。投资者需注意其中的陷阱。

下面来看个股上升的动能何来。如图5-5-5。

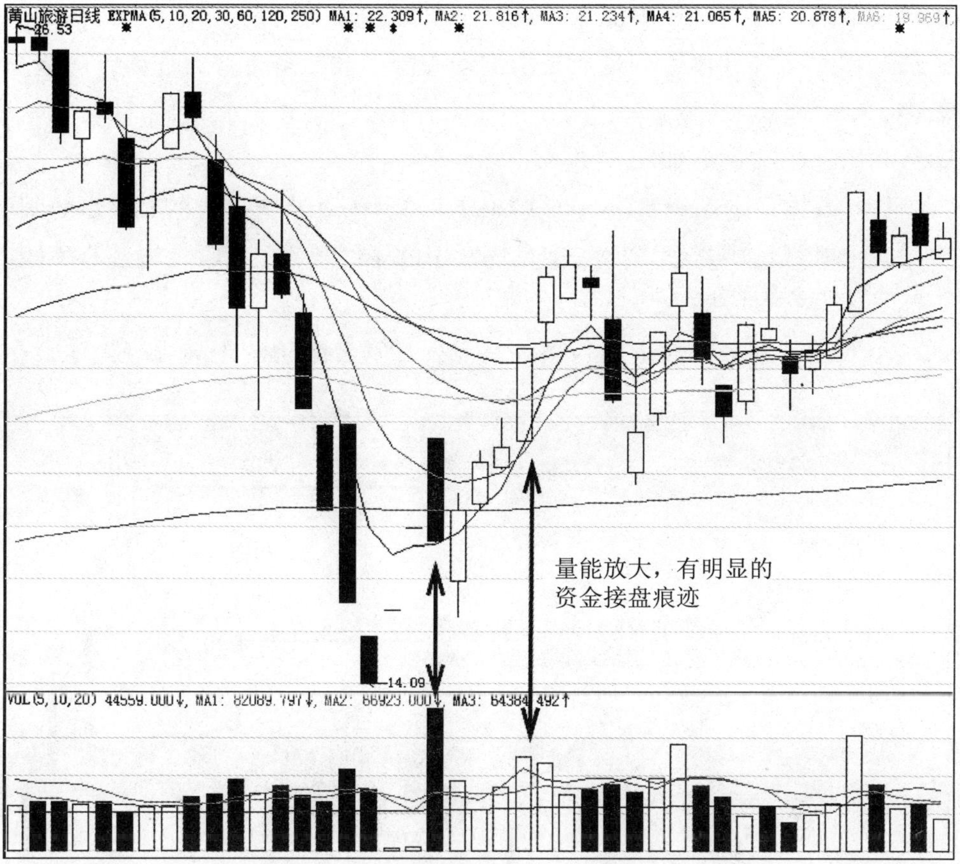

图 5-5-5

图 5-5-5 是黄山旅游(600054)2015 年 6 月—2015 年 8 月的 K 线走势图。个股在高点处因获利盘的大量涌现，抛压严重，做空力量大盛，股价随之出现大幅回调的走势。在股价大幅回调过程中，做空动能得到大幅释放。在回调的过程中，可以看到量能在底部区域有增大迹象，这一方面表明有抛盘大量涌出，另一方面也表明有抄底资金接盘，此消彼长中，做多力量逐渐增强。

个股在后来出现连续涨停走势，虽然成交量并未放大，但是也告诉投资者市场惜售心理严重，做空动能不大。后来的阴线大量同样反映出资金接盘的痕迹，但这时还不能认为这是个股做多动能占据上风。后续的放量大涨，才明确告诉投资者量能是由主动买盘构成，多方势力强盛，应坚决做多。

再看一个案例。如图 5–5–6。

图5–5–6是山东钢铁(600022)2015年3月—2015年7月的K线走势图。个股在上升行情中连续走出三个身怀六甲的孕线形态，其后走势各有不同，下面具体看看对应的走势。

个股运行到第一波上升行情的高点处，随着股价的走高出现抛压，在

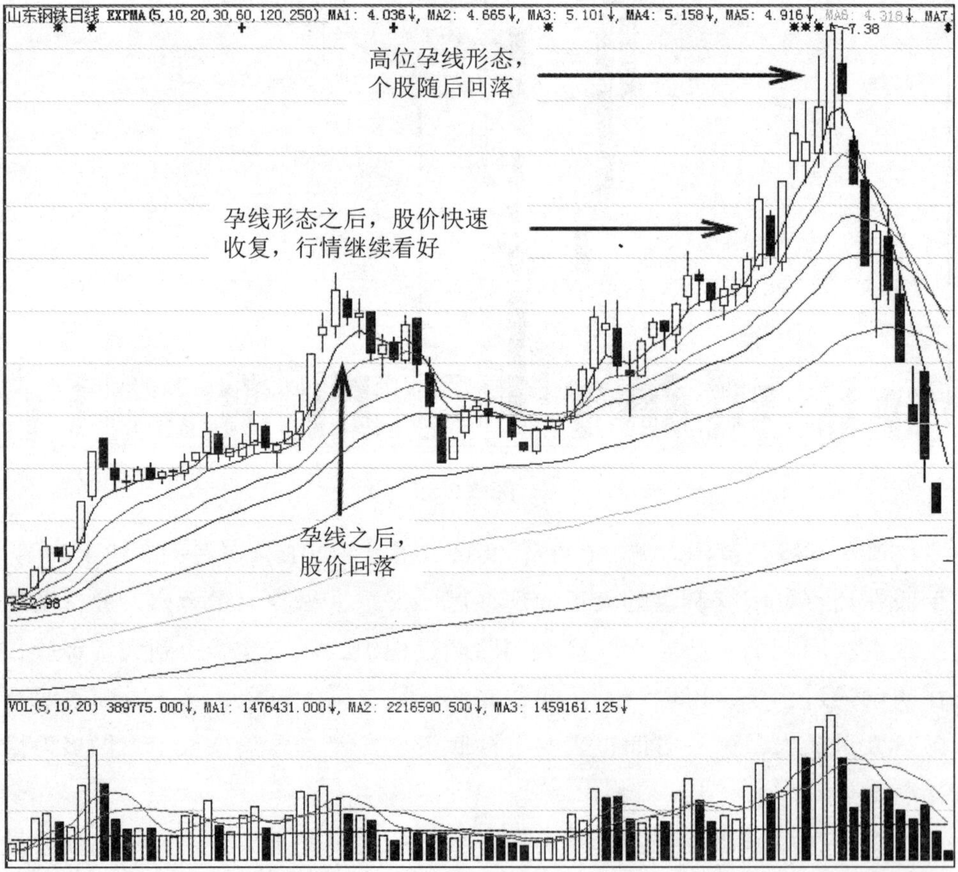

图 5-5-6

前一天的大阳之后收出阴线，形成身怀六甲形态，随后股价开始回落。在回落的过程中，量能呈现缩量状态，表明做空动力并不强劲，并且下方均线支撑良好，支撑股价继续向好发展。

在随后的上升行情中，个股又一次走出身怀六甲 K 线形态，表明股价面临回调的压力。但个股随后收出一根大阳线，完全收复前一根阴线，个股运行重回升势。

最后一个身怀六甲 K 线形态处于股价的最高位，表明随着个股的继续上涨，抛压逐步增大。在形态成立后，个股立即进入加速下跌的走势中。

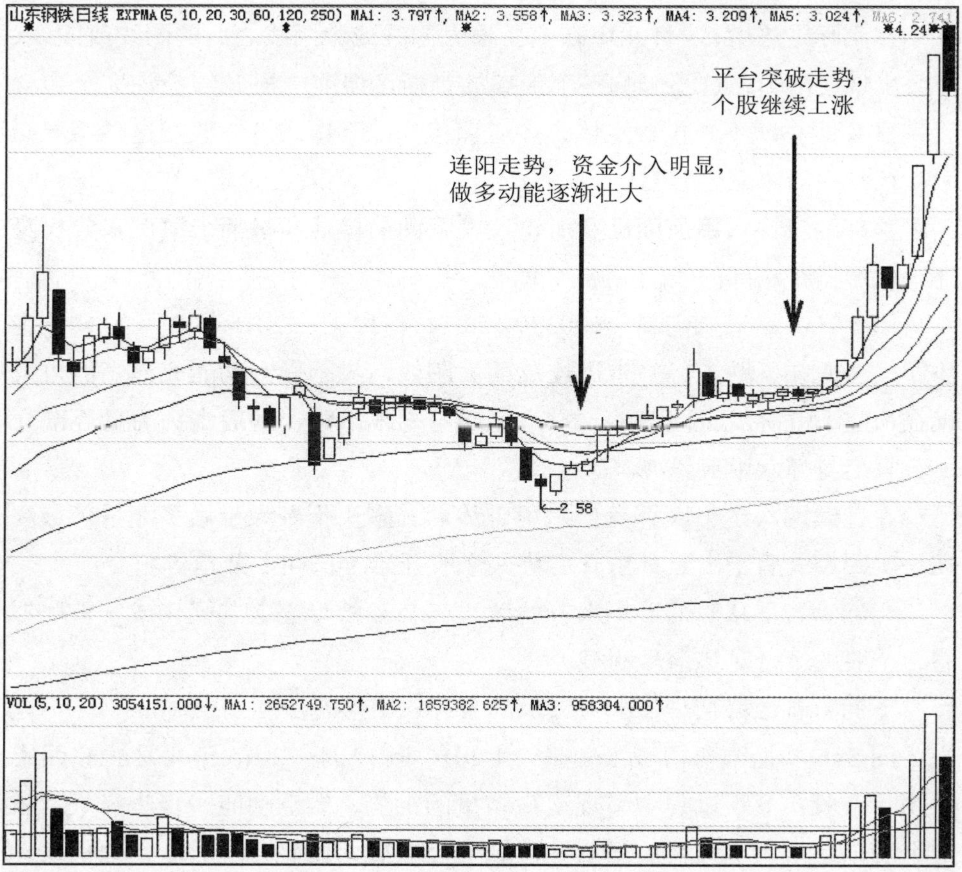

图 5-5-7

这一形态的不同之处在于，在更高的位置，面临的抛压也会更大。另外，股价回调后迅速跌破均线系统，这也是一个明确的卖出信号。

下面来看个股前期的走势。如图 5-5-7。

图 5-5-7 是山东钢铁（600022）2014 年 12 月—2015 年 3 月的 K 线走势图。个股在下跌过程中，做空力量得到逐步释放。随着股价的下跌，买盘资金逐步介入，在 K 线图上留下连阳的走势，个股底部也随之抬升。

个股抬升后走出一个平台盘整走势，做多量能在这一平台上集聚继续上攻的动力。同时这一盘整也有利于上方抛盘的抛售，使抛压进一步得到释放。随后个股突破平台，开始新的上升行情。

在实际走势中，身怀六甲在前一根大阳线或大阴线之后的阴线或阳线，多会出现上下影，这不影响整个形态的判断。但前一根 K 线应该完全包含后一根 K 线，即不光包含实体，还应该包含上下影线。一般把这种情况叫做身怀六甲的“完全形态”。

顶部的身怀六甲前面已有所论述，下面简单地通过两个案例来分析身怀六甲形态在底部的使用原则。如图 5-5-8。

图 5-5-8 是天利高新（600339）2014 年 12 月—2015 年 3 月的 K 线走势图。个股在下跌走势中走出连续的大阴线，显示做空动能充沛。但也发现在快速下跌之后量能萎缩，空头呈强弩之末态势。随后多头力量逐渐介入，收出身怀六甲 K 线形态。

在连续两次走出底部身怀六甲走势后，多头集聚大量做多能量，最终在一次回调之后走出旭日东升走势，个股开始了长期上升趋势。

当然，若是从底部形态来看的话，三个 K 线形态又共同构成三重底形态，个股的运行转势信号明显。

下面再看维科精华（600152）的身怀六甲形态。如图 5-5-9。

图 5-5-9 是维科精华（600152）2014 年 12 月—2015 年 4 月的 K 线走势图。个股在下跌过程中呈现逐步缩量的走势，做空动能一步步释放。就在个股以一根大阴线释放最后一丝做空力量后，做多力量对做空力量发动反击，收出身怀六甲形态。随后个股进一步放量拉升，更是做多量能的体

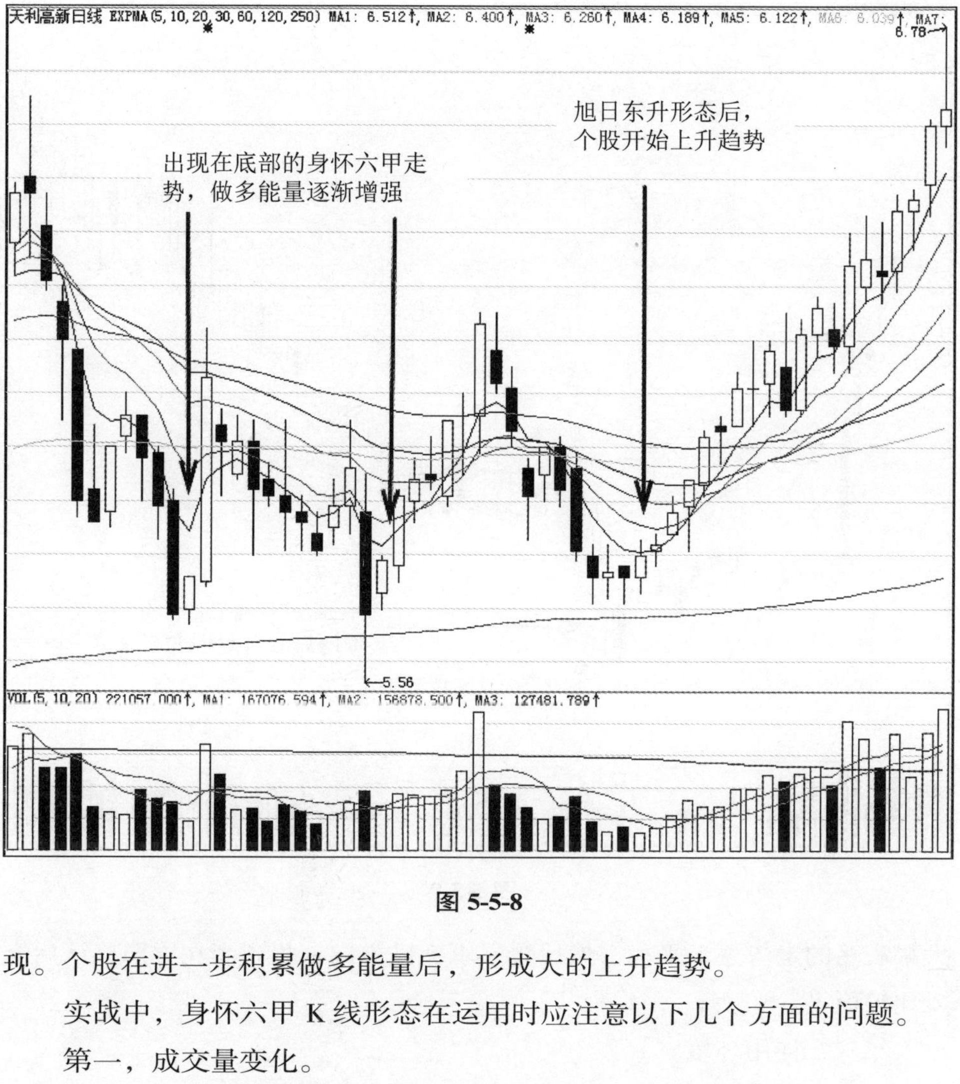

图 5-5-8

现。个股在进一步积累做多能量后，形成大的上升趋势。

实战中，身怀六甲 K 线形态在运用时应注意以下几个方面的问题。

第一，成交量变化。

该 K 线形态最理想的量能变化是前一个交易日成交量有效放大，后一个交易日成交量又迅速萎缩。如果行情继续调整，则量能也随之减少，表明后市行情出现反转的可能性较大。

第二，股价或指数走势。

出现该 K 线形态后，走势上一般会有一个短期整理的过程，使得原来

图 5-5-9

大幅震荡的走势逐渐平稳，然后再寻求突破方向。投资者在方向确认后介入比较稳妥。

第三，使用环境。

身怀六甲 K 线形态如果是出现在极度低迷的弱市中时，往往更容易形成强烈的反转行情。

六、破体而出时

做空的引子引爆，做空力量对做多力量穿头破脚，破体而出。做空力量到这一地步开始彻底战胜做多力量，行情将急转直下。

穿头破脚 K 线组合意即第二根 K 线将第一根 K 线从头到脚全部覆盖在里面了。穿头破脚有两种形态，一种是在底部出现，一种是在顶部出现。如图 5–6–1。

顶部穿头破脚　　底部穿头破脚

图 5-6-1

顶部穿头破脚的特征如下。

第一，在升势中出现，由大小不等的阴阳相反的两根 K 线组成。

第二，第二根 K 线，即阴线的长度必须足以吞吃掉第一根 K 线即阳线的全部（上下影线不算）。

顶部穿头破脚 K 线组合中，第一根阳 K 线说明当天多空双方力量在较量搏杀过程中，多方最终取得胜利。第二根 K 线为较大的阴 K 线，它是一根高开低走的阴 K 线，且收盘时收盘价在第一根阳 K 线（或同价 K 线）的开盘价之下。

这根阴 K 线跳高开盘是主力庄家的一个骗线诱多动作，而收盘价收在前一根阳 K 线或同价 K 线的开盘价之下，则是主力庄家露出狰狞面目之时。高开盘、低收盘是空头力量抛售坚决的表现，也反映当天空方力量将多方力量打得惨败，空方力量取得了压倒性胜利，个股后市走势不容乐观。

我们看案例。如图 5–6–2。

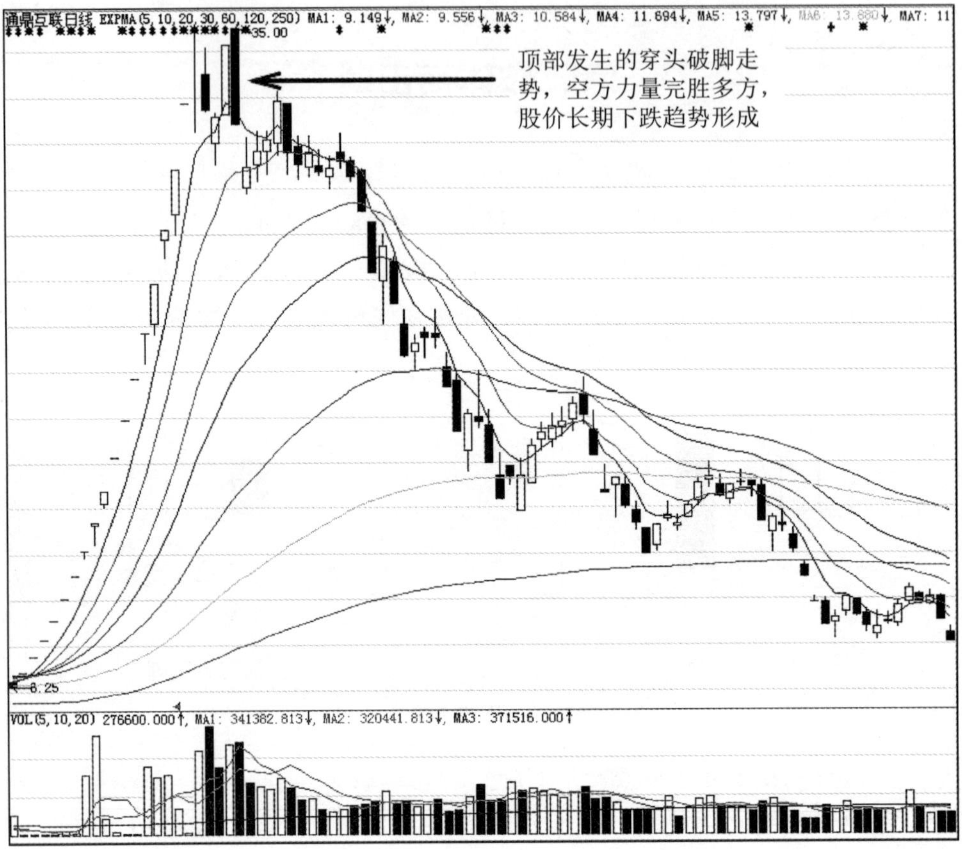

图 5-6-2

图5-6-2是通鼎互联(002491)2015年1月—2015年9月的K线走势图。通鼎互联在前一阶段走出了连续多个涨停，股价在短时间内出现多倍涨幅。伴随着股价的大幅上涨，早期介入的投资者获利巨大，兑现这些收益成为投资者的当务之急。

股价在高位出现的放量，即是资金离场形成的量能，但巨大的做空量能不是一天就可以释放完的，因此股价在高位出现震荡的走势。这时股价的上升动力减弱，回调压力变大，由多方占据绝对优势转变到多空平衡，预示股价后市的隐患增大。

这时，忽然有一天股价高开低走，放出大阴线，彻底覆盖前一根阳线，表明空方力量彻底占据主导地位，股价后市运行方向转向。投资者看到这一K线形态出现后，要及时避险，获利了结。

下面来看个股的快速上涨支撑。如图5-6-3。

图5-6-3是通鼎互联（002491）2014年6月—2015年5月的K线走势图。公司于2014年3月29日发布《关于筹划重大事项停牌公告》（公告编号：2014-014），表示公司正在筹划重大事项。

2014年4月28日，公司召开第二届董事会第二十七次会议，审议通

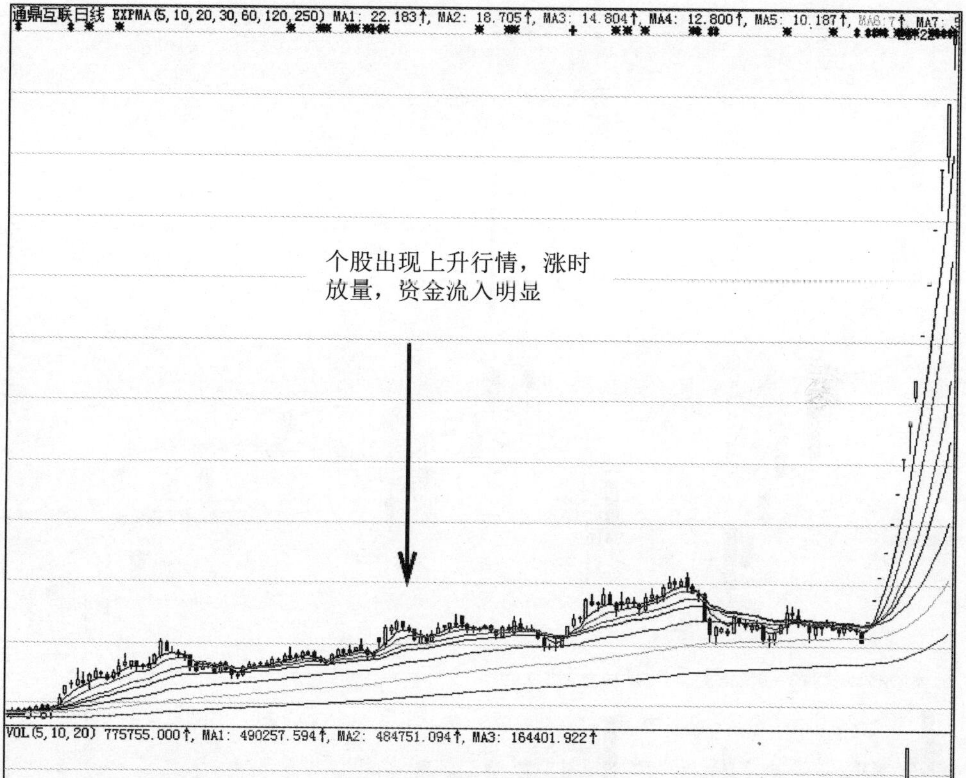

图 5-6-3

过了《关于公司筹划发行股份购买资产事项的议案》，同意公司筹划发行股份购买资产事项。

2014 年 4 月 29 日，公司发布了《关于筹划发行股份购买资产的停牌公告》（公告编号：2014–022），公司股票自 2014 年 4 月 29 日起继续停牌。

公司在消息面重组利好刺激下，股价进入一个上升区间。从股价上升中的量价关系可以看到，个股有大量新进资金介入。个股的上升集聚了充足的上升动力，这些都是后期股价连续一字板走势的基础。

对于回调中个股走出的放量走势，投资者需注意量能的两面性，一方

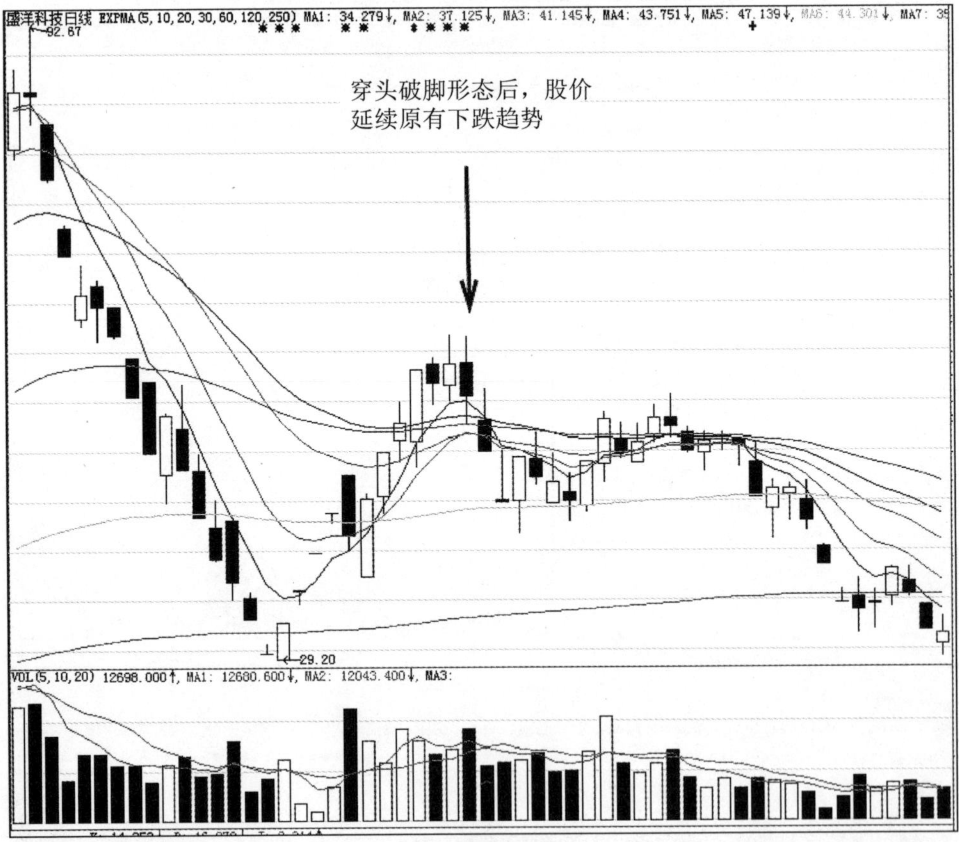

图 5-6-4

是卖出量能，而另一方则是做多接盘的量能。这样投资者再结合回调中均线的支撑，可以看到做多势力依然强大。

下面再看盛洋科技（603703）的穿头破脚形态。如图 5-6-4。

图 5-6-4 是盛洋科技(603703)2015 年 6 月—2015 年 9 月的 K 线走势图。个股在下跌趋势中形成一个反弹，这个超跌反弹初期来看还是表现出一定的上升动力的。但投资者必须认识到，这是一个下降趋势中的反弹，上方套牢盘众多，会严重制约股价的反弹升幅。

对于这一反弹走势也是如此，股价在走出几天的上涨行情后，明显受到套牢盘的抛压，出现横向震荡的走势，难以继续向上。一天，股价直接以一个中阴线的方式覆盖前一个阳线走势，上升行情被彻底破坏。空头实力占据绝对上风，股价随后重新回到下跌趋势中。

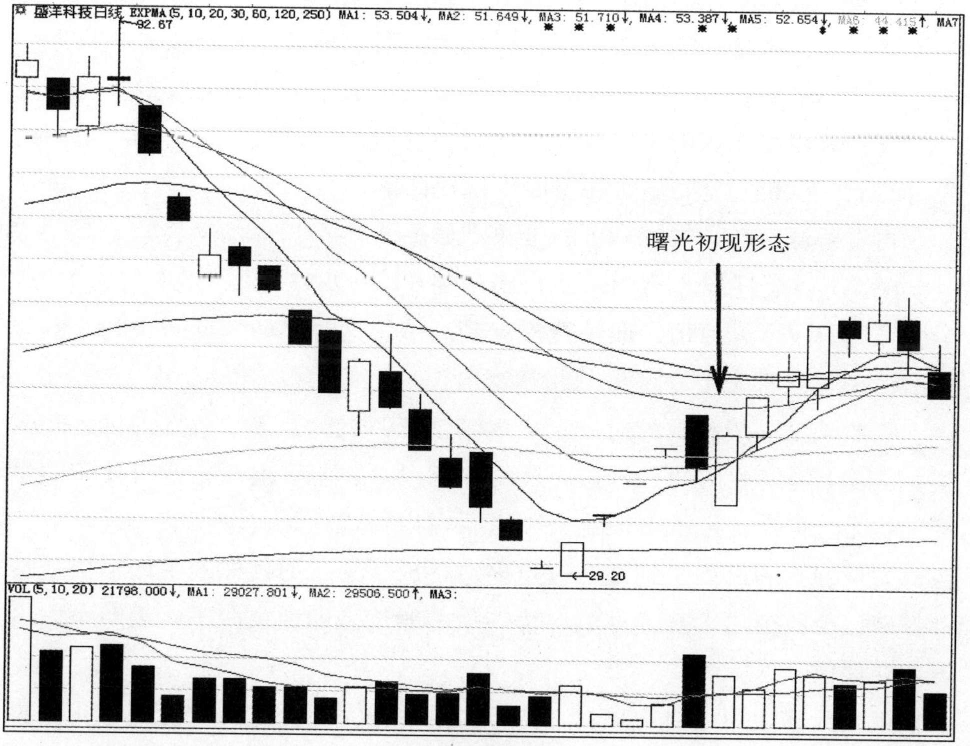

图 5-6-5

在顶部出现穿头破脚形态后，投资者必须注意股价下行带来的风险，个股后期跌幅难以估量。

下面来看个股的反弹动力。如图 5-6-5。

图5-6-5是盛洋科技(603703)2015年6月—2015年7月的K线走势图。从个股下跌中的量价关系看，随着股价的逐步下行，量能呈现逐渐缩量的走势，说明个股做空动能得到释放，随后股价出现无量涨停的走势。

无量涨停一方面反映的是资金介入不慎，一方面体现的是卖盘严重匮乏，市场惜售情绪严重。市场中没有抛压，股价可继续上行，这也就解释了股价为什么出现 4 个连续涨停。

随着连续几个涨停，浮筹开始涌现出来，K 线上就明显地走出放量阴线的走势，多空双方在这一价位上出现分歧，争斗激烈。

在空头势力渐长的情况下，股价于第二个交易日出现低开的走势，进一步释放空头能量。空头能量得到释放后，股价随后走高，收出一根大阳线，与前一交易日的阴线组成曙光初现 K 线形态，个股随后放量上行。

投资者需要注意的是，这是一个下降趋势，上方的套牢盘会严重制约股价的上行空间，需要随时注意股价出现回落。

再看仟源医药（300254）的走势。如图 5-6-6。

图5-6-6是仟源医药(300254)2015年5月—2015年7月的K线走势图。个股经过一段上升行情，股价慢慢走到高位。这时早期入场的获利盘慢慢涌出，在 K 线形态上表现为阴线频繁出现。

在股价站上最高位的时候，出现高位宽幅震荡，多空双方力量争斗凶猛，K 线上最终收出的是带长影线的十字星，表明多空双方暂时处于力量平衡状态。但就前期的一段走势来看，可以知道这是一个多头力量减弱，空头力量强大的过程。到这一时点多空达成平衡，但这样的平衡很快就会被打破。个股第二天高开释放多头能量，股价随即回头向下，表明空方占据主导地位。

就全天多空力量对比来看，空方力量取得完胜。在 K 线走出穿头破脚形态后，股价的后市方向就只有一条路可行了，即回头向下。这时投资者

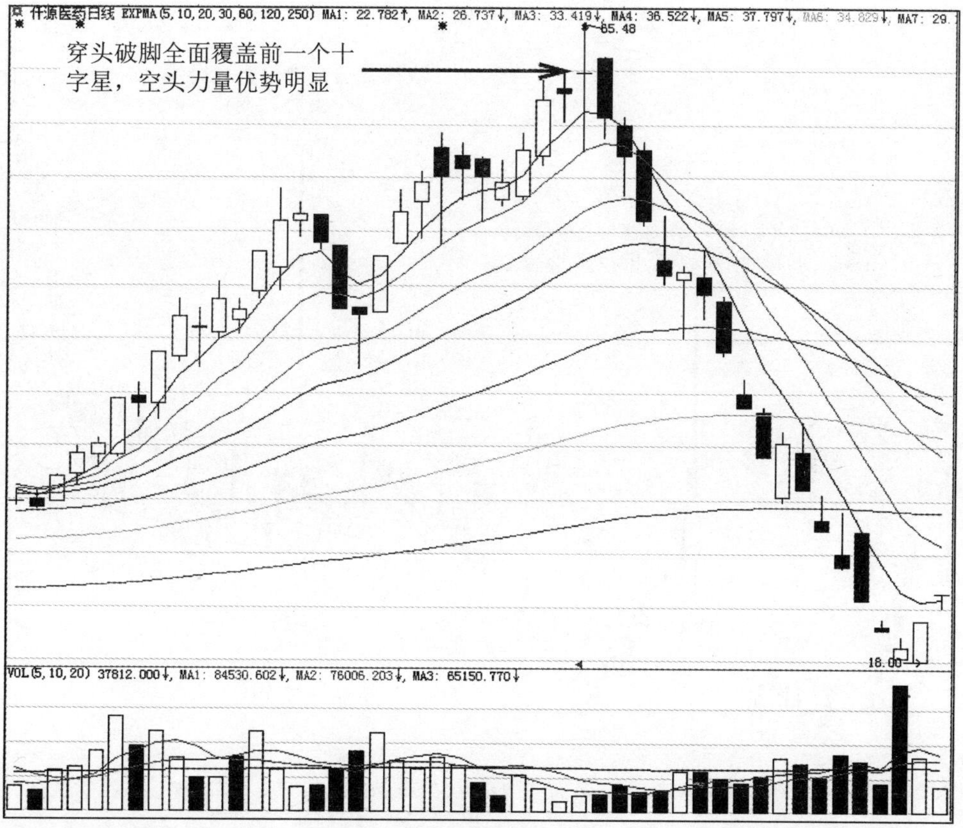

图 5-6-6

必须注意收益与风险的问题，及早离场为宜。

下面来看个股前期多头发力的情况。如图 5-6-7。

图 5-6-7 是仟源医药（300254）2014 年 12 月—2015 年 5 月的 K 线走势图。个股在前期走势中明显出现两段放量拉升的走势，表明资金介入明显，做多力量慢慢壮大。在做多力量强大的过程中，股价在形态上也走出了双底的反转形态，进一步支撑股价后市向上运行。

在两段拉升行情后，随着股价的抬升，前期套牢盘出现，制约着股价继续上行，个股随即进入震荡走势。个股利用长时间的震荡消化抛压，在这一过程中做多势力又进一步强大，后期股价大幅上涨的条件已经具备。

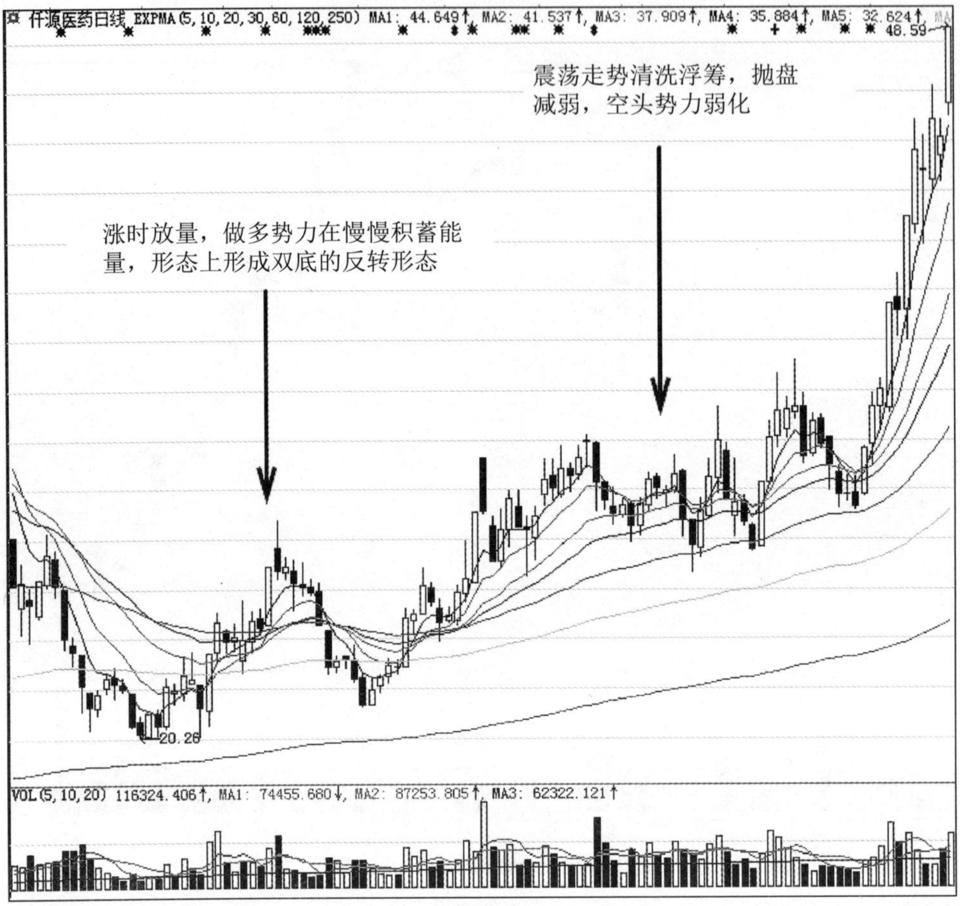

图 5-6-7

穿头破脚 K 线形态是底升顶落型 K 线组合，即底部形成穿头破脚是股价回升信号，顶部形成穿头破脚是股价见顶回落信号。一般来说，无论是底部还是顶部出现穿头破脚，都是转势信号，即由原来的跌势转为升势，或由原来的升势转为跌势。

在实战中，导致穿头破脚形态转势的可能性增加的因素如下。

第一，第一根K线与第二根K线的长度比例越悬殊，转向的力度越强。

第二，第二根K线的成交量越大，转向的可能性也越大。

第三，第二根K线包容前面的K线越多，转势机会就越大。

七、黄昏星满天

该形态生于底部视为启明星，生于顶部则是黄昏星。为了什么有这样的区别？时也！势也！出现该形态，表明个股的下跌行情才刚刚开始。

黄昏之星K线组合是由3根K线组成的转向利淡形态，其图形就像

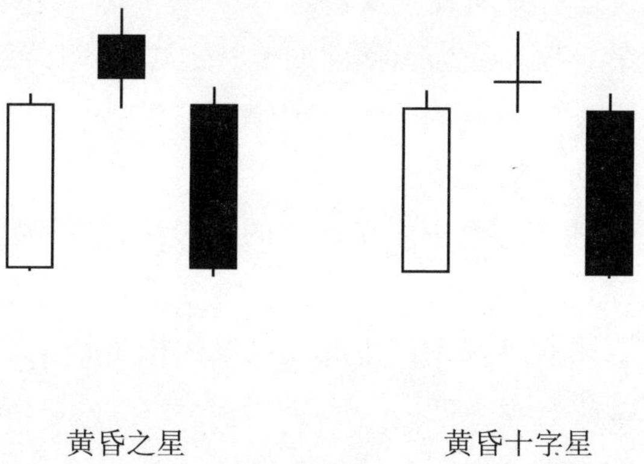

图 5-7-1

太阳从西山之巅缓缓滑落。在夕阳的余光之中，黄昏之星就像魔鬼的特使一样降临股市。市场在持续的涨势之后，已经激情不再，就像再好的筵席也有散场之时。如图5–7–1。

其技术特征如下。

第一，黄昏之星出现在一个上升趋势后，由3根K线组成。

第二，第一根K线是一根长阳线。

第三，第二根K线波动较小，形成一根小阳线或小阴线，构成K线组合中的主体部分。

第四，第三根K线是一根实体较长的阴线，它深入到第一根K线的实体之内。

黄昏之星是股价见顶回落的信号，预示市场趋势已经见顶，卖出时机悄然来临。

黄昏之星K线组合的形成过程是，股价经过一段时间的持续上涨，市场处于一片狂欢之中，多方继续大力推动涨势。第一天，市场强势拉出一根长阳线。第二天早盘继续冲高，但尾盘出现回落，形成上影线和窄实体的K线形态，构成黄昏之星的主体。到第三天时，股价突然下跌，市场出现恐慌性抛压，价格拉出长阴线，并且抹去了前两天大部分涨幅。3天时间完成多空转换，运行方向发生反转。

个股走出的第一根K线为承接前期上升走势的大阳线，表明买盘强劲，升势持续。第二根K线可视为十字星或锤形，显示多方力量得到释放，卖压逐步显现，个股见顶预期强烈。

倘若第二根K线有与射击之星相同的上影线，市场转向信号的可靠性大为提高。

第三根阴线表明卖盘强劲，市况已经发生根本转变，跌势一直持续到收市，多头行情就此一蹶不振。

下面通过一些案例来说明。如图5-7-2。

图5-7-2是红豆股份（600400）2015年4月—2015年7月的K线走势图。个股在高位形成一个典型的黄昏之星K线形态。个股从低位一步步走高，表明做多力量充分，在K线上也形成阳线走势。

随着股价的上涨，获利筹码逐渐浮现，做空动能逐步壮大。在一根阳线之后，个股走出十字星走势，标志着多空力量趋于平衡。这一过程中多空双方力量对比出现变化，个股随后走出连续的阴线形态。

在形态成立后，表明股价的多空力量已经发生转化，空方势力彻底战胜多方势力，股价经过一段震荡行情后又走出了下跌走势。识得此形态的投资者，可以在形态成立时及时离场，保住收益。

下面来看个股做多力量的集聚过程。如图5-7-3。

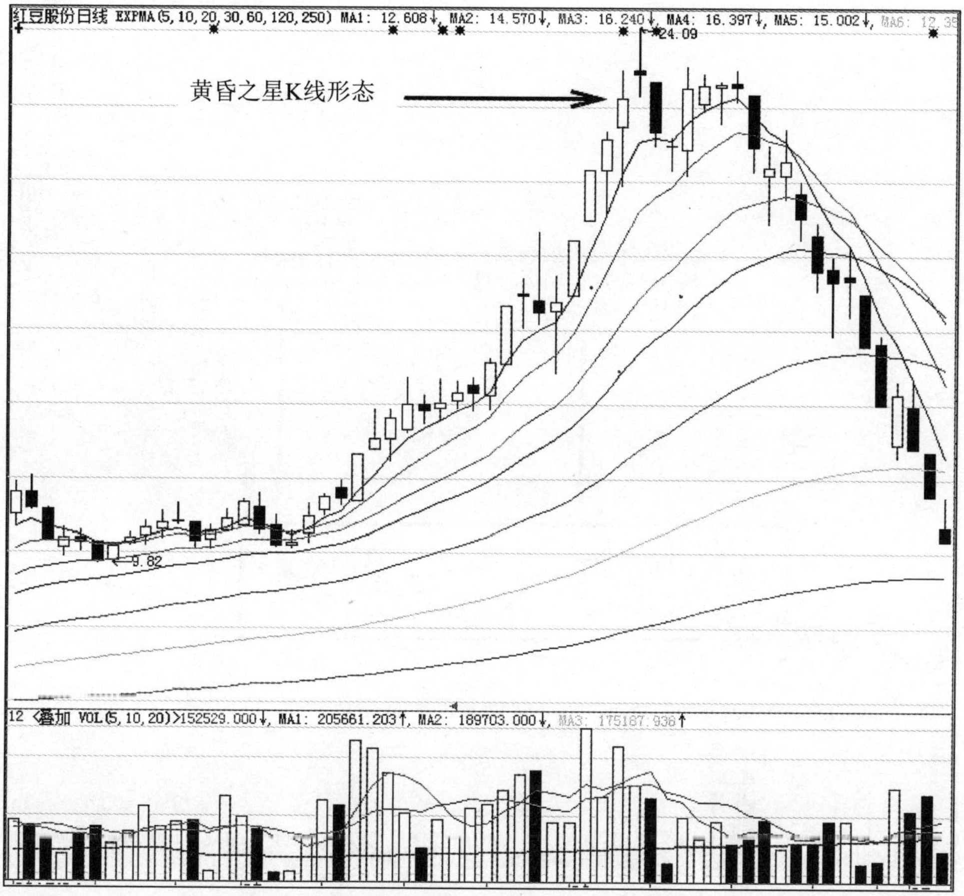

图 5-7-2

图5–7–3是红豆股份(600400)2014年8月—2015年4月的K线走势图。个股在上升行情孕育阶段出现巨大的成交量，资金换手明显，新进资金的介入孕育着做多的力量。原有资金离场会暂时形成抛压，但也缓解了以后股价拉升中出现的抛压。这一进一出之间，多空力量就发生了转化。

经过后期的调整与吸筹，做多动力得到进一步提升，做空动力进一步弱化。在个股摆脱做空压制后，股价随即出现直线拉升走势，表明做多动能爆发。

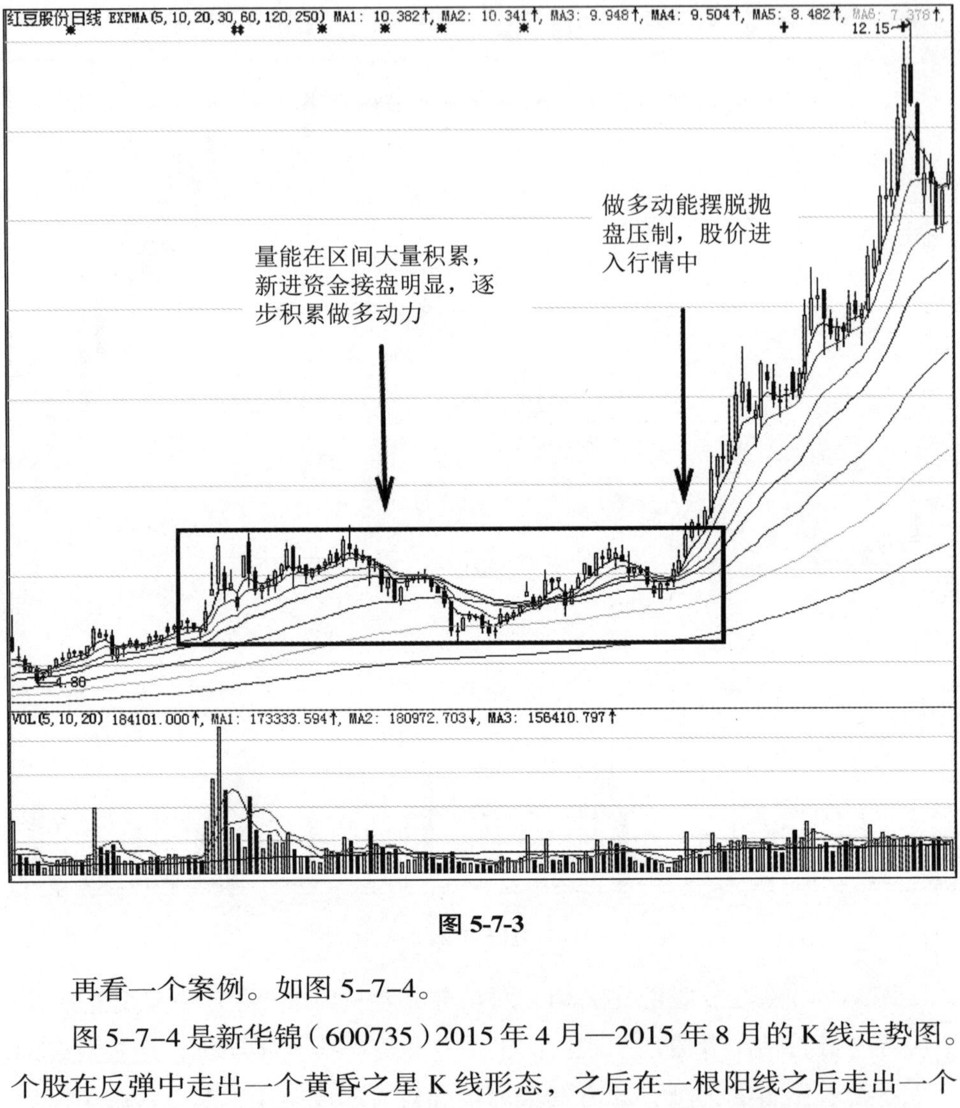

图 5-7-3

再看一个案例。如图 5-7-4。

图 5-7-4 是新华锦（600735）2015 年 4 月—2015 年 8 月的 K 线走势图。个股在反弹中走出一个黄昏之星 K 线形态，之后在一根阳线之后走出一个十字星形态，表明多头势力逐步弱化，空头势力则出现逐渐走强的走势。随后出现一根大阴线，更是空头势力对多头势力的完胜，股价从此进入下跌行情中。

这里强调这是一个反弹行情，相信投资者一眼就能看出股价在高位形成了双头走势。两个卖出形态叠加，其后的卖出效应更明显，投资者要保

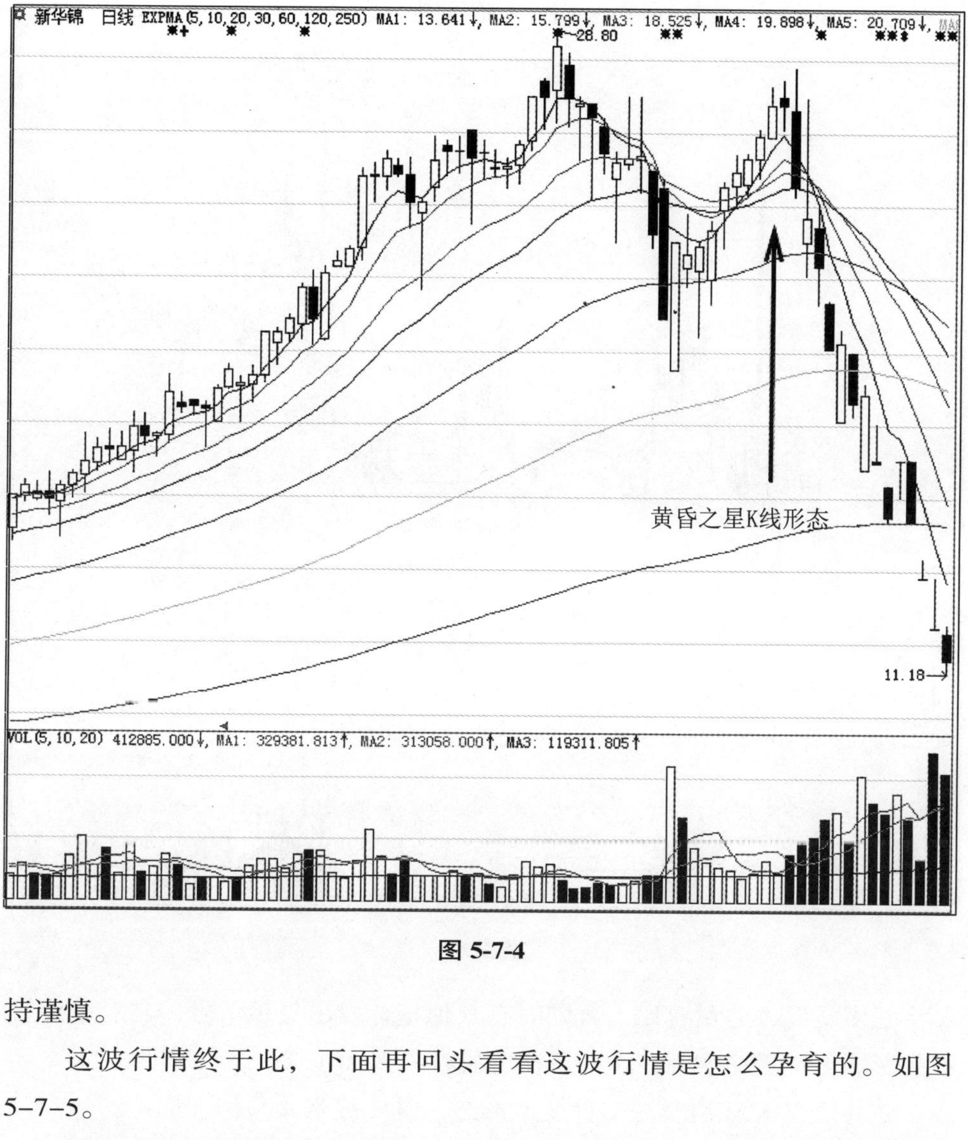

图 5-7-4

持谨慎。

这波行情终于此，下面再回头看看这波行情是怎么孕育的。如图5-7-5。

图 5-7-5 是新华锦（600735）2014 年 1 月—2014 年 9 月的 K 线走势图。个股在行情初期连续放大量，明显有做多资金介入，做多动能在这样的过程中慢慢积累。当个股做多量能积累充分后，上涨行情也就随之展开了。

黄昏之星 K 线形态是明显的见顶信号。在这个信号发出时，投资者需

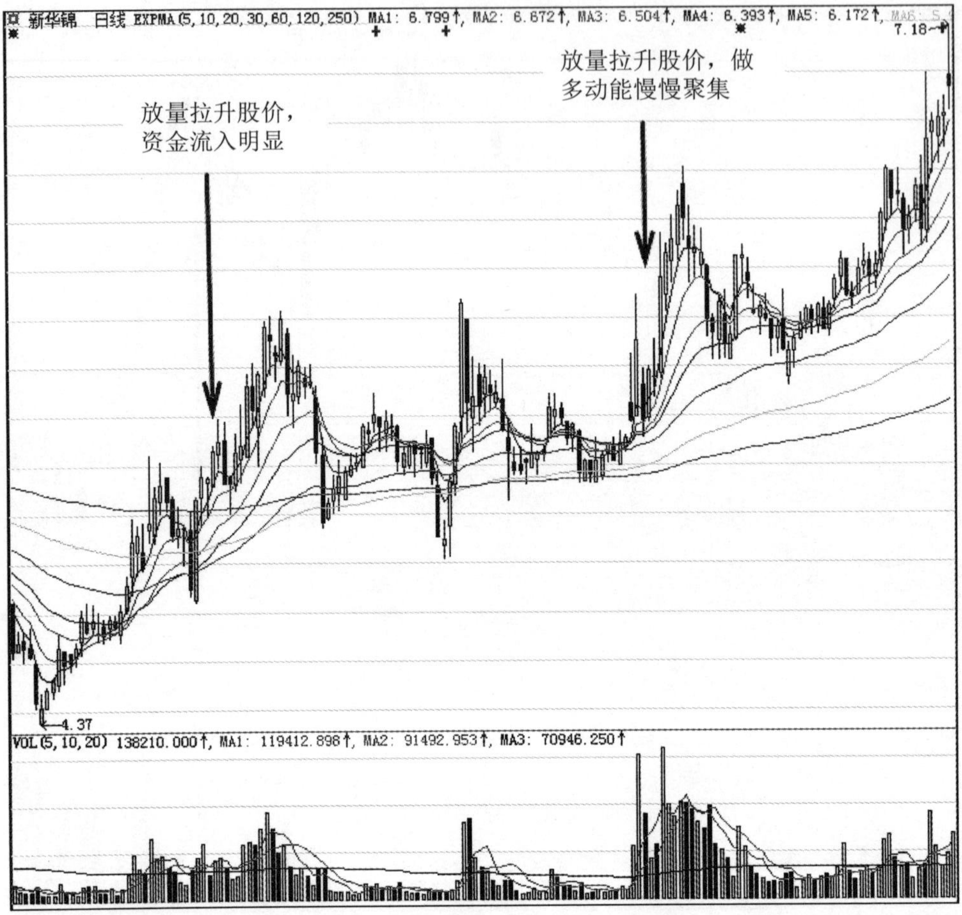

图 5-7-5

要注意多空双方力量对比。若同时有其他指标发出见顶信号，其对股价后市的影响无疑更加准确，投资者在实战时可多加注意。

黄昏之星 K 线组合有多种变形形态，其实战意义与标准形态类似。

第一种变形形态，在标准的黄昏之星 3 根 K 线组合之上，中间增加一根 K 线，即由原先的中间只有一根小 K 线增加为两根小 K 线，最左边的阳 K 线与最右边的阴 K 线不变。

第二种变形形态，是在标准的黄昏之星 3 根 K 线组合之上，中间增加了两根小K线的变形，即由原先的中间只有1根小K线增加到3根小K线，而最左边的阳K线与最右边的阴K线不变。

第三种变形形态，在标准的黄昏之星3根K线组合之上，中间增加3根K线，即由原先的中间只有1根小K线增加到4根小K线，而最左边的阳K线与最右边的阴K线不变。

个股多空反转往往不是一日之功，需要耗费大量的时间。随着时间的叠加，个股的多空力量对比会进一步加深，在K线形态上就会留下更明显

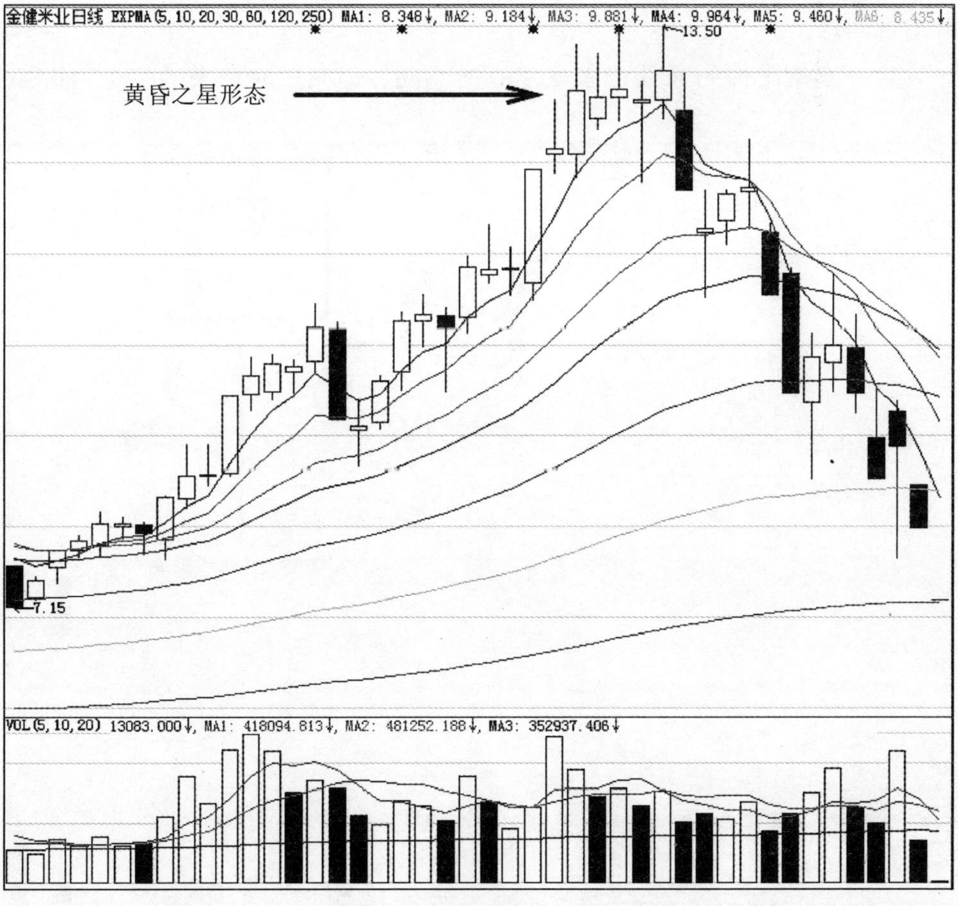

图 5-7-6

的痕迹。这时形态的指示作用同样明显，投资者无需多疑。

下面看两个变形的黄昏之星形态，分析其后个股的走势。如图 5–7–6。

图 5–7–6 是金健米业(600127)2015 年 5 月—2015 年 7 月的 K 线走势图。个股在上升行情中收出一根大阳线，显示多头势力强盛。但随后股价并未延续这样的走势，反而出现震荡走势，表明抛压慢慢显现出来，多空力量对比也出现了明显变化，由多方占优进入一种多空平衡的状态。

股价的疲软带来更多的抛盘，股价在震荡整理之后走出快速下跌的走势。这时空头势力大盛，彻底战胜多方势力，个股长期拐点出现，股价随后出现回落。

这一案例出现的 K 线形态虽然有所不同，但其反映出来的多空力量却

图 5-7-7

是相同的，即从多头强盛到多空平衡，再到空头力量大盛，股价变化就在这一阶段中产生。投资者不用太过拘泥于形式而忘了其中变化的内涵。

再看一个案例。如图 5–7–7。

图 5–7–7 是阳普医疗(300030)2015 年 4 月—2015 年 7 月的 K 线走势图。个股在这一区间走出不错的上升行情，涨幅巨大。在这一巨大的涨幅下，抛压随之产生。个股创出新高点之后形成一个明显的调整走势，显示空方势力逐步强大。

个股在回到均线位置处获得支撑，重新开始上升走势，连续拉出两个大阳线，多头势力重新壮大。但这样的行情持续时间很短，随后股价即在高位上下震荡，空方势力又一次显现。在震荡走势之后，股价很快就快速回落，出现深度回调。

个股在高位的两次回落形成两个高点，这也是典型的双头顶部反转形态。投资者遇到这样的形态走势后，要注意及时回避股价的回落。

实战中，黄昏之星充当顶部的概率非常高，尤其在牛市后期，要特别警惕这种反转信号。投资者遇到这种 K 线组合，不宜再继续买进，应考虑及时减仓，并随时做好停损离场的准备。

八、乌鸦纷双飞

做空力量一步步壮大，开始出现连续的阴线走势，此时在形态上形成双飞乌鸦形态。

双飞乌鸦 K 线组合又称“树上二鸦”。乌鸦挂树梢会带来厄运，股市也不例外，这是一种较典型的向淡型 K 线组合。如图 5–8–1。

其技术特征如下。

第一，出现在上升途中，连续出现两根阴线，第一根阴线实体部分与上一根 K 线实体形成一小段缺口，构成起飞的形状。可惜随后翅折羽断，没有飞起来，股价出现了高开低收的情形。

第二，第二根阴线的实体部分较长，较为理想的情况是第二根阴线再

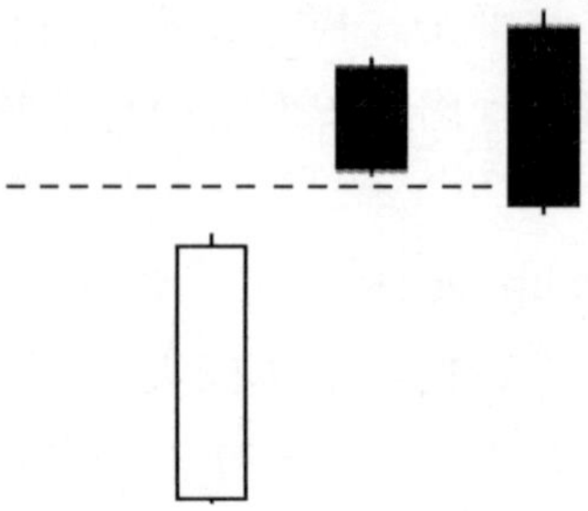

双飞乌鸦

图 5-8-1

次高于上日开盘价开出，然后低收，形成类似于穿头破脚的图形。

从图形上看，它们好像两只乌鸦在空中盘旋，因此人们给它起了个双飞乌鸦的名称。出现双飞乌鸦令人生厌，说明人们对这个市道已经很烦腻，做多力量严重不足，后市由升转跌可能性很大。

双飞乌鸦是由一根大阳线和两根向上跳空开盘且呈抱线形态的阴线组成的图形。出现双飞乌鸦，表示在上升趋势中股价连续两日高开，但多头未能贯彻始终，全部以低价收市，形成两根阴线。这种形态使多头对后市走向产生疑虑，开始获利了结，从而造成向下调整的压力。

第一根大阳线表示价格大幅上升，显示上升趋势到了末端的时候，市场的上升力度正在逐渐减弱。当形态初成的时候，市场仍存在一定的上升动力，因此双双都是以高开为主，摆出起飞的形状。可惜多头后继乏力，出现空头斩仓的走势。尽管有多头力量推动价格仍然小幅上升，但以最低价报收，未能进一步攀高。

第三天股价再次收出阴线，表明股价会进一步下跌，后市看淡。在上升趋势中连续两日高开，但多头都未能贯彻始终，市场人气因此受到较大的打击，做空力量突然剧增。多头对后市走向产生疑虑，开始获利了结，从而造成向下调整的压力。

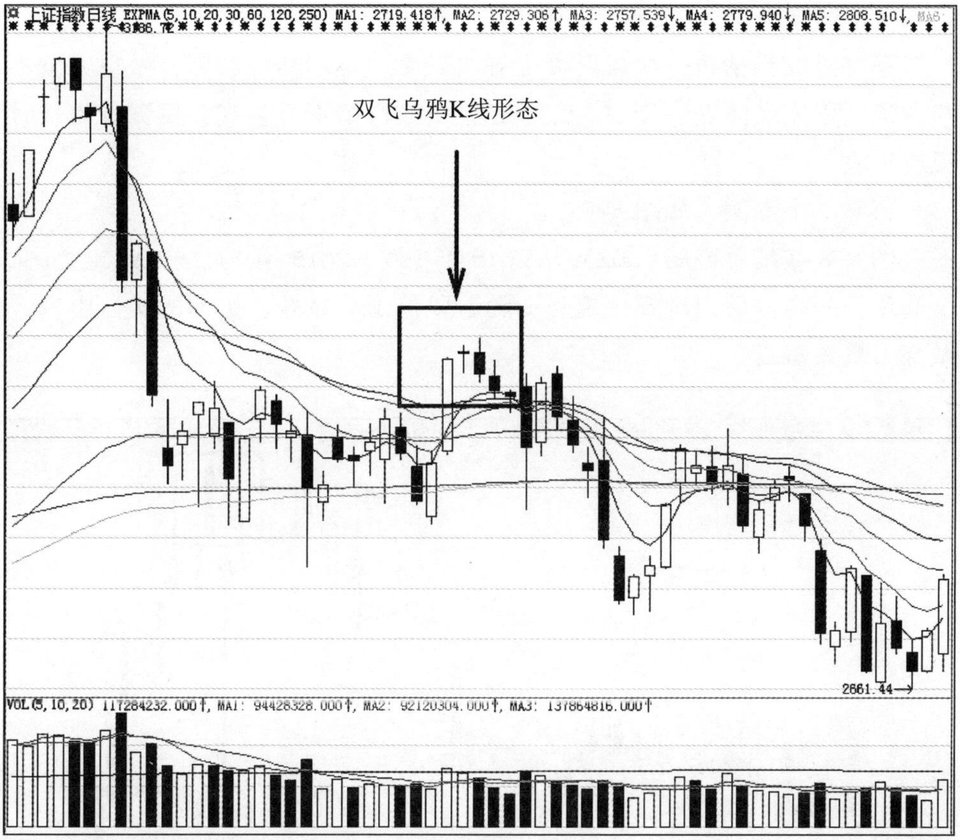

图 5-8-2

下面来看案例，就具体的案例解释形态的使用原则。如图 5-8-2。

图 5-8-2 是上证指数 2010 年 11 月—2011 年 10 月的 K 线走势图。上证指数在前期走出一个高点后，K 线上形成一个倾盆大雨形态，指数运行反转进入下跌行情中。

在指数回落到均线附近时受到支撑，走出两连阳的走势。但这样的连阳走势维持时间很短，指数高开低走，从而形成双飞乌鸦形态。在双飞乌鸦形态成立后，指数继续原有的下行趋势。

在双飞乌鸦形态中，股价跳空走高，个股释放做多力量，但这样的力量未能持续下去，股价当天出现回落，表明做空力量开始壮大。

第二天的行情再一次告诉投资者，做多力量不断释放后，做空力量逐渐占优，阴线实体进一步放大，个股或指数行情不容乐观，投资者需及时规避风险。

再看一个案例。如图 5-8-3。

图 5-8-3 是海普瑞（002399）2015 年 3 月—2015 年 9 月的 K 线走势图。个股运行到高位后出现震荡走势。随着股价走势疲软，更多的卖盘出现，做空力量大盛。

图 5-8-3

在这一阶段，个股也多次走出空头形态。个股刚运行到高位时，就走出一个乌云盖顶的走势，这是明显的卖出信号。随后个股在震荡中又走出顶部穿头破脚 K 线形态，卖出信号更明显。

多个卖出信号密集出现，不得不引起投资者的注意。股价也在出现双飞乌鸦后迅速回落，不能及时离场的投资者将得不偿失。

下面来看个股前期的做多能量集聚情况。如图 5-8-4。

图 5-8-4 是海普瑞（002399）2014 年 10 月—2015 年 1 月的 K 线走势图。

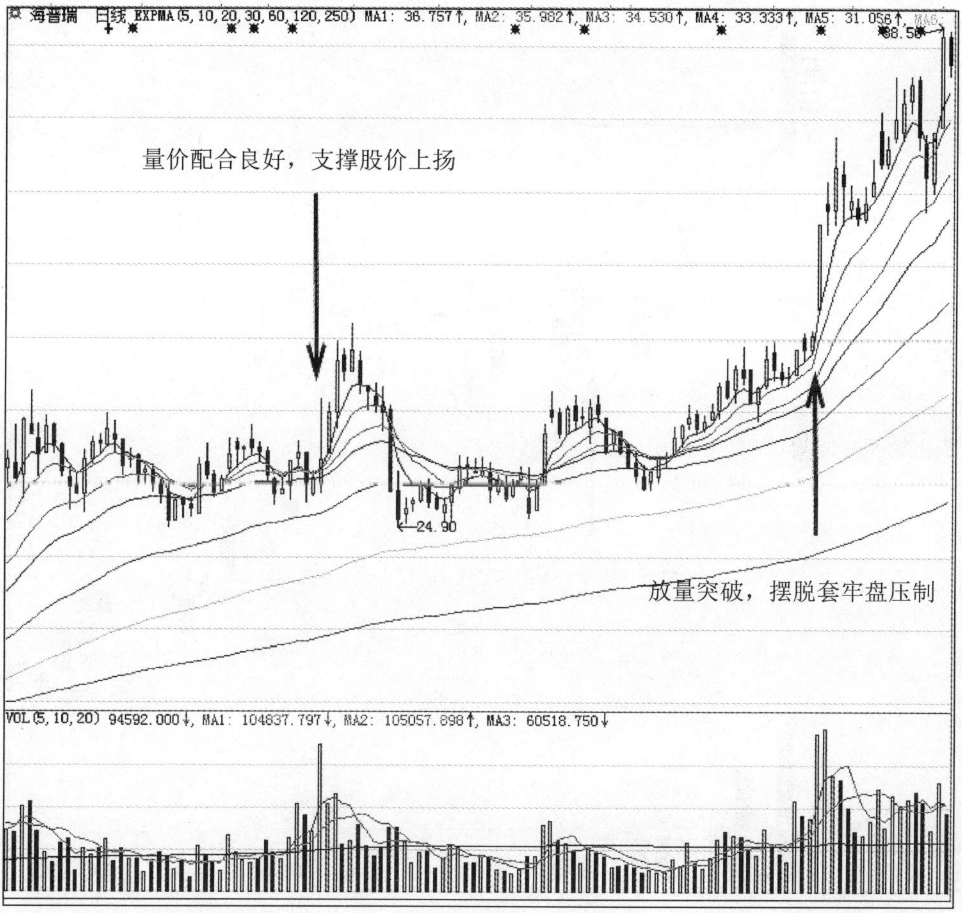

图 5-8-4

个股在一段上升行情之后进入长期盘整行情，在这一波盘整行情中，前期获利浮筹不断兑现，减轻了个股后期的拉升压力。因做多资金在更高的成本价位上介入，做多动力累积充分。

图中的量价关系也告诉投资者，市场有新进资金流入，这些现象一步步壮大个股的做多力量。当个股后期以放量突破的方式摆脱抛盘的压力时，做多力量彻底爆发，股价也随之直线上升。

下面再看青鸟华光的双飞乌鸦形态。如图 5-8-5。

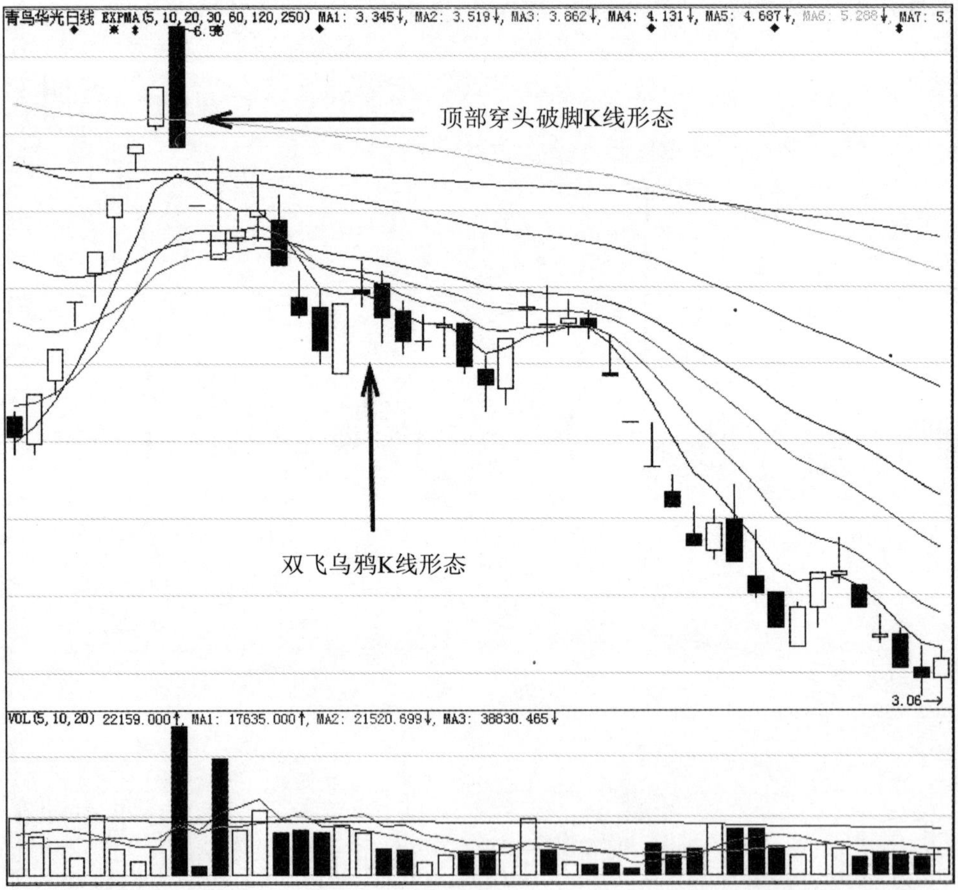

图 5-8-5

图5-8-5是青鸟华光(600076)2008年4月—2008年7月的K线走势图。个股在2008年5月23日出现双飞乌鸦K线组合形态，股价随后出现加速下跌。形态的卖出信号明显，个股的后期跌幅也着实巨大。

当然，投资者也可以选择更好的位置卖出，个股在高位形成的顶部穿头破脚形态，就是一个明显的离场机会，投资者可以好好把握。

再看一个案例。如图5-8-6。

图5-8-6是云意电气(300304)2015年3月—2015年8月的K线走势图。

图 5-8-6

个股在快速拉升后期，走出一个双飞乌鸦的 K 线形态。形态处于行情高涨之时，个股一开始做多动能充分，形成高开高走走势。后来随着获利盘的抛出，做空动能明显增强，股价开始出现回落，在 K 线上形成高开的阴线走势。

个股形成这一根阴线之后，让更多的持股者意识到股价走势疲软，更多的抛盘将会于第二天涌出，个股回调幅度更甚。至此双飞乌鸦形态成立，股价也出现明显的弱势走势。

在上涨行情后期，均线之上的快速拉升只是为了拉高出货而已，表明

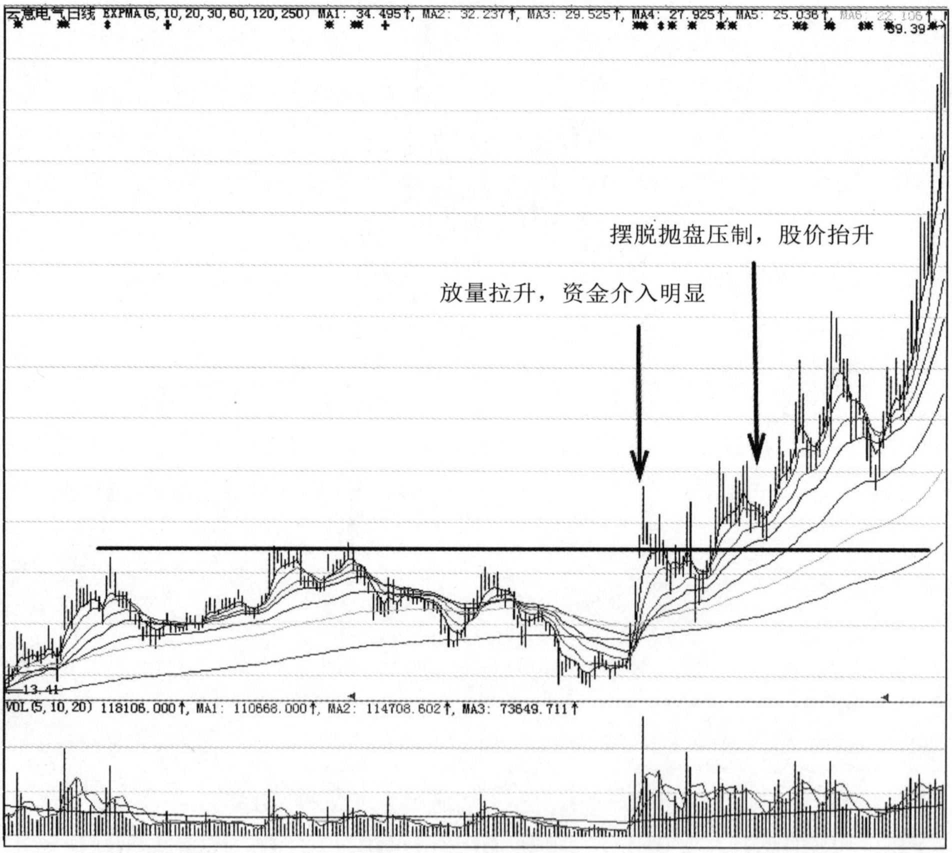

图 5-8-7

行情难以持久，投资者需要保持警惕。K 线上在形成一个倾盆大雨形态后，随即就快速下跌了。

下面来看个股的前期走势。如图 5-8-7。

图 5-8-7 是云意电气（300304）2014 年 5 月—2015 年 5 月的 K 线走势图，个股在一波上升行情之后出现回调走势。这一波回调走势持续时间相对较短，股价接着就走出连续的放量拉升走势。

通过底部的巨量成交，可以看到有大资金介入，它们将支撑股价后期的上涨。个股在大资金介入之后开始出现震荡走势，主力也在区间内消化套牢盘。个股没有出现大幅回调，表明有买盘在消化套牢盘的抛压。在个股消化完这些抛压之后，多头发力，股价从此进入上升通道。

作为典型的见顶回落 K 线组合，双飞乌鸦具有极强的转势意义。凡是“乌鸦”形态的 K 线组合，投资者都应小心，它们均属于各种级别的头部形态，都是实战中的出货信号，只是有的“乌鸦”预示上升行情必死无疑，有的“乌鸦”则可能会让行情起死回生。

对于双飞乌鸦 K 线组合，实战中应注意以下几个应用条件。

第一，一般来说，双飞乌鸦的阴线实体越大，其下跌空间也越大。

第二，双飞乌鸦一定要先起飞后回落，即行情经过一段连续上升后，在高位出现跳空的阴线，表明“乌鸦”起飞。然后再出现一根低开低走的阴线，便形成“乌鸦”回落，此时实战中应出货了结。

第三，双飞乌鸦的第一根 K 线为大阳线，或者以涨停板形成的一字线。若其后出现高开阴线封头，则后面再飞一只“乌鸦线”的可能性极大。此时无论行情怎样，都应先退出为宜。

第四，双飞乌鸦 K 线组合最容易出现在除权前的高位与新股上市后的高开位置。因除权前的高位与高开的新股均是股价拉出的非理性高点，这也为今后的股价底部运行打好伏笔。

第五，双飞乌鸦 K 线组合的“起死回生”条件必须是双飞乌鸦之后的一根阴线紧接着被一根大阳线吃完收回，那么后面的行情就可能会再次向上。实战中应注意趋势线的配合使用方为有效。

双飞乌鸦的交易策略如下。

第一，双飞乌鸦K线组合一般达不到标准形态的要求，在看盘时，只要发现股价是处在高位，且是在阳线后出现两条阴线，不管它符不符合形态的要求，都要立即卖出，这是逃顶最省事的办法。

第二，双飞乌鸦K线组合形态有时类似黄昏之星走势，在分不清它们的形态特征时，同样不管三七二十一，卖掉就是了。

第三，双飞乌鸦K线组合出现后，其较好的获利点与止损点为双飞乌鸦收出第二根阴线当天的收盘前。如当天因故没来得及卖出，也应在第二天出手。出货时丝毫不能手软，手一软就要吃大亏。

第六章 阳尽阴生之二生三

一、更添一回乱

双飞乌鸦再进一步，就是三只乌鸦，此时K线图上可以说群鸦乱飞！

三只乌鸦K线组合又称暴跌三杰，从图形上看恰似三只黑乌鸦坐在将要枯萎的大树之上，即三只乌鸦挂树梢。乌鸦在我国民间一般是不吉祥的象征，这种K线组合预示着股市即将构筑短期的阶段性顶部，并且后市将面临下跌。如图6-1-1。

其技术特征如下。

第一，在上升趋势中，连续3天出现阴线。

第二，每根阴线的收盘价低于前一天的最低价。

第三，每天的开盘价在前一天的实体之内，也就是每根阴线的开盘价低于前一天的开盘价。

第四，每天的收盘价等于或接近当天的最低价。

股价连续3天在相对高位收阴，市场由强转弱的信号较为明确，发生转势的可能性较大。

在上升行情中出现三只乌鸦，说明上档卖压沉重，多方每次跳高开盘，均被空方无情地打了回去。和三个白武士K线组合形态相反，三只乌鸦是由3根短小的连续下跌的小阴实体组成，K线收盘价一日比一日低，表示空方力量正在逐步加强，后市看淡，随后下跌速度将加快。遇到这种形态，

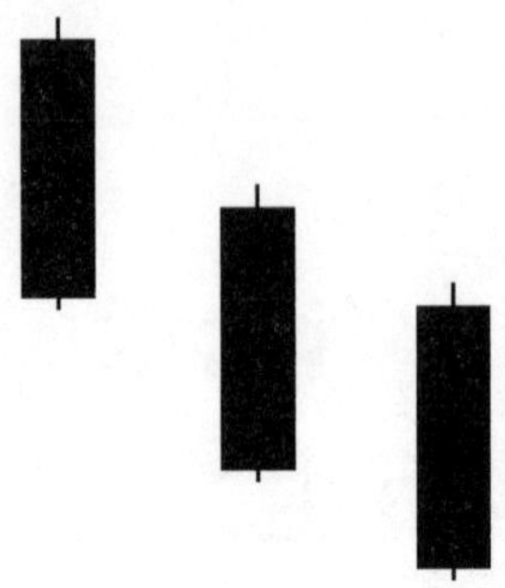

图 6-1-1

投资者要注意及时离场，规避风险。

对于 K 线形态的分析，必须结合均线系统进行综合研判。如果出现三只乌鸦 K 线组合形态的同时，伴随有均线系统破位，则说明指数见顶的可能性更大。当三只乌鸦 K 线组合击穿了 5 日、10 日和 60 日均线，并且使得整个均线系统进一步向空头排列转化，说明破位是有效的，投资者要果断卖出。

下面通过案例来说明情况。如图 6–1–2。

图6–1–2是上港集团(600018)2015年3月—2015年7月的K线走势图。个股在连续涨停板拉升后，短时间集聚了大量的获利盘。这些获利盘在高位出现兑现收益的需要，做空动能一时间放大，个股股价迅速回落。

股价在回落至均线处获得支撑，并走出反弹行情。在反弹行情接近前一高点时，获利盘再次袭来，股价急速回落，在 K 线上留下三只乌鸦形态，离场信号明显。个股在其后虽再次反弹，但依然无法摆脱抛盘的压制，随后再次回落。

在这样的反复震荡中，更多的资金认识到做多力量不足，纷纷卖出筹码，留存收益，这又无形中进一步放大做空的力量，股价之后快速深跌。

图 6-1-2

下面来看个股的前期走势。如图 6-1-3。

图 6-1-3 是上港集团（600018）2014 年 3 月—2014 年 12 月的 K 线走势图。个股在前期出现了小幅上涨，在这幅图中可以看到多头行情是怎样一步步孕育出来的。

个股在长达几个月的时间内慢慢吸收筹码，积蓄做多能量。在积蓄的能量足够充分后，随着一根大阳线出现，个股走出长期上升行情。投资者若能够发现个股的这种多空力量变化，就可在股价变盘之时及早介入。

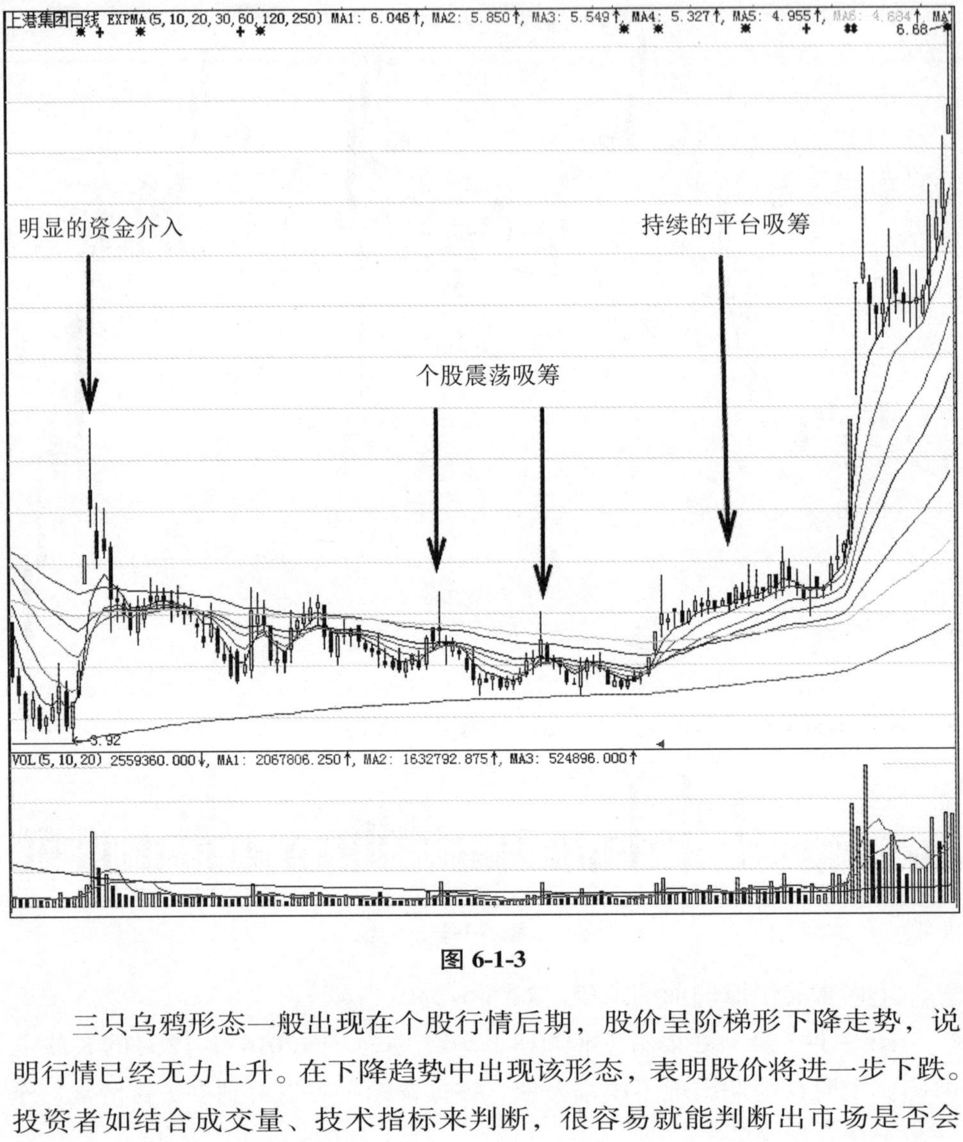

图 6-1-3

三只乌鸦形态一般出现在个股行情后期，股价呈阶梯形下降走势，说明行情已经无力上升。在下降趋势中出现该形态，表明股价将进一步下跌。投资者如结合成交量、技术指标来判断，很容易就能判断出市场是否会转势。

再看一个案例。如图 6-1-4。

图6-1-4是盛屯矿业(600711)2015年3月—2015年7月的K线走势图。个股运行到高位后，做多动能得到释放，做空力量逐渐显现，个股随后走

图 6-1-4

出震荡走势。

在这种震荡走势中，多方势力进一步释放，而空方势力则逐步增强。个股在上涨行情后期走出三只乌鸦的 K 线形态，表明做空动力强大无疑。

个股形态结合均线系统来看，在股价形成三只乌鸦形态之时，个股跌破均线系统，长期向下趋势形成，其后进入单边下跌行情中。

下面来看个股的初期走势。如图 6-1-5。

图 6-1-5 是盛屯矿业（600711）2014 年 9 月—2015 年 3 月的 K 线走势图，个股在行情孕育阶段有明显的吸筹举动。随着筹码的逐步堆积，做多动力

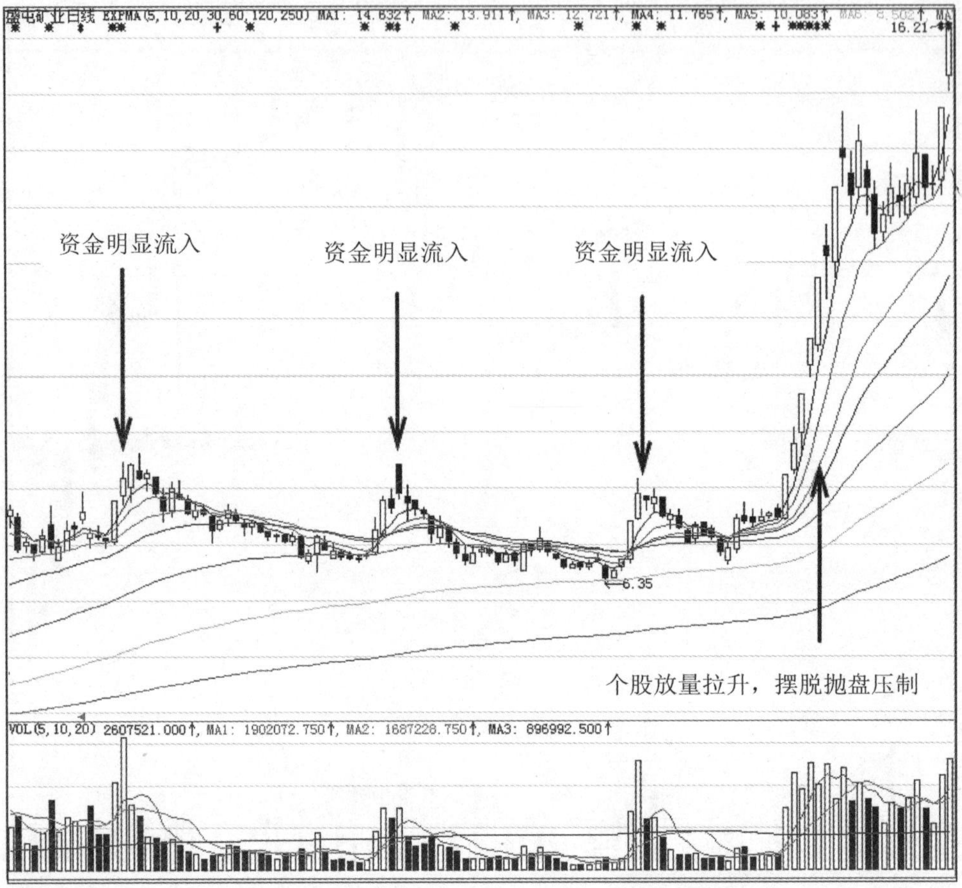

图 6-1-5

逐渐增强，相应的浮筹抛压也逐步减轻。其后个股放量涨停拉升，股价因此一飞冲天。

再看马应龙（600993）走势中的三只乌鸦形态。如图 6-1-6。

图 6-1-6 是马应龙（600993）2015 年 4 月—2015 年 7 月的 K 线走势图。个股运行到高位后，做空力量瞬间爆发，在 K 线上形成三只乌鸦形态，表明后期走势不容乐观。

个股股价回调至均线附近时走出震荡走势，但均线支撑力度很弱。随着一根大阴线彻底击穿均线，表明个股长期下降趋势形成，股价短时间将

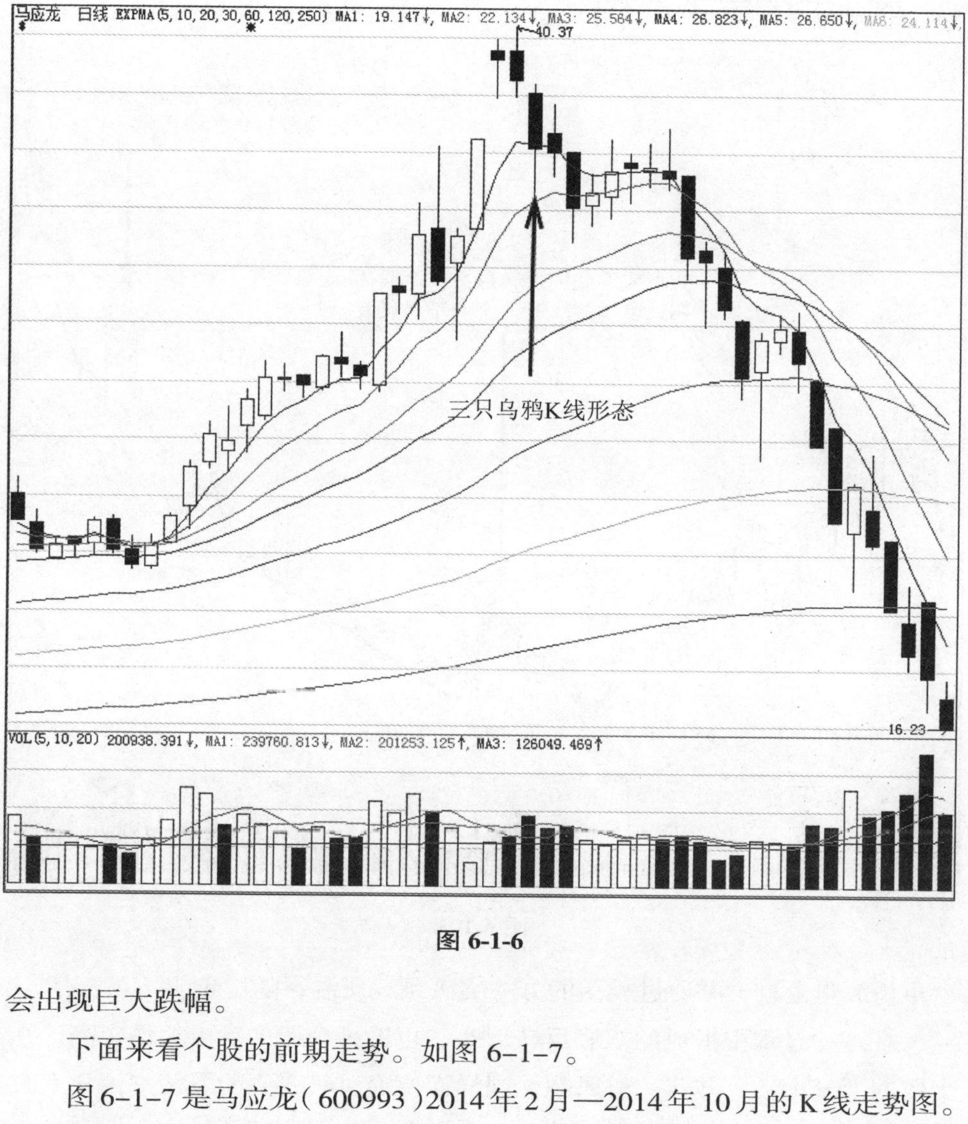

图 6-1-6

会出现巨大跌幅。

下面来看个股的前期走势。如图 6-1-7。

图 6-1-7 是马应龙（600993）2014 年 2 月—2014 年 10 月的 K 线走势图。在一波调整行情的末端，随着底部的放量，开始有资金在低位接盘，这也推动了股价的回升。

在个股回升到一定高度后，因抛盘的出现，个股重新回落，期间出现的量能一方面表现为抛盘涌出，一方面说明有做多资金接盘。个股在蛰伏

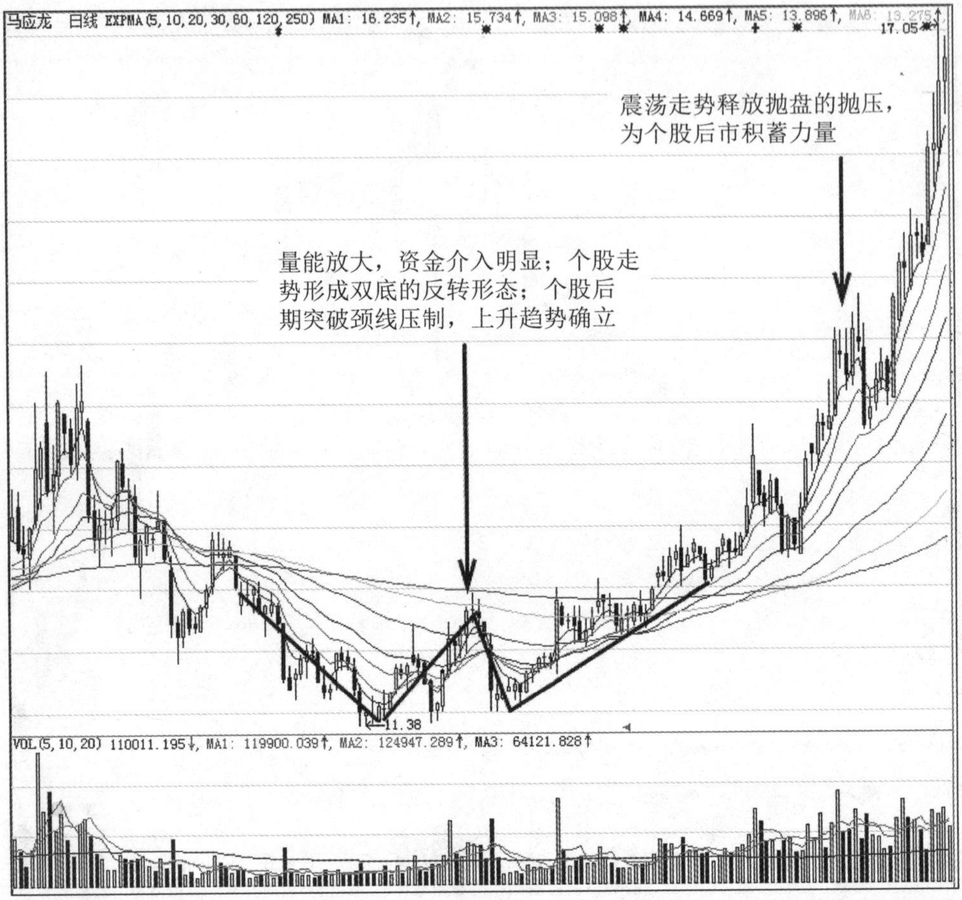

图 6-1-7

后重新放量上攻，并通过震荡的方式突破颈线压制，随后走出下跌行情。

在这一过程中形成的双底反转形态，也助推个股的后市行情走高。在个股的上升中，也并非一帆风顺，同样需要通过长时间的震荡来消化上方的抛压，个股就在这样的过程中一步步走高。

实战中需要注意的是，三只乌鸦出现在上升趋势之末，下跌趋势启动之初，空头取得优势并开始发力。请务必注意这种 K 线成立的前提，即发生在下跌趋势成立的初期。

三只乌鸦K线形态出现，是股价暴跌的先兆，是个不祥的信号，投资者应先获利了结或止损出局。其较好的获利点与止损点为三只乌鸦第三根阴线形成当天临收盘前，或形态之后一两天之内的小阴小阳位置。

二、熊兵三出没

空军肆虐，群魔乱舞，双飞乌鸦，三只乌鸦，表明熊兵三出没！

黑三兵K线组合也叫“绿三兵”，由3根小阴线组成，图形上如同3个穿着黑色服装的卫兵在列队，故名黑三兵。如图6–2–1。

图 6-2-1

其技术形态如下。

第一，可在涨势中出现，也可在跌势中出现。

第二，由3根小阴K线排列组合而成。

第三，3根小阴K线的开盘价、最高价、最低价、收盘价是一根K线比一根K线低。

黑三兵全一色的绿油油、灰暗暗，给投资者带来强烈的危险和震撼。

黑三兵K线组合的三根K线都是小阴K线，显示市场上多头力量与空头力量经过搏杀较量后，空方力量每一次都取得小胜。连续3根小阴K线也逐渐积聚，而多方力量正在节节败退。

当外在的做空条件成熟时，股价在空头力量爆发过程中将会继续下跌。当该形态处在一段下跌行情之后时，由于连续做空，空方力量得到了极大的宣泄，极有可能由此进入反弹行情。

下面来看一些案例，分析形态的使用原则。如图 6-2-2。

图 6-2-2 是宜安科技（300328）2014 年 8 月—2014 年 10 月的 K 线走势图。个股运行到高位后走出连续的小阴线，开盘价与收盘价逐一下滑，形成明显的黑三兵 K 线形态。个股在形态成立之后走势疲软，进入回调期。如果投资者能在形态成立之初意识到股价做多力量的不足，就可及早离场，

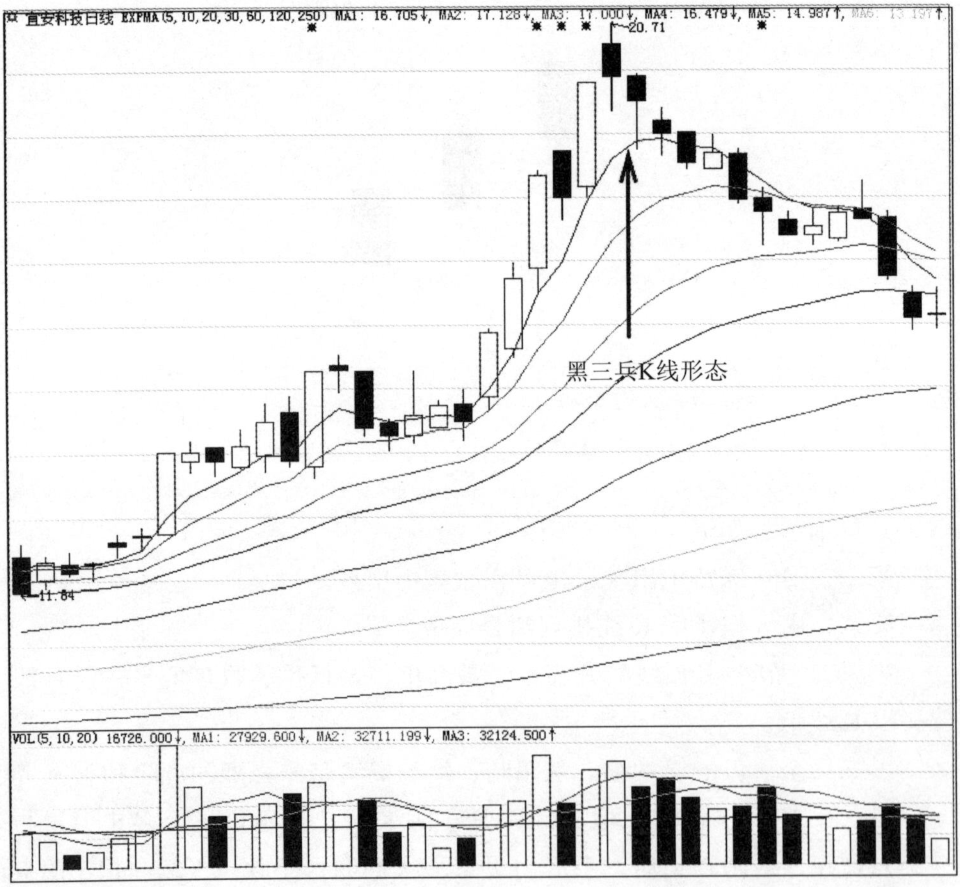

图 6-2-2

避开这一波回调。

下面来看个股的升势走势。如图 6-2-3。

图 6-2-3 是宜安科技（300328）2014 年 6 月—2014 年 10 月的 K 线走势图。个股在这一区间的走势中有三点值得投资者注意。

第一点是次高点出现的放量走势。此处放量表明多空在此分歧严重，卖出的筹码很多，同时新进的接盘资金也很多。新进资金支撑股价的后续行情，而高位的卖出筹码则对个股的后期拉升形成压制。

第二点是个股在高点之后出现回调，回调中连续出现小阳线，告诉投

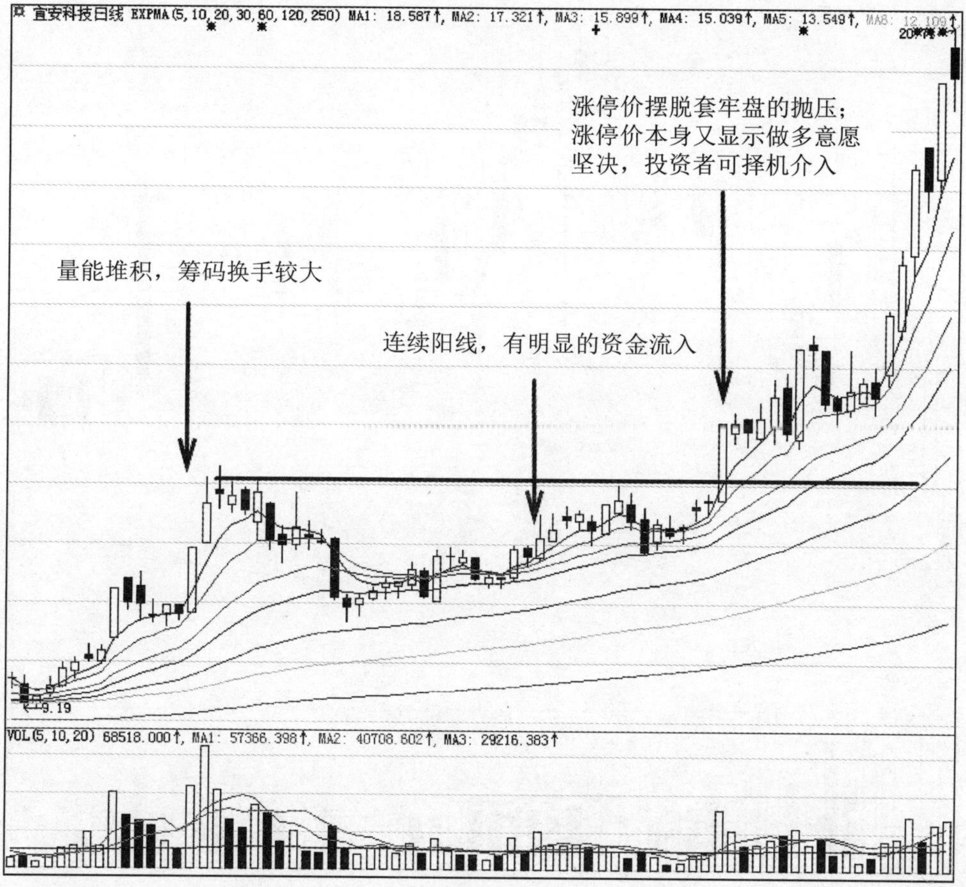

图 6-2-3

资者有资金正在持续进入，继续支撑股价后市上涨。当然，股价维持在均线之上，也是行情看好的支撑。

最后一点是个股在后期的涨停突破。这个涨停突破告诉投资者做多实力强大，做多意愿坚决，个股的后市行情将由此展开。

同时这根涨停阳线又是对前期套牢盘形成抛压的迎头痛击，个股不惧做空势力，股价迎头而上，也说明后市行情看好。

再看一个案例。如图 6-2-4。

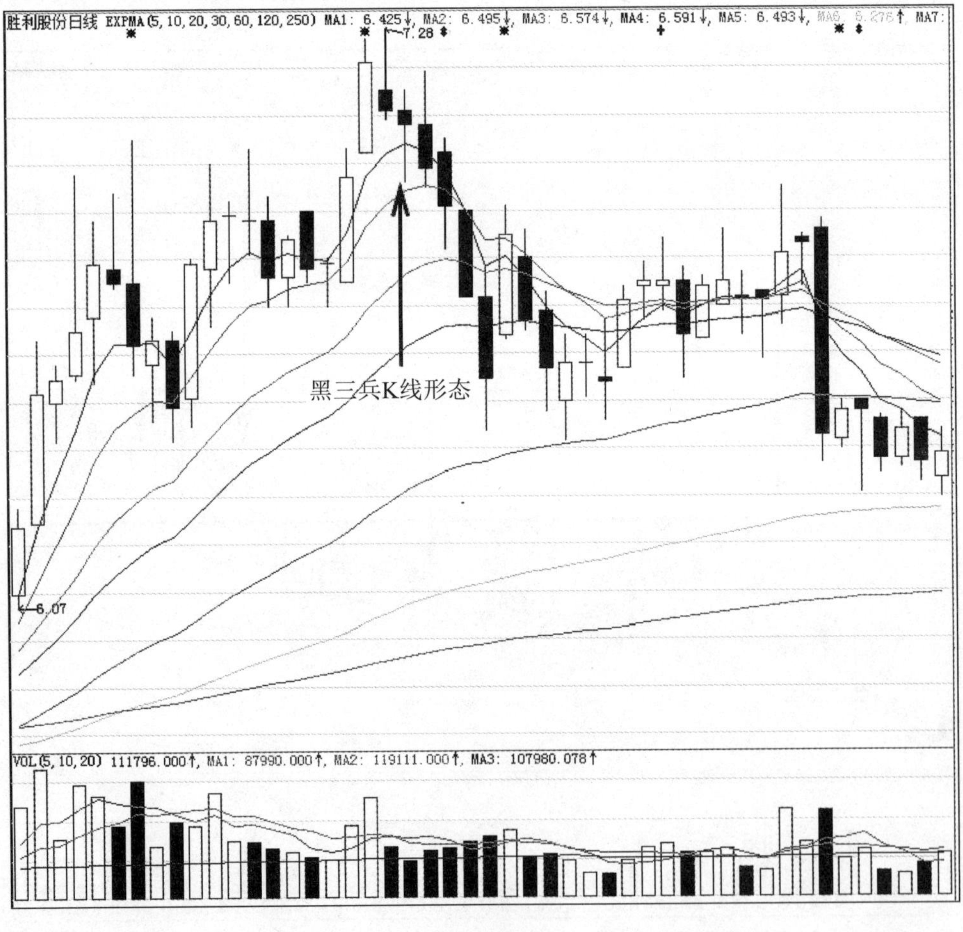

图 6-2-4

图 6-2-4 是胜利股份（000407）2014 年 9 月—2014 年 11 月的 K 线走势图。图中又是一个逐波下行的小阴线，这些小阴线构成一个黑三兵，个股的回调走势就此开始。

当然，投资者若是看看个股的前一段走势，也能为顺利逃顶做出提示。个股在高位时出现明显的震荡走势，多空争斗激烈。随后个股的多空力量对比由多头占据绝对优势慢慢变成多空平衡，后市前景不容乐观。

下面看个股的前期走势。如图 6-2-5。

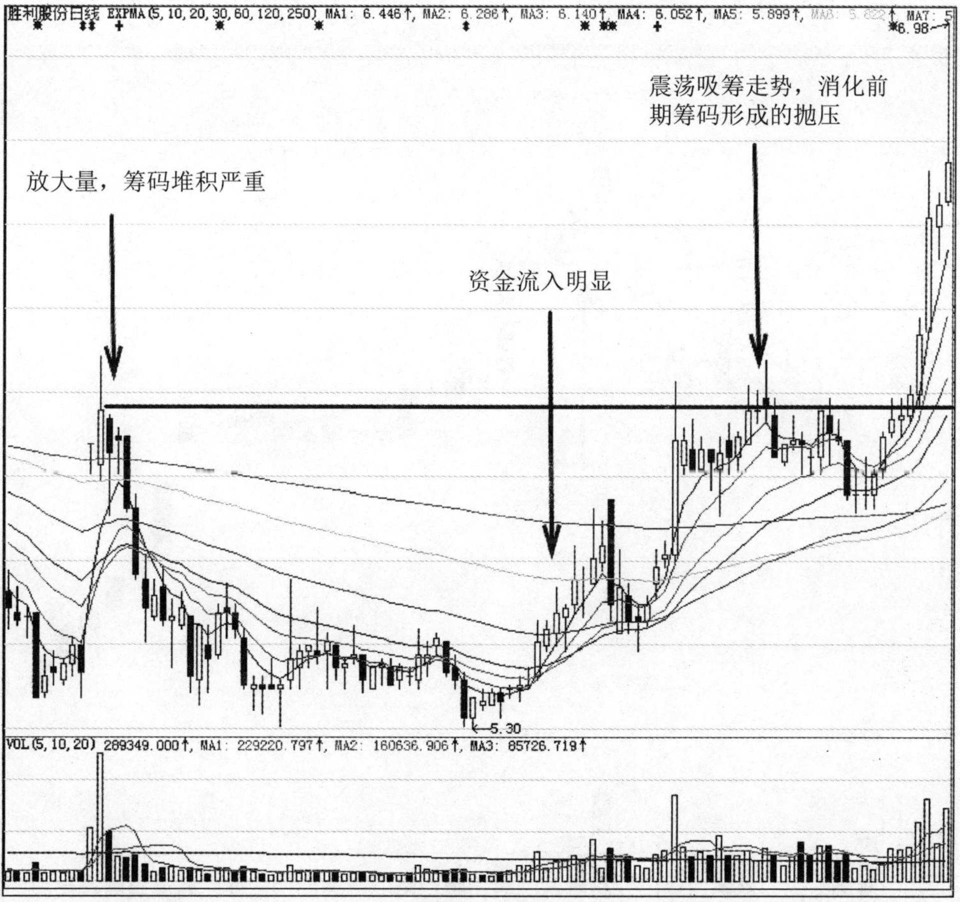

图 6-2-5

图6-2-5是胜利股份（000407）2013年12月—2014年9月的K线走势图。个股从熊市转换到牛市行情同样经历了三个步骤，多空分歧量能放大，底部盘整多方积极介入，最后股价逐步拉高，主力放量吸筹。

在这一过程中，空方势力由强变弱，多方势力由弱变强，个股行情就在这样的变化之中产生。投资者把握了其中的多空变化规律，个股行情自然也尽在掌握。

下面再看同仁堂（600085）的黑三兵形态。如图6-2-6。

图6-2-6是同仁堂（600085）2008年4月—2008年6月的K线走势图。

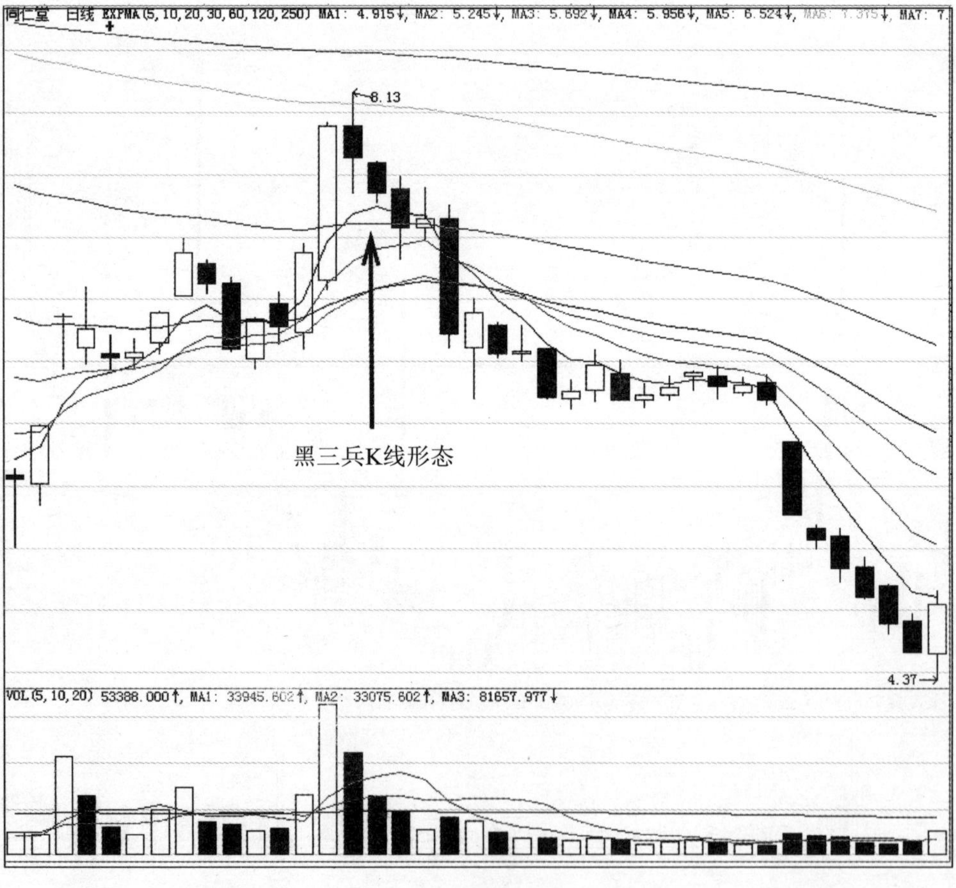

图 6-2-6

个股在 2008 年 4 月经过一轮短线反弹后，5 月 14 日—5 月 16 日连续 3 天收出小阴线，开盘价、最高价、最低价、收盘价依次降低，形成黑三兵 K 线组合。股价随即步入新一轮下跌中。

从均线系统来看，同样支持这一判断。个股在反弹中不能有效突破均线的压制，走势将重回跌势之中。投资者看到多个指示同时发出做多信号时，就不需担心个股会随时回落。

黑三兵出现在不同的趋势方向及趋势位置，也具有不同的技术含义。在行情上升时，尤其是在股价有了较大升幅之后出现该形态，预示行情快

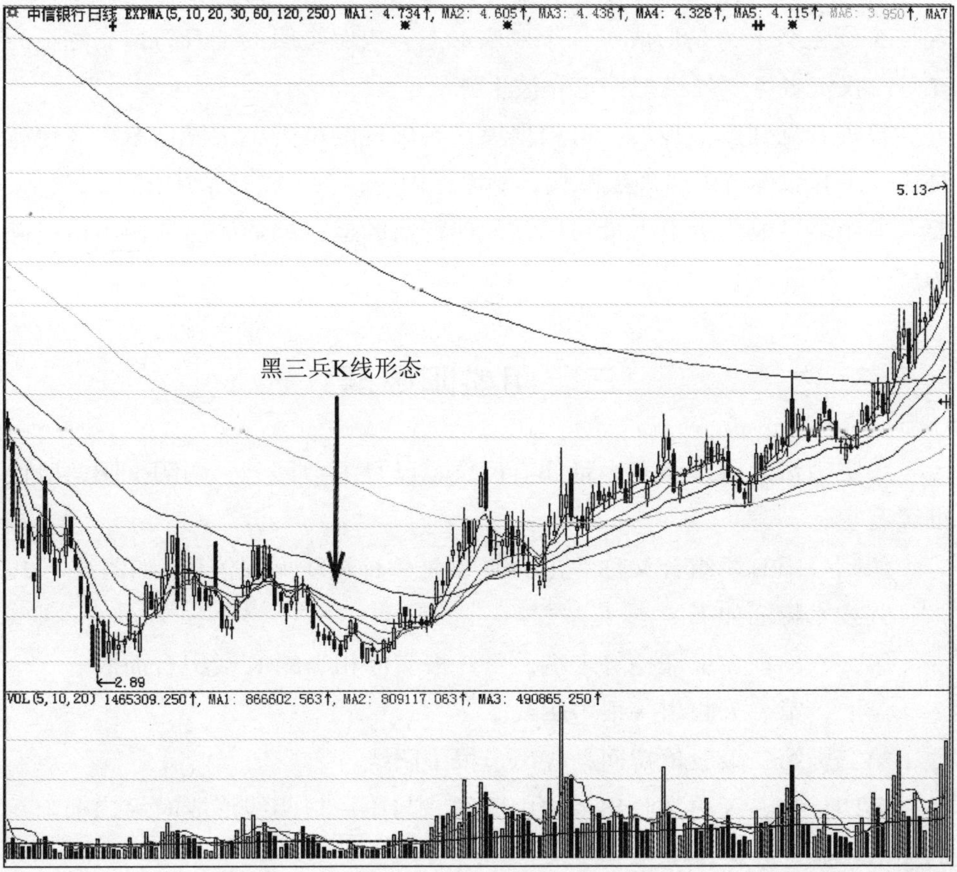

图 6-2-7

要转为跌势。

如果在下跌行情中，股价已经有了一段较大跌幅，或出现连续急跌后，则暗示探底行情短期内将结束，并有可能转为一轮升势。

在此通过一个案例来说明，投资者在实战时注意即可。如图 6-2-7。

图 6-2-7 是中信银行（601998）2008 年 10 月—2009 年 6 月的 K 线走势图。中信银行在 2008 年 12 月 25 日出现黑三兵后，股价见底回升，由此展开了 2009 年的大幅上涨行情。

若是结合量能的变化，仍然可以从中发现多空力量变化。涨时放量，跌时缩量，表明有明显的做多资金介入痕迹。在这一力量变化过程中，表现在 K 线走势上，是形成了一个双底形态，表明个股的上升行情支撑更为充足，投资者可以择机把握这一波上涨。

投资者见到黑三兵后，可根据黑三兵出现的位置决定操作策略。也就是说，在上涨行情中出现黑三兵，要考虑做空；在下跌行情中出现黑三兵，要考虑做多。根据多空力量对比，发现行情的运行趋势，然后做出最正确的操作。

三、阴盛阳虚弱

做空力量大盛，做多力量偶有反抗，已是无力回天。两阴一阳，股价继续看空。

两阴一阳 K 线组合又称“空方炮”，是一种短线见顶信号。如图 6-3-1。

其技术特征如下。

第一，出现在上涨趋势末端，由 3 根实体相当的 K 线组合而成。

第二，第一天收出一根中阴线。

第三，第二天股价拉回，收出一根中阳线。

第四，第三天再次收出一根中阴线，与第一根阴线形成对第二根阳线的夹击之势。

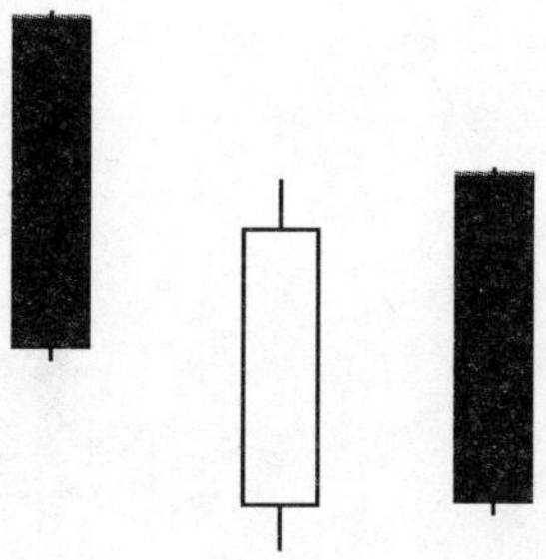

两阴一阳

图 6-3-1

形成两阴一阳 K 线组合，一般要借助高涨的人气，形成位置主要在阶段性顶部。第一根阴线通常为巨幅高开阴线，主力主要借助利好消息和人气高涨这两点来达到出货的目的。第二根阳线是主力资金为了稳住人心，实行边拉升边出货的出货手法。到第三根阴线出现，并和第一根阴线形成对第二根阳线的夹击之势时，表明主力资金出货态度坚决。

下面来看一些案例，通过案例分析该形态的具体使用方法。如图 6-3-2。

图 6-3-2 是深圳惠程（002168）2015 年 7 月—2015 年 10 月的 K 线走势图。个股在这一区间已经形成下降趋势，但个股走势并未走出单边下跌的走势，而是走出一个反弹行情，大资金通过拉高股价达到高位出货的目的。

在这一波反弹行情的末端，个股高开低走大举甩货，资金流出明显，但大资金并未一味打压股价。就在投资者认为多头不支，股价将继续下行之时，个股于第二天收出阳线，使投资者误以为买盘依然强劲，个股支撑良好。岂不知这一走势是迷惑投资者，主力此后继续出货，下跌行情再次开始。

个股的阴阳转换走到这一步，已经明显出现阴盛阳衰态势。这期间出

图 6-3-2

现的阳线，大多都是大资金为了出货做出来的形态。不管是空方炮形态还是连续多日的反弹走势，概莫能外，最终的结果都是回到原有的下降趋势中来。请投资者注意大的行情变化。

下面把个股的走势向前推移，看其中的阴阳变化。如图 6-3-3。

图6-3-3是深圳惠程（002168）2015年4月—2015年8月的K线走势图。这是个股从高点到空方炮形态运行的全过程，这里对其中的卖出点位和多空力量做了一些分析。通过对这一过程的分析，相信投资者会发现个股运行存在的一些规律。

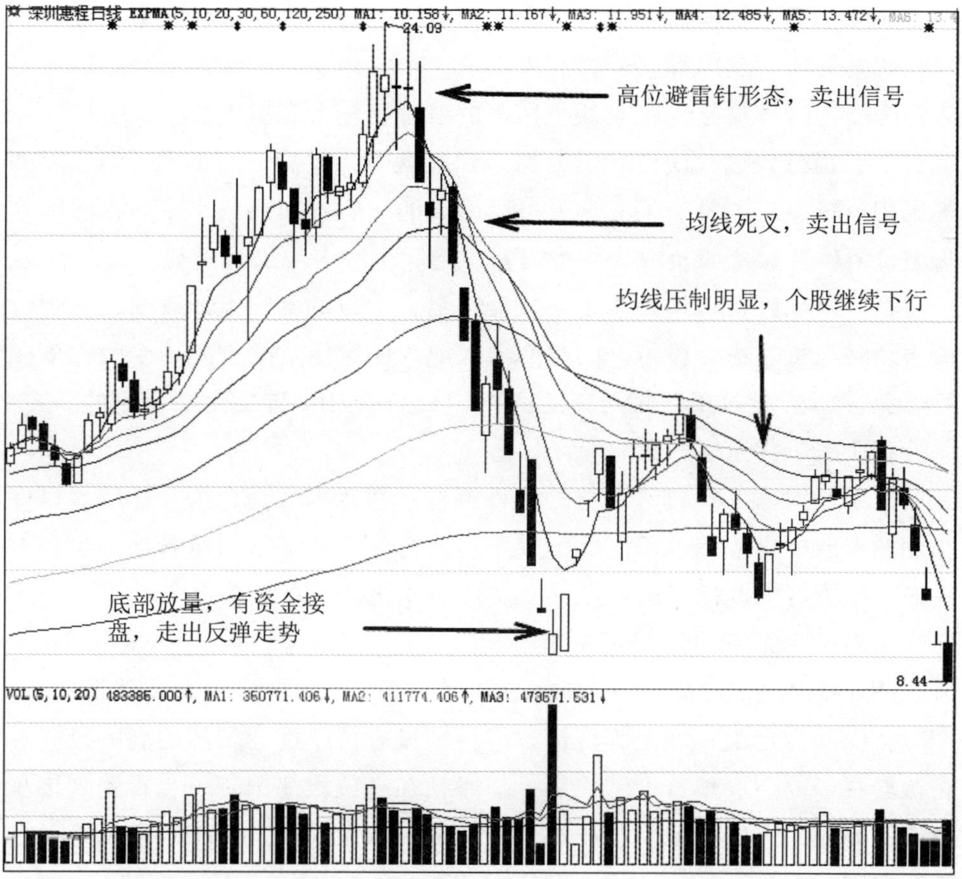

图 6-3-3

个股由多方占据绝对优势到出现避雷针时的多空平衡，显示多空力量对比发生显著变化。随后放出一根大阴线，表明空方占据绝对优势，个股股价一泻千里。在股价深度回调后，抄底资金介入，呈现出放量上涨的走势，个股展开反弹行情。由于上方抛盘太大，均线压制明显，反弹行情不久夭折，个股重回下降趋势。

随后个股虽然再次走出反弹行情，但也只是故伎重施，一个空方炮使股价运行重回老路。这就是个股区间内的整个运行原理。当然这是从多空方面做出的解释，若是从庄家散户的博弈来分析，其道理也是一样的。

庄家拉升股价时做多力量强大，等股价运行到高位时，大家都面临兑现收益的需要，卖出筹码成为当务之急。个股做空力量转强，高位震荡走势是为高位出货服务，在K线上留下的痕迹则是十字星走势。

个股运行放缓，使更多资金加入到抛盘中，股价一泻千里。但庄家的筹码相对较多，不是一朝一夕就可以出清的。股价回调后，主力在底部收集廉价筹码、拉抬股价成为一种需要，随后个股走上反弹走势。

这一波反弹行情不是为了解放套牢盘，上方的套牢盘涌现时，反弹行情将随时夭折。这一段拉升的空间再次成为庄家出货的空间，个股回落在所难免。当然，这样的行情可以一而再、再而三地出现，完全看庄家的需要，一直到庄家出货完毕为止。

以上是对这一段行情走势的两种解释，两者本就是合为一体的。也许在别的个股中走势稍有不同，但其中的运行原理和多空力量转换却是如出一辙。投资者把握住了这一点，一切行情变化都尽在掌握之中。

再看一个案例。如图6-3-4。

图6-3-4是黄山旅游(600054)2015年7月—2015年9月的K线走势图。个股在区间内走出一波反弹行情，但行情没有持续性，贸然追高的投资者将被套在最高点。单日上涨之后，个股就在高位震荡出货。当投资者接盘意愿不高时，大资金就会打压出货，形成一根大阴线，两阴一阳的第一根阴线出现。

在大幅打压出货之后，大资金利用少量资金再次拉抬股价，稳定投资者的信心，个股走出一根阳线。就在投资者误以为股价有支撑之时，大资金继续出货，再次杀出阴线，两阴一阳空方炮形态成立。随后个股形成新的下跌趋势，接下来又是一个深跌。

下面看个股前一阶段的走势。如图6-3-5。

图6-3-5是黄山旅游(600054)2015年5月—2015年8月的K线走势图。个股在运行到高位后，连续收出看跌形态，走势也逐渐疲软。个股在收出乌云盖顶形态之后，就进入单边下跌行情中。在下跌行情中，K线虽然收出一根阳线，但在形态上也只是构成两阴一阳的空方炮走势，个股继续

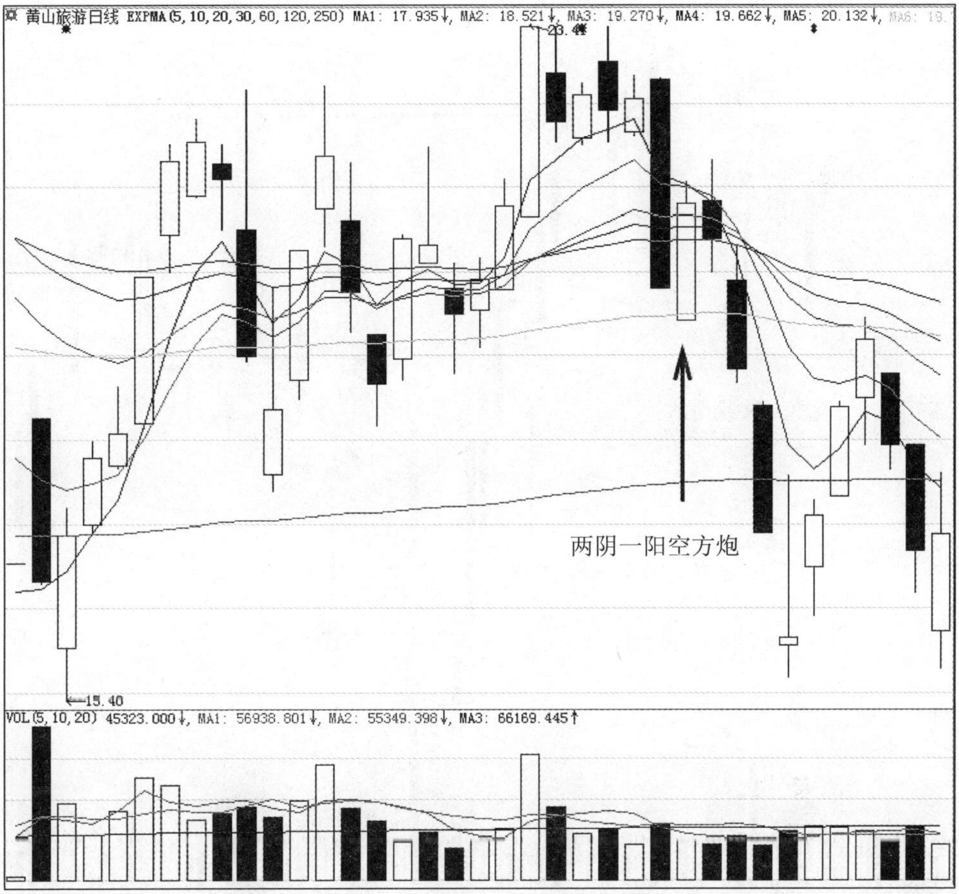

图 6-3-4

看跌。

个股在深跌后出现无量涨停的走势，抛盘较少，形成的抛压也相对较小。随后出现放量大阴线，换手率较大，显示有明显的做多资金介入，支撑股价继续展开反弹行情。这时投资者需要注意行情反弹的目的是什么，进而规范自己的操作，规避存在的风险。

该形态通常发生在个股见顶之后，一般是空方力量爆发式地表现，短期下跌的可能性极大。其中第一根和第三根 K 线是中阴线，而第二根 K

图 6-3-5

线是中阳线，由于这种K线组合形态有很多是在股价大幅上涨之后形成的，所以其杀伤力非同小可。一旦这种形态正式形成，建议投资者不要补仓，应该尽快离场，就算止损也要立即执行。

四、艰难不可挡

连续假三阳K线组合是指股价连续出现三根貌涨实跌的假阳线，该形态是庄家出货的特征之一。如图 6-4-1。

其技术特征如下。

第一，一般出现在股价有了较大升幅之后。

第二，股价连拉 3 根阳线，但走势同连拉 3 根阴线效果相同，股价一天比一天低。

连续假三阳 K 线组合与通常的连拉 3 根阳线的走势完全不同，股价实际上是下跌的。一般来说，假三阳常出现在庄股走势，是庄家为了出逃而放出的烟幕弹。

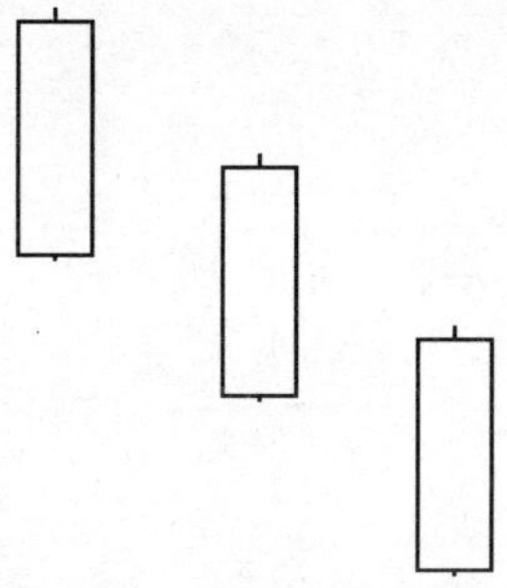

连续假三阳

图 6-4-1

连续假三阳 K 线组合，三阳线均为低开收阳，并且收盘价低于前一天的收盘价。也就是说，虽然 K 线收的是阳线，但股价却在下跌，这是庄家的一种高明的“骗线”手法。

试想，如果某只个股跳空低开，然后再低走的话，会收出十分难看的跳空阴线，一般投资者很容易看出这是出货信号，不会上当。庄家在坐庄过程中为了达到顺利出货的目的，就采取骗线的方式，以大幅跳空低开的方式开盘，然后再稍微拉高一点儿。此时股价虽然是下跌的，但最后却收出了阳线，图形上做得很漂亮，以此掩人耳目，引诱散户接盘。

下面看一个案例。如图 6–4–2。

图 6–4–2 是罗牛山（000735）一段时间内的 K 线走势图。个股运行到高位之后出现盘整走势，显示做多动能不足，股价有回调的危险。之后虽连番收出阳线，但股价却是一步步跌破均线，出现重心逐步下移的情况。

股价跌破均线后，连续收出三根中阳线，但这时股价却是连续下跌的。K 线形态与个股走势严重不符，给不明白股价运行阶段的投资者造成很大的困扰。

连续假三阳的出现，其迷惑性要远远大于两阴一阳空方炮走势，相应

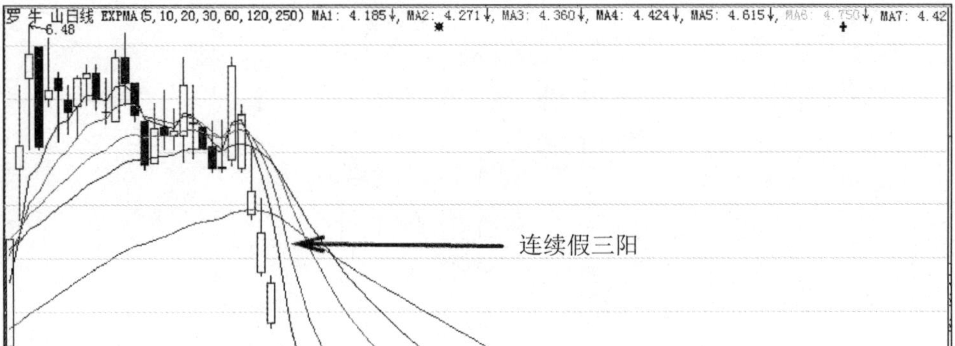

图 6-4-2

的跌幅却是更大。这也让投资者明白，多空博弈或者说庄家与散户的博弈凶险多变。若是投资者能够在整体上把握个股的多空变化，就能对假三阳形态有很好的警惕，透过表象发现其背后的运行本质。

再看一个案例。如图 6–4–3。

图 6–4–3 是天润控股（002113）一段时间的 K 线走势图。个股在前期短短一个月的时间内上涨 40%，涨幅巨大。随着获利筹码的兑现，做空动能增强，股价有回调的需要。加之受到大盘走弱的拖累，该股高位下挫。

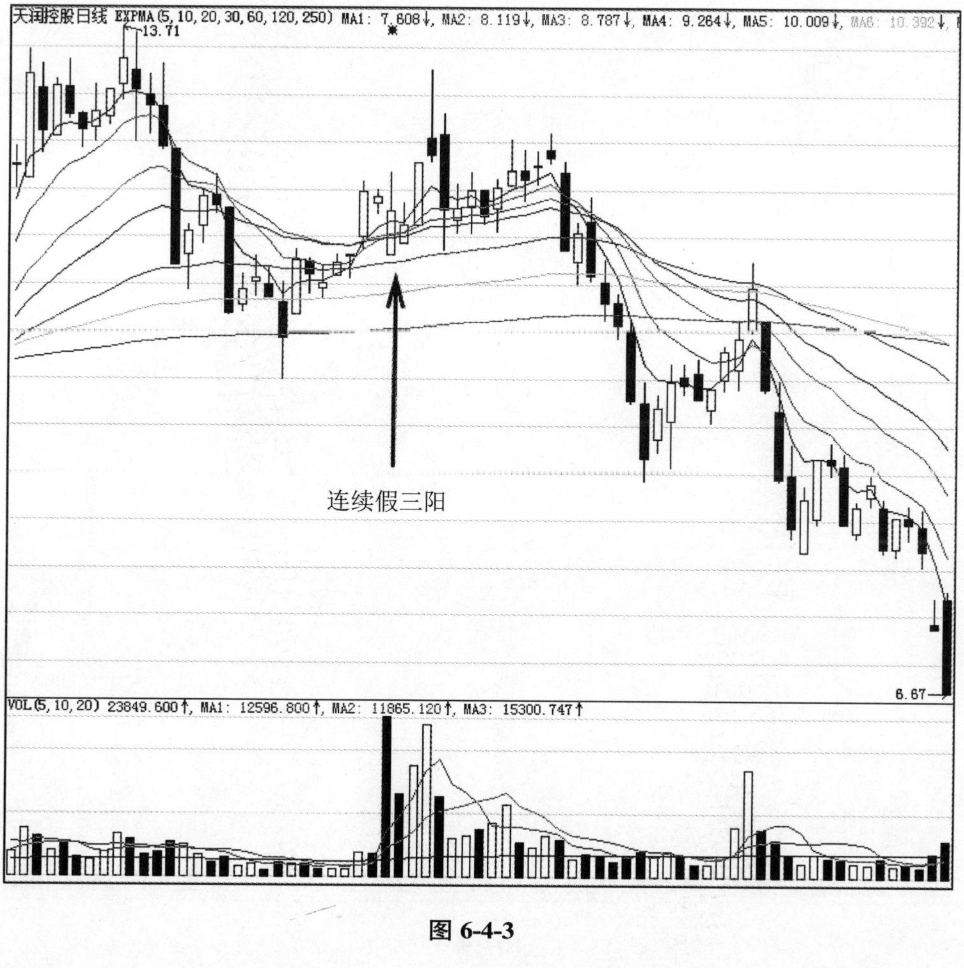

图 6-4-3

个股回调至均线附近时出现一轮反弹，反弹途中出现了连续假三阳，图形上虽然看起来很漂亮，但出现的成交巨量却告诉投资者，有大资金在暗中逃跑。资金流出，表明支撑股价继续上涨的动力不复存在，该股从此长期下行，跌势绵绵不断。

再看深圳华强（000062）出现的连续假三阳走势。如图 6-4-4。

图 6-4-4 是深圳华强（000062）一段时间的 K 线走势图。该股走出高点后，出现震荡走势，连续三天走阳，但股价逐步下跌，形成典型的连

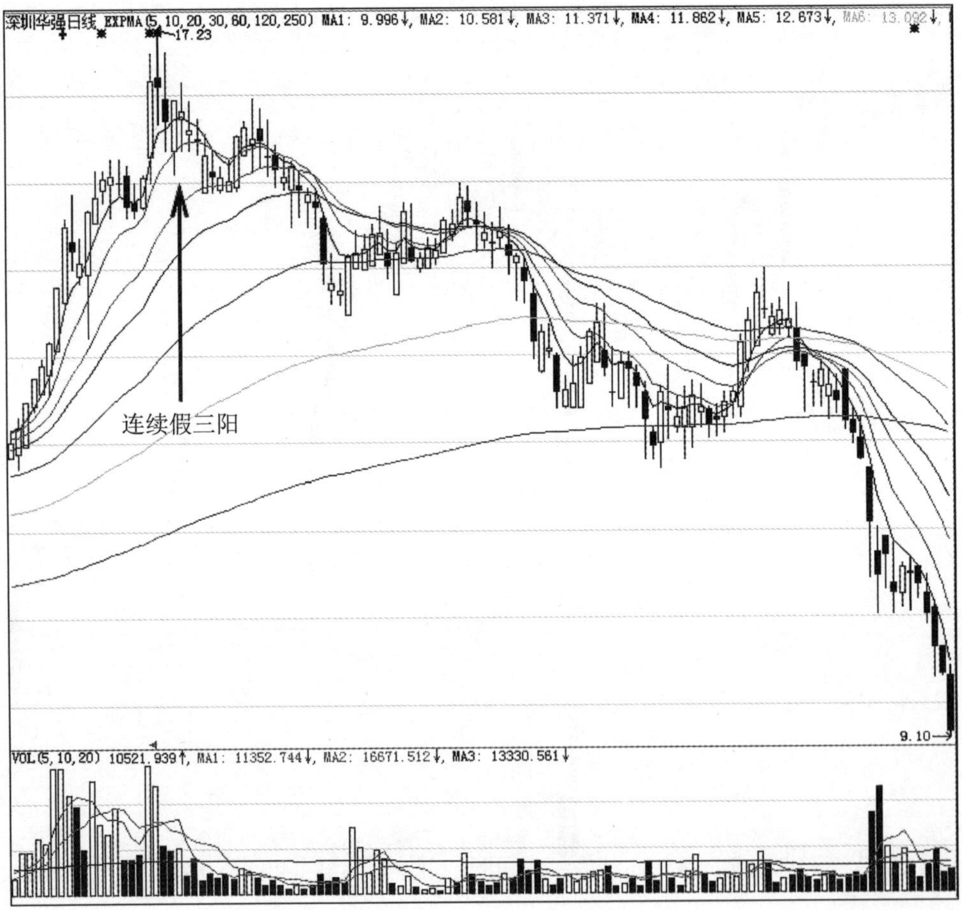

图 6-4-4

续假三阳K线形态，后市走势不容乐观。而个股也在一波反弹不过前高的动作之后，开始了长期下行趋势。

若是对个股的分析再进一步的话，还能发现更多的卖出信号。前几日的高位避雷针形态，均线死叉及均线对股价反弹的压制，都支撑投资者的卖出操作。当这些信号在一个阶段集中出现时，个股的回调走势也就在所难免了。

连续假三阳是庄家的出货手法之一，三根红彤彤的阳线在图形上很漂亮也很诱人，其意图就是使投资者误以为该股票已经见底，下方有强支撑，于是纷纷入场。殊不知，这只是庄家的骗线手法，是庄家精心设置的圈套，也是庄家离场的烟幕弹。庄家抛出筹码，通过假三阳形态吸引广大散户买入，从而实现胜利大逃亡。

以假阳出货的手法，多出现在前期股价已有较大升幅的股票，此类股票由于庄家获利丰厚，常常采取这种出货手法。而以杀跌方式出局，一样有很丰厚的获利空间，但是为了掩人耳目，故意大幅低开，甚至以跌停开盘，在图中构造假阳线。

实战操作中需注意以下几点。

第一，假阳出货的股票，一般到了技术支撑位以盘整为多，反弹力度小。但成交有时会放量，这是庄家对敲做出来的，目的就是吸引跟风盘。投资者千万不要认为成交量放大是逢低有承接盘。

第二，在操作中，若高位遇到假阳线，即开盘大幅低开，而收盘最终在日K线图表上收出阳线，此类股票都需要提防，谨防股价跳水，成为为庄家在高位站岗的哨兵。

第三，出现连续假三阳，意味着股价已步入跌势，投资者不要受阳线迷惑，而要趁早卖出股票，离场为妙。

第七章 阳尽阴生之三生万物

一、节节又败退

节节败退 K 线组合预示股价大势已去，市场开始逐波下跌，为卖出信号。如图 7–1–1。

其技术特征如下。

第一，前期有一定幅度的上涨。

第二，由 4 根及 4 根以上的阴线组成，股价连续 4 天出现下跌。

第三，每一根阴线的收盘价都小于前一天的收盘价。

第四，每一根阴线实体都大于前一根阴线实体。

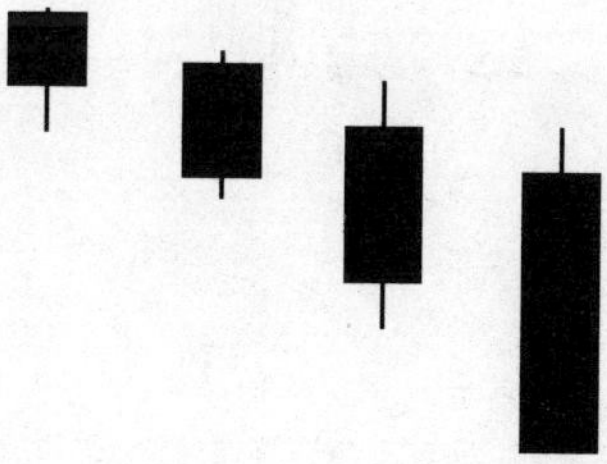

节节败退

图 7-1-1

在股价不断下跌的过程中连收阴线，并且阴线实体越来越大，使得股价下跌的幅度越来越大，表示下跌行情处于不断加速的状态中，给人一种“兵败如山倒”的态势，说明空方掌握主动，股价有可能继续下行。

下面看案例来解析。如图 7–1–2。

图 7–1–2 是 TCL（000100）2015 年 6 月—2015 年 9 月的 K 线走势图。个股走出高位后进入下跌行情中。在这一轮下跌行情中，股价走出明显的三个波段。在这三个波段中，个股跌幅巨大，跌势也很凶猛。分析这三波

图 7-1-2

行情，发现其中两波是由节节败退形态构成的，从这一点可以看出此形态的凶狠。

该形态既然称为节节败退，说明多空双方的争斗到了这一阶段，多方正在节节败退，毫无还手之力。总体来看，个股行情也将在这节节败退的形态中一路下滑。

再看一个案例。如图 7–1–3。

图 7–1–3 是中联重科（000157）2015 年 6 月—2015 年 9 月的 K 线走势图。

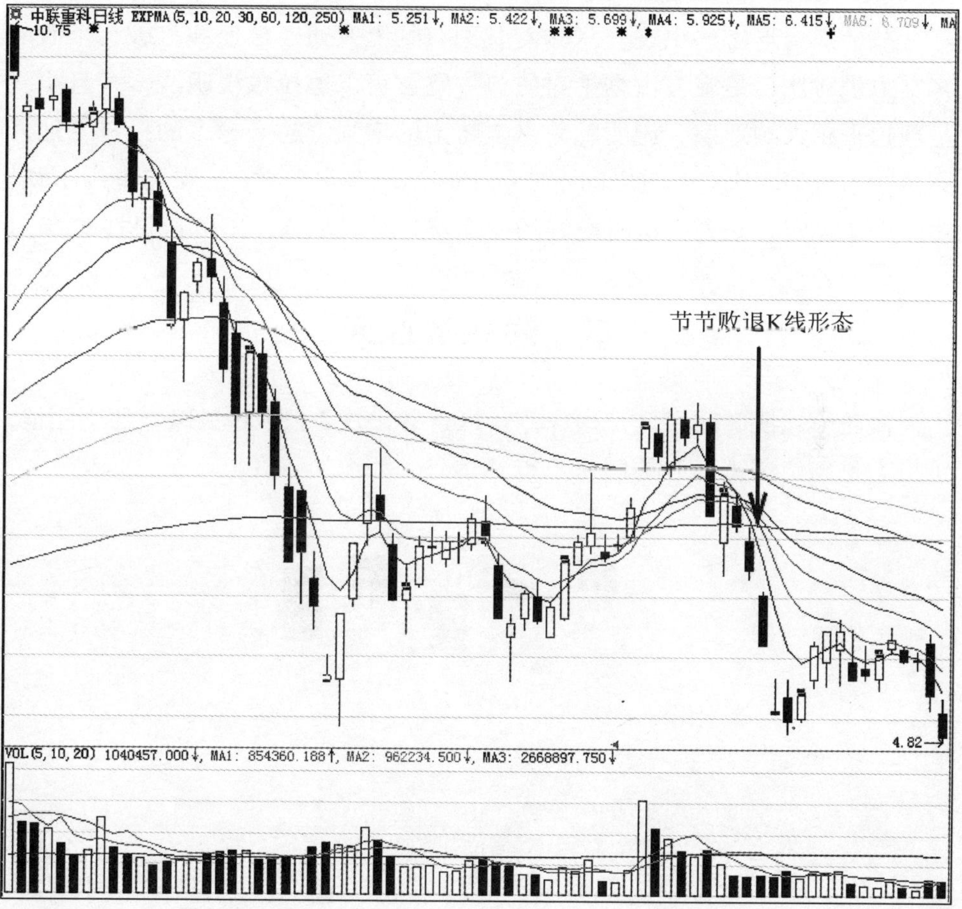

图 7-1-3

个股在一波深跌之后出现一波反弹行情，反弹行情持续的时间很短。受制于上方抛盘的影响，股价重回下跌趋势中。这一波下跌行情起于死亡穿越，盛于节节败退。

从以上两个案例也能看到，在节节败退形态出现之前，个股已出现长时间的下跌行情。这是我们要强调的市场多空演变过程，也是投资者可以利用和把握的一点。做多力量不会凭空而来，做空力量同样不会凭空而来，因为其都有一个逐步发展的过程。仔细观察和分析，投资者就可以发现多空演化的痕迹，从而把握其中的脉搏。

节节败退形态的出现，意味着其原有的上升通道已经被打破，个股的多空力量对比已是空方占据绝对优势。空方可以连拉数根阴线，并且阴线呈现越来越大的形态，说明随着做空势力的增强，越来越多的投资者加入到做空的行列中来。一时之间个股的上档抛压非常严重，后市将继续下跌。对于一般投资者来说，这时最好的操作就是出局观望，不可盲目抄底。

二、阴兵势连天

高位五连阴K线组合是指在高价区连续出现5根或5根以上的小阴线。该形态是高位滞涨即股价即将下行的信号。如图 7-2-1。

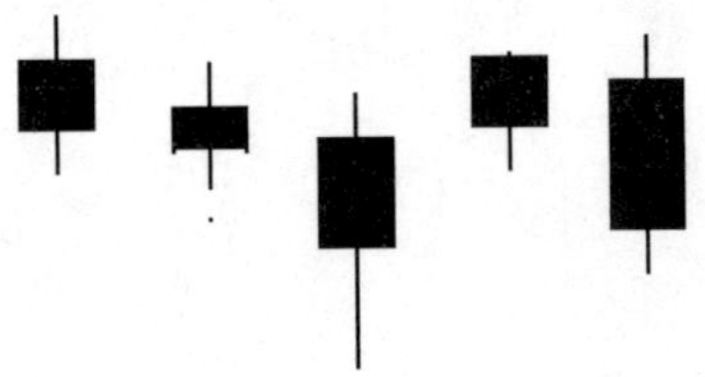

高位五连阴

图 7-2-1

其技术特征如下。

第一，出现在股价连续上涨后的高位区。

第二，连续 5 天收出的 K 线都是阴线。

第三，每天的 K 线实体跌幅都不超过 3%。

股价经过一段时间的上涨后，在高位连续收出小阴线，说明该股在高位抛压非常严重。出现高位滞涨，说明卖盘做空力量强劲，顶部即将形成，空方蓄积的能量即将爆发，后市下跌的可能性极大。

下面来看案例分析。如图 7-2-2。

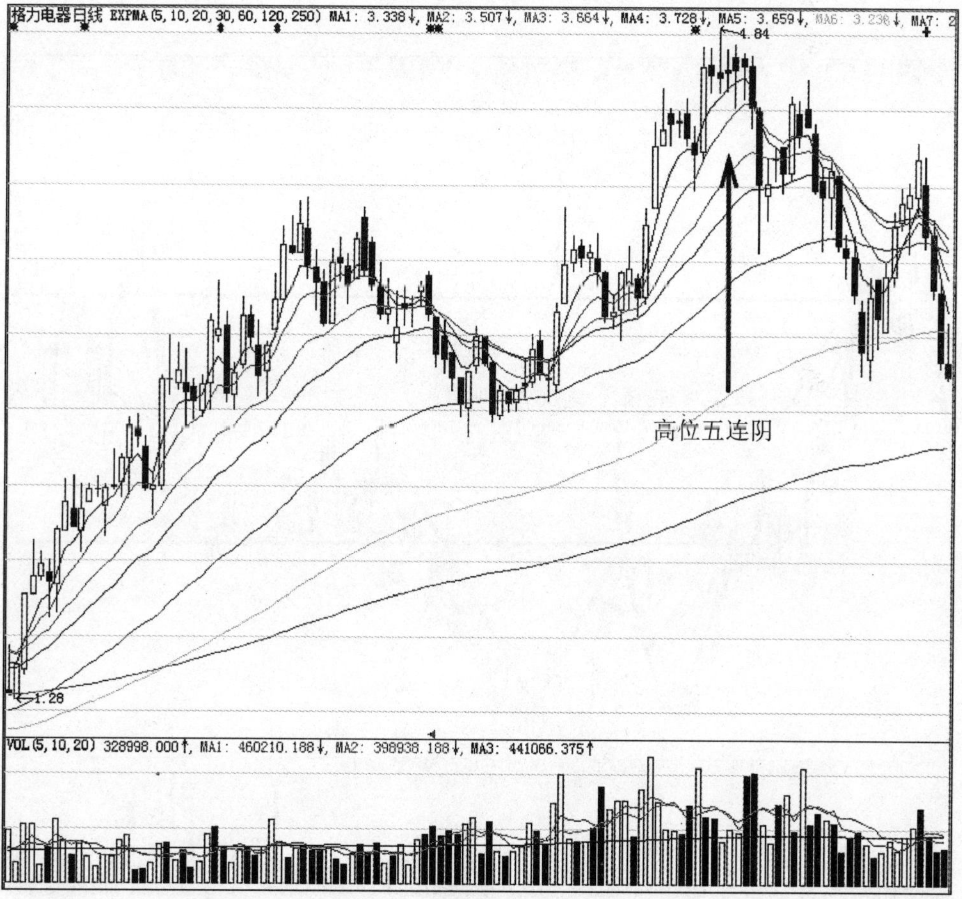

图 7-2-2

图 7–2–2 是格力电器（000651）一段时期内的 K 线走势图，个股在区间内走出一波上升行情。在上升行情后期，随着抛压的增大，个股走势明显放缓，形成高位五连阴的 K 线走势。个股在五连阴形态之后，做空力量进一步增强，股价随后快速回落。

当然，投资者若是注意到股价的运行变化，就会看到在高位五连阴放出来之前，股价的上升行情有过重大的挫折。在这一次回调中，投资者就应该注意到抛压的出现。后来的拉升行情是一个明显的拉高出货走势，高位五连阴走势将大资金高位出货的目的表露无遗。

下面来看个股的前期走势。如图 7–2–3。

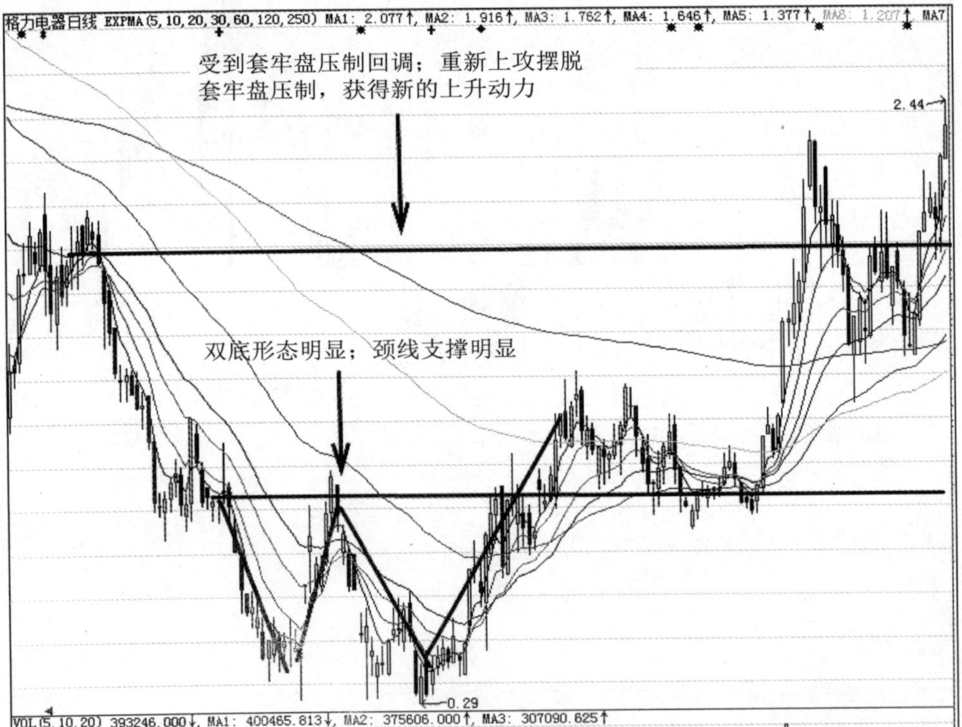

图 7-2-3

图 7–2–3 是格力电器（000651）之前一段时期的 K 线走势图。个股在这一阶段孕育着上升的动力，有明显的放量拉升走势，说明存在明显的资金介入痕迹。

在个股孕育上升行情的同时，形态上形成明显的双底反转形态，这一点同样支撑股价后市看好。当然，其中的内在联系也是一脉相承的，即使没有这样的一种看涨形态，也会存在另一种看涨形态。投资者注意分析，自然能发现其中的买点。

个股在上升过程中受到一次套牢盘的抛压，股价出现回调走势。随着套牢盘的持续卖出，抛盘也在逐渐减轻。之后个股重新上攻，摆脱上方压制。在这一阶段中，新进资金进一步助推股价上涨。

下面再看一个案例。如图 7–2–4。

图 7–2–4 是阳光城（000671）2015 年 3 月—2015 年 8 月的 K 线走势图。个股运行到高位后走势放缓，表明有资金正在逐步套现。当个股走到最高点后，获利筹码一时间蜂拥而出，股价连放两根阴线，直接考验均线的支撑。

股价得到均线的支撑后，走出不大的反弹走势。但在反弹阳线之后，随之而来的是连阴走势，表明个股上升动力明显不足，而做空动力却在慢慢集聚。在连阴走势后，个股大幅下跌，深度击穿均线。

对于这一案例来说，连阴走势是投资者需要警惕的地方，而连阴之前的大阴线同样值得投资者注意。这根大阴线的放出早已告诉投资者空头势力强大，做多力量毫无还手之力，摆在投资者面前的出路唯有及早离场。

下面来看个股的前期走势。如图 7–2–5。

图 7–2–5 是阳光城（000671）2013 年 12 月—2014 年 8 月的 K 线走势图。个股在底部运行时有一个明显的吸筹动作，量能放大明显，这些成交量都会支撑个股的后续上涨。当个股摆脱了抛盘的压制后，股价也就一飞冲天了。

下面再看国海证券（000750）的高位五连阴形态。如图 7–2–6。

图 7–2–6 是国海证券（000750）2015 年 3 月—2015 年 8 月的 K 线走势图。个股在高位走出一个五连阴走势，表明做空力量正在慢慢壮大。该形态形

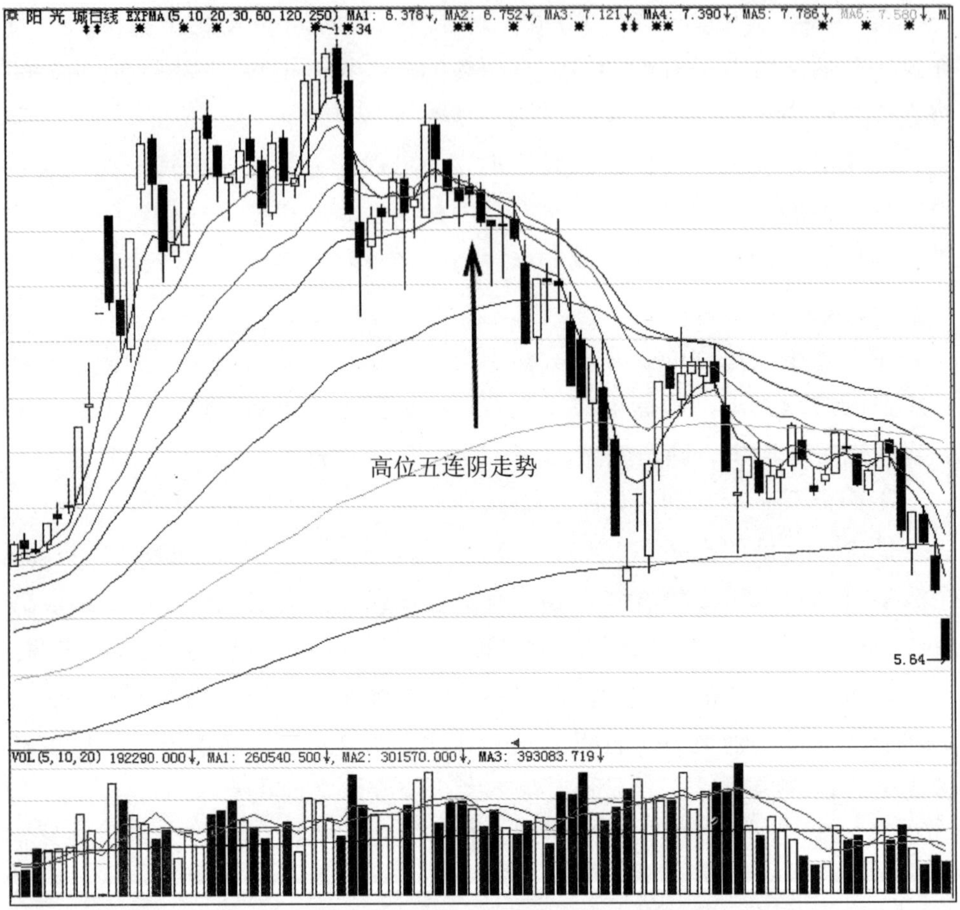

图 7-2-4

成后，股价就以一根中阴线的走势跌破均线，开始长期的下降趋势。

多空力量有一个积累与转换的过程，其中自然需要时间的过渡，而高位五连阴走势正是这一点的最好诠释。个股的做空力量在形态之内逐步积累，一朝爆发，杀伤力自然非同一般。当然，这一积累与转换的过程也包含着其他的形态。所有的做多或做空力量都是这一过程的一部分，同时也推动着这一过程的进一步发展。

高位五连阴K线形态出现在长期上升后的高价区域，是一个重要的卖

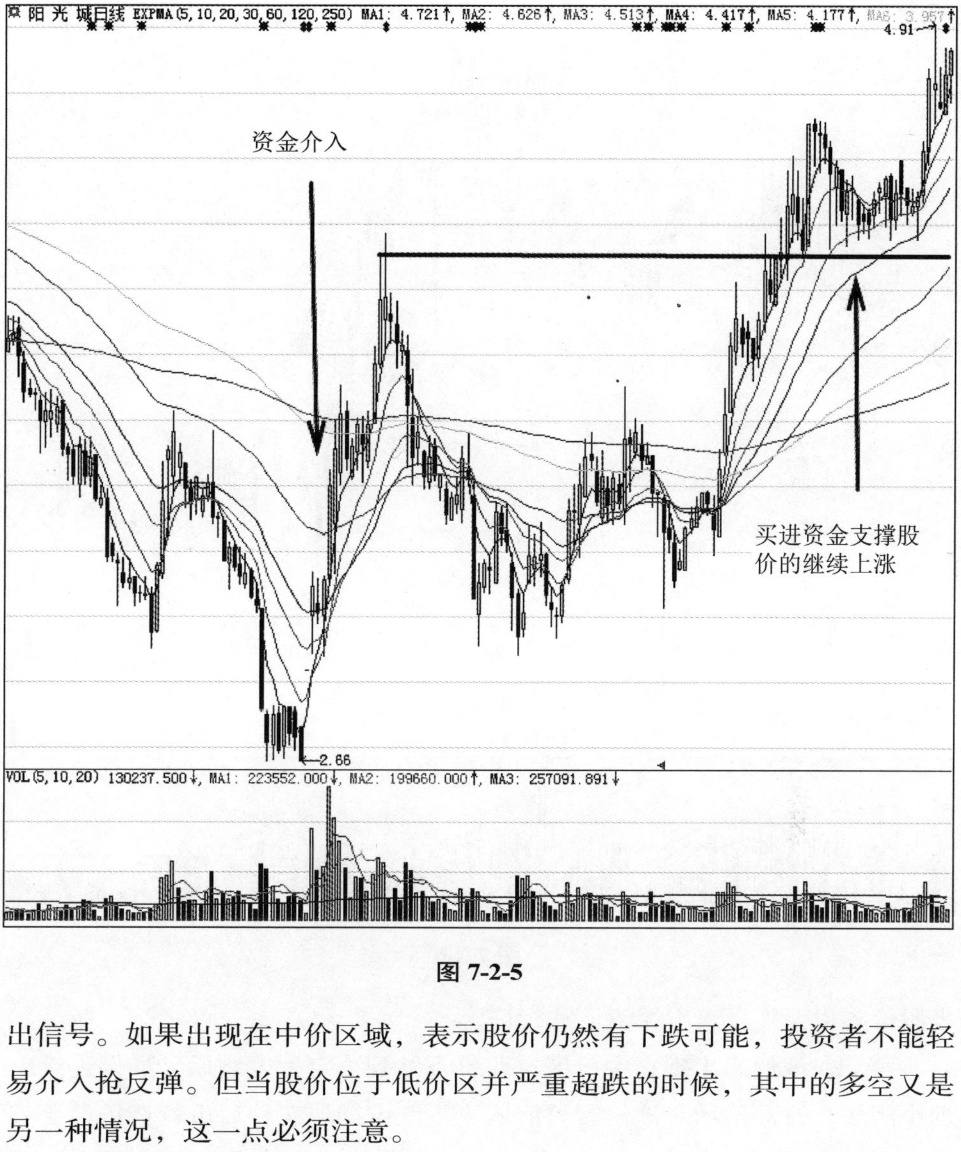

图 7-2-5

出信号。如果出现在中价区域，表示股价仍然有下跌可能，投资者不能轻易介入抢反弹。但当股价位于低价区并严重超跌的时候，其中的多空又是另一种情况，这一点必须注意。

实战中可通过以下几点操作。

第一，该形态出现在高价区：经历长期上涨之后，连续收出小阴线，意味着股价即将见顶，空方正在积蓄能量并准备释放。该信号出现后，未

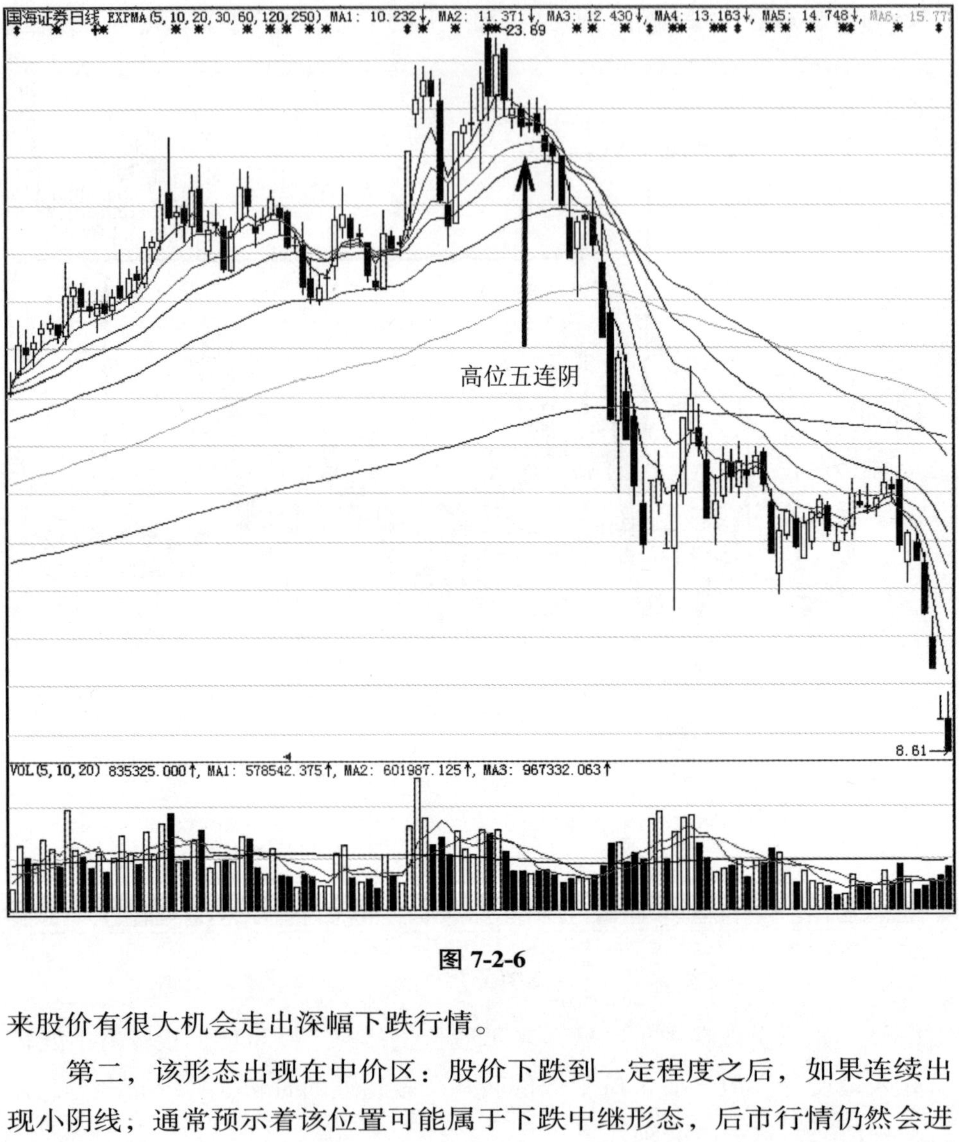

图 7-2-6

来股价有很大机会走出深幅下跌行情。

第二，该形态出现在中价区：股价下跌到一定程度之后，如果连续出现小阴线，通常预示着该位置可能属于下跌中继形态，后市行情仍然会进一步走弱。

第三，日 K 线至少需要 5 天以上收出小阴线，若能达到 5 天以上连续出现小阴线，则见顶信号更为强烈。

第四，每日收盘价如接近当日最低价，效果更佳。

三、葬身山谷下

裂谷下跌 K 线组合与裂谷反转形态比较类似，主要区别在于缺口的方向顺序是相反的。如图 7-3-1。

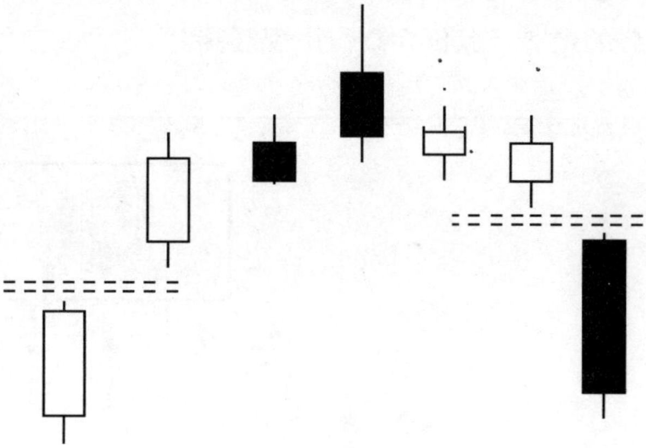

裂谷下跌

图 7-3-1

其技术特征如下。

第一，股价或指数在短时间内出现两个跳空缺口，这两个缺口的方向是相反的，其中前一个是向上跳空缺口，后一个是向下跳空缺口。

第二，出现向下跳空缺口时有放量迹象。

第三，两个缺口之间的间隔不能太长，最多不超过 10 个交易日。

该形态形成的过程是，股价不断地上升，使原来想在低位买入的投资者无法在预定的低价位吃进。持续的升势令这批投资者难以忍受踏空的痛苦，终于忍耐不住，不计价位地抢入，于是形成一个上升的缺口。之后股价却没有继续快速向上，而是在高位明显出现放量滞涨，说明此时暗中有巨大的抛压。

经过一段短时间的争执后，主力和先知先觉的机构大量出逃，股价最终没法在高位支撑。股价一旦下跌，将引发市场信心崩溃，出现缺口性下跌。下跌缺口之上套牢了大量的筹码，股价随后也开始了漫长的下跌。

下面来看案例分析。如图 7–3–2。

图7–3–2是通达股份(002560)2015年4月—2015年8月的K线走势图。个股在上升行情的最后阶段因买盘蜂拥而入形成一个高位缺口，此后行情并未延续多头强势的走势，股价在高位出现震荡。

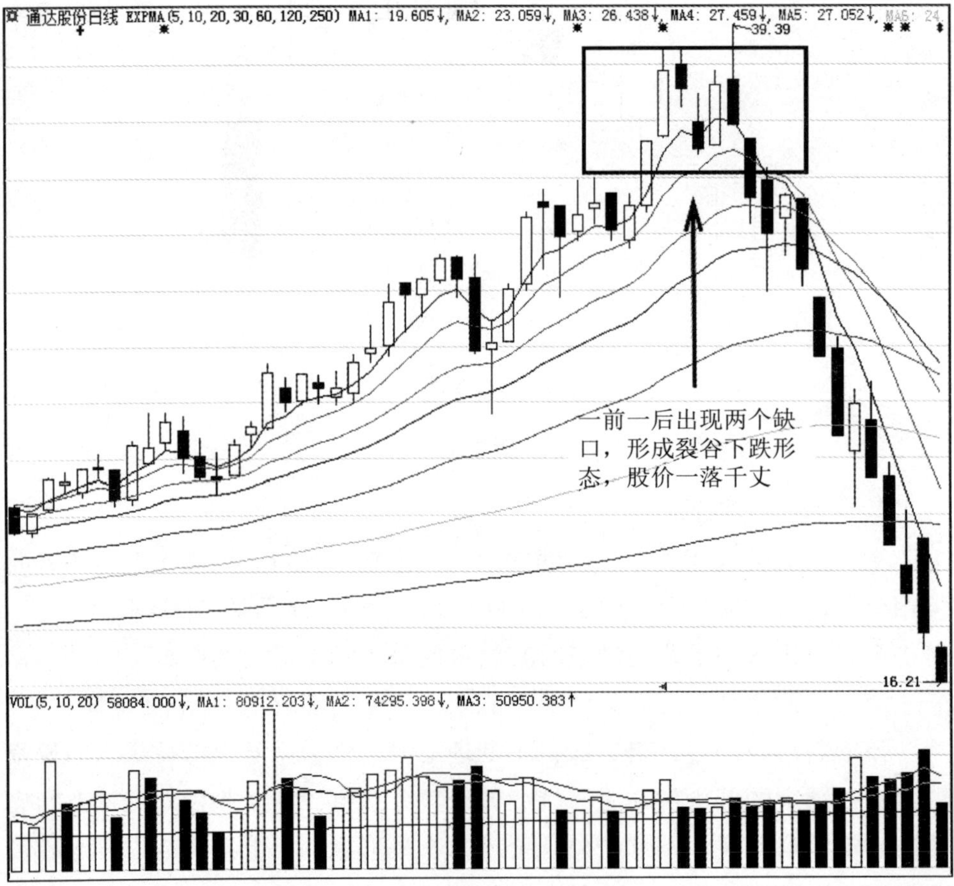

图 7-3-2

经过震荡之后股价回落，伴随着向下跳空缺口的出现，做空力量明显表现强势。两个缺口在形态上构成裂谷下跌走势，个股后市行情不容乐观，随后出现大的滑坡。

个股在高位形成的缺口多是衰竭性缺口，股价会在短时间内回补缺口，这样的缺口对股价的支撑并不明显。第二个缺口则是多空争斗之后做出的方向性选择，视为突破性缺口。向下的突破缺口是一波下跌行情的开始，后市将会有很大的持续性，投资者需注意回调的风险。

投资者也可根据前文的其他形态作出判断，提示的信号也同样看淡。

再看一个案例。如图 7–3–3。

图 7–3–3 是金螳螂（002081）2015 年 3 月—2015 年 8 月的 K 线走势图。个股运行到高位后出现震荡走势，显示做多力量出现弱化。个股在此后回调至均线时走出反弹走势，有明显的拉高出货痕迹。

个股在拉升中走出无量上涨的走势，表明没有做多资金介入。而在此后的震荡中放出巨量，有着明显的资金流出痕迹。此后个股连放大阴跳空下跌，进入长期下跌行情。两个缺口的出现，在形态上也形成裂谷下跌形态，需要投资者注意。

下面来看宋都股份（600077）的裂谷下跌形态。如图 7–3–4。

图 7–3–4 是宋都股份（600077）2015 年 3 月—2015 年 8 月的 K 线走势图。个股在 2015 年 6 月 10 日走出一根大阳线，并于第二天跳空高开，连续走出强势走势。

就在人们认为个股将继续强势走高之时，股价出现回落，全天走势高开低走，收出一根阴线。这就告诉投资者，股价的强势已成强弩之末，后市走势不容乐观。

后来股价维持几天的震荡走势，做多与做空力量在其中进一步此消彼长，随后个股回落收出阴线，表明做空力量取得胜利。个股走出的跳空走低形态更是说明这一点，两个缺口连续出现，表明裂谷下跌形态成立，做空力量大胜做多力量，股价随后进入下跌行情。

裂谷下跌 K 线组合与裂谷反转的差别在于，裂谷下跌表示见顶回落，

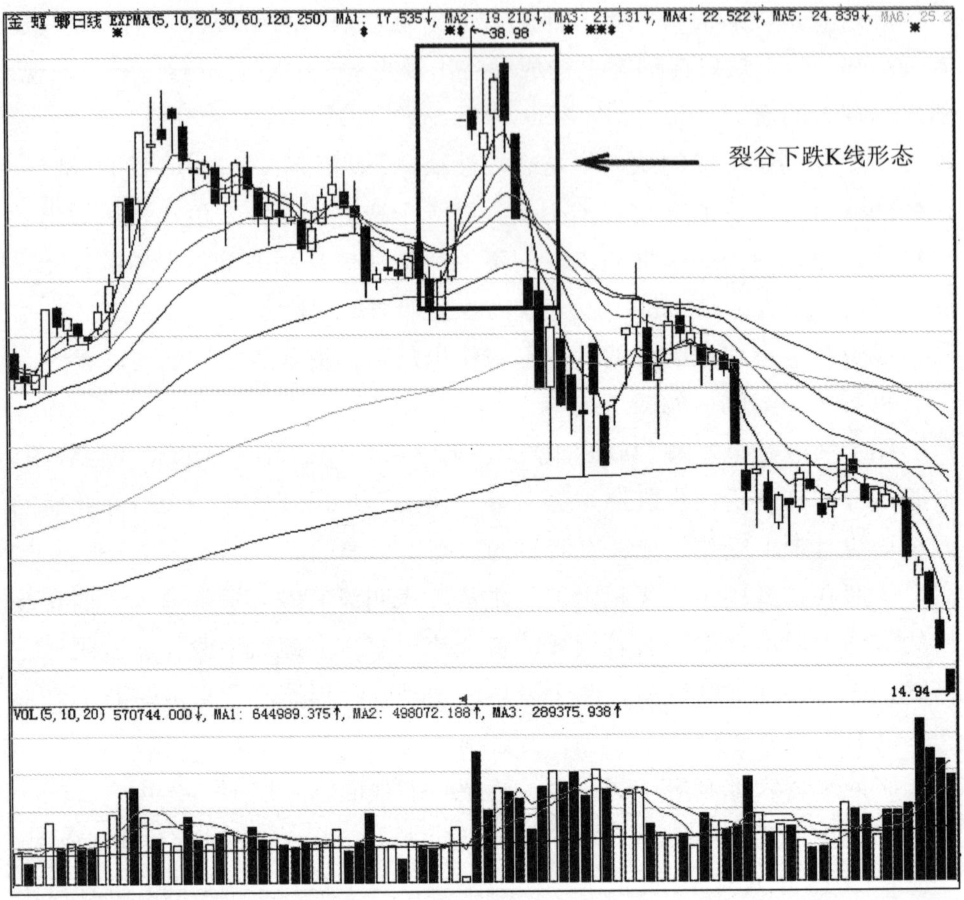

图 7-3-3

而裂谷反转表示见底回升。

投资者在操作中需注意以下几点。

第一，两个缺口之间允许有一定限度的高低落差，差异大小不影响对形态的研判效果。

第二，两个缺口之间的间隔，通常时间间隔越短，反转力度越强。理想的间隔期是 2 ~ 4 个交易日。

第三，两个缺口之间的股价波动以低位盘旋形式为好。

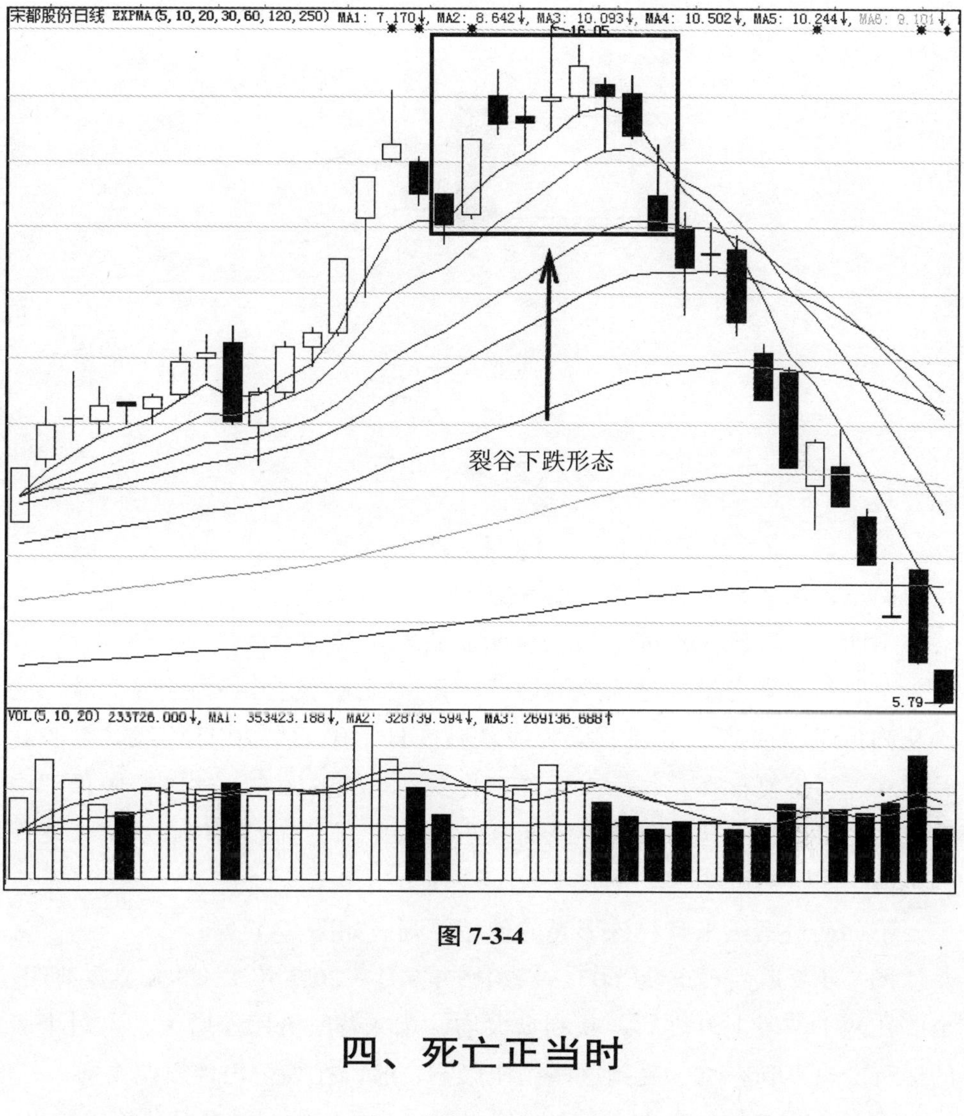

图 7-3-4

四、死亡正当时

死亡穿越 K 线组合表明股价运行趋势由强转弱，K 线上的有效破位，预示股价将来有继续下跌的空间，是一种卖出信号。如图 7-4-1。

其技术特征如下。

第一，通常在创出本轮行情的高点之后出现。

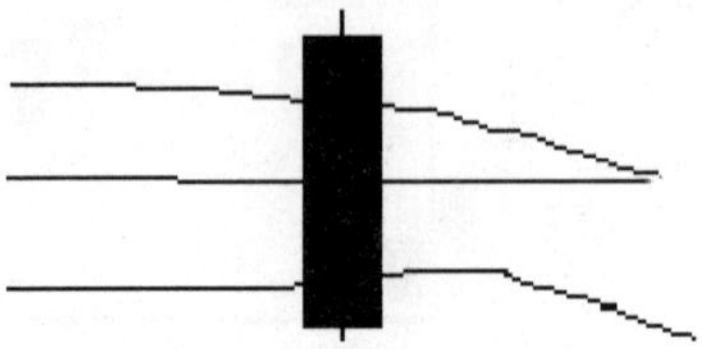

死亡穿越

图 7-4-1

第二，一根阴线跌破 5 日、10 日、20 日均线。

第三，该 K 线将使均线呈空头排列。

第四，出现该 K 线时，成交量明显放大。

个股的多空力量经过前期的慢慢转化，到这时空方势力明显大胜。股价从高位迅速回落，出现一根阴线跌破 5 日、10 日、20 日均线。个股此后的支撑将不复存在，每一次反弹都将受到均线的压制。这时个股顶部构筑成功，后市将展开调整浪。该 K 线形态的出现，犹如股价一步踏入死亡的绝境，凶险不可小视。

下面通过案例来解释该形态的使用原则。如图 7–4–2。

图7–4–2是兰石重装(603169)2015年7月—2015年9月的K线走势图。个股在两个波段上升之后，获利盘大增，意味着股价抛压增大，这对个股的运行产生不利影响。受到这些抛压影响，股价在高位出现震荡走势。

在股价震荡的过程中，受到股价走势疲软的影响，更多浮动筹码流出，短时间内股价大跌，收出一根大阴线。这一大阴线深度击穿均线系统，个股随后开始下跌趋势。

这只个股的抛压也有一部分是由前期套牢盘造成的，但其反映出的多空力量转变却是一以贯之的。做空力量大盛，放出大阴线，均线支撑力弱，

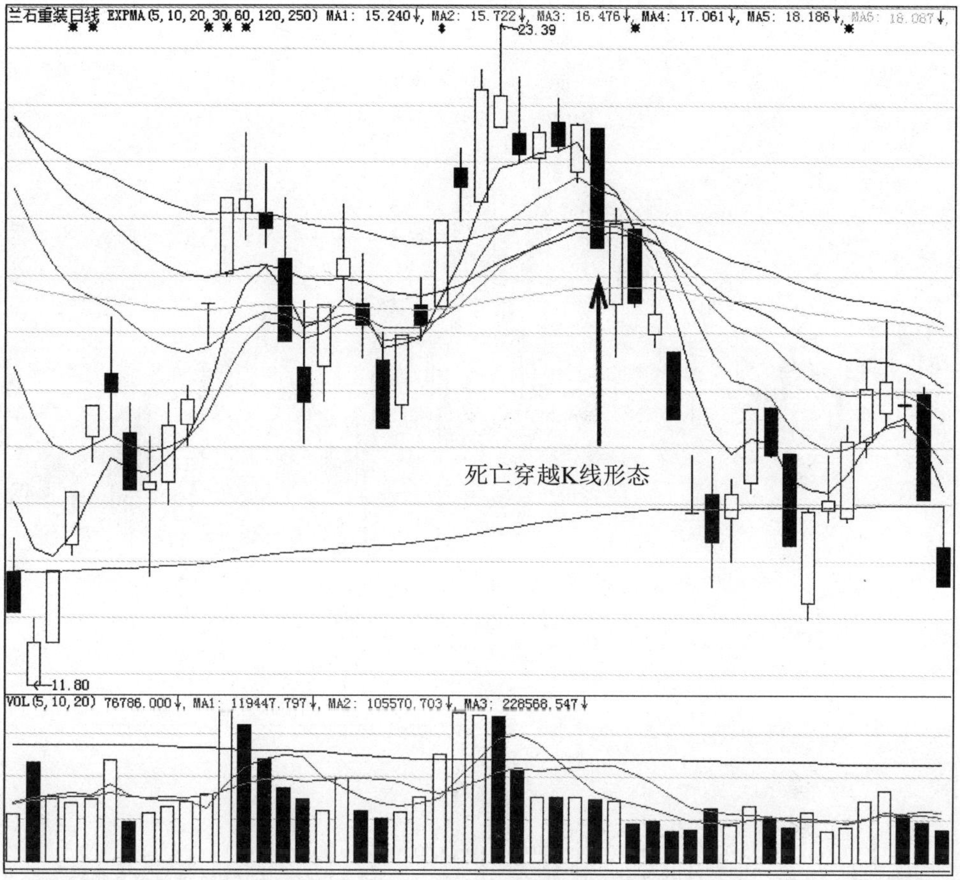

图 7-4-2

个股后市行情自然难有起色。

再看一个案例。如图 7-4-3。

图 7-4-3 是海澜之家（600398）2015 年 4 月—2015 年 9 月的 K 线走势图。个股在运行过程中，多空力量逐渐发生变化，但前期做多力量充分。到高位时，K 线走出高位避雷针形态，显示抛盘有明显增加，多空力量对比出现变化。

随后出现的大阴线走势与震荡走势，表明做空力量进一步壮大。到个股放出大阴线并且跌破均线时，做空力量彻底战胜做多力量，个股的运行

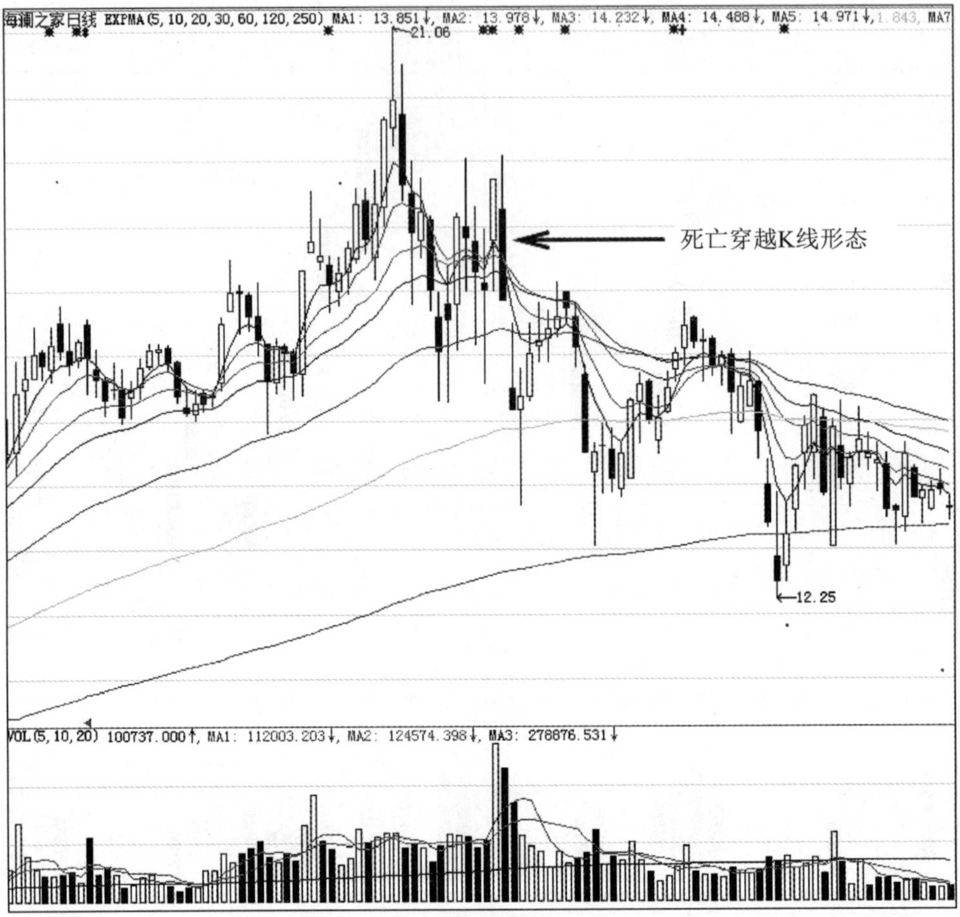

图 7-4-3

方向也发生变化，开始掉头向下。

从这个案例中，投资者能够看到多空力量的变化过程。死亡穿越的出现，是经过前期长时间储备做空力量才形成的，多空转化过程也同样表现在 K 线形态上，这是我们谈论 K 线阴阳变化的理论依据。

下面再看杭电股份（603618）中的死亡穿越形态。如图 7–4–4。

图 7–4–4 是杭电股份（603618）2015 年 7 月—2015 年 9 月的 K 线走势图。这是个股在下跌行情中出现的一个反弹走势，反弹初期量能放大，表明做

图 7-4-4

多动能充足，之后股价连续涨停。

等个股上升到一定高度后，获利盘兑现，加之前期的套牢盘涌出，市场多空力量发生变化，个股维持震荡走势。在这一波震荡走势之后，做空力量彻底战胜做多力量，个股放出大阴线，并深度击穿均线系统，股价后市走势不容乐观。

当出现死亡穿越形态之后，股价出现快速下跌走势，短时间跌幅巨大。投资者遇到此类形态时，需要注意其中的风险。

死亡穿越形态在实战中屡屡带来巨大的杀伤力，这种形态通常是在创出行情的高点之后出现，属于对调整趋势的最后确认。若投资者未能在高点卖出，该形态出现时就是最后的逃命机会。

该形态不仅适用于判断个股的走势，也适用于大盘。若盘中多数个股同时出现这种形态，通常表明大盘已经见顶。

如果股价在下跌过程中出现死亡穿越 K 线形态，则强化下降趋势的有效性，这时投资者要坚决看空该股，不要轻易介入抢反弹。

附录

私募大鳄曹明成：
坐庄岁月里的那些往事

理财一周报 记者 / 林奇

2009 年 11 月 7 日，《东方早报》“理财一周”对曹明成先生进行了人物专访，刊登于“资本大亨”栏目。

曹明成，1971 年出生，汉族。常住广东和海南。1997 年在湘财证券任职，后为私募资金操盘。看盘博客在新浪网、东方财富网、网易等各大门户网站每天受到数十万股民的追捧。依据 10 多年实战经验总结的“曹氏八线”操盘理论被圈内称为“零风险操作理论”。著有《吃定庄家》《擒庄实战技法》《庄家内幕揭秘》《K 线实战技术精要》《庄股经典出货模式》等书。

私募大鳄曹明成，是私募圈内资深的操盘手，曾在多家咨询公司及投资机构任职，直接参与过多次大资金的操盘。

1999 年“5 • 19”行情中，曹明成因成功阻击网络科技股而一战成名。

在互联网行情中，曹明成亲身领教了亿安科技、海虹控股等庄家李彪、蔡明的狠辣操盘手法。

在股海中摸爬滚打十几年的老曹，博客就叫“十年股灰”，在东方财富网的财经博客中排名第十四位。

从湘财证券的一名普通经纪人做起，再到操盘手、主操盘手、私募基金经理，曹明成经过 10 多年的实战，总结出“曹氏八线”操盘理论，并著有《吃定庄家》《擒庄实战技法》《庄家内幕揭秘》《K 线实战技术精要》《庄股经典出货模式》等书 。

“11 月还有两本书出版，今年可能还有两本，有出版社约稿了，但还没写完。”曹明成介绍。

10月26日，曹明成接受理财一周报的专访，揭露了许多不为人知的坐庄、跟庄内幕。

阻击网络股一战成名

理财一周报：像许多私募一样，您也是从经纪人做起的？

曹明成：差不多，早年和李华（第二代操盘手）是一批，最早是在湘财证券。离开湘财证券后，跟老板做操盘手，后来干脆出来单干了。

理财一周报：是不是因为做操盘手待遇都不太高？

曹明成：操盘手要看是什么样级别的，资深的主操盘手负责决策，与老板有分成，收入还可以。

理财一周报：当时做操盘手都经历过哪些比较大的战役？

曹明成：最早是阻击网络科技股的那一年，阻击网络科技股不是自己坐庄，而是跟庄。当时发现有大批私募资金成堆地扎入到网络科技概念类的股票，不少同类题材的股票都在底部放量，大资金入驻明显，就开始关注这个题材。

理财一周报：发现后是直接跟进吗？还是后来跟进的？

曹明成：先是试探性跟进。后来科技概念股开始成为当时的热点。与以往的概念炒作不同，这次很意外的是，炒作之后，入驻的庄家资金不见撤退，这在以往的概念炒作中很少见。当时经过考虑之后，就把所有的资金全线投入该类题材股。

理财一周报：这样追题材股会不会很冒险？

曹明成：这是很大胆的做法，当时遭到其他辅助操盘手的非议。因为这样做风险大，概念股炒作成热点后，一般都开始进入高位，这个时候介入，弄不好就成了庄家出货的牺牲品。

理财一周报：那为什么还决定满仓追进，当时是怎么考虑的？

曹明成：当时是依据庄家的操盘手法判断的。大量的庄家资金入驻了该类题材股，第一轮炒作之后，还在高位加仓，显而易见，目标不在短期。

理财一周报：当时网络股您跟的是哪只？

曹明成：做了很多只，蔡明的海虹控股就是其中一只。

理财一周报：这一波物联网炒作海虹控股也是龙头，您觉得这波物联网会不会像当初的互联网一样爆炒起来？

曹明成：这波物联网入驻的庄家资金还远远不够，暂时没有那种可能。但庄家的炒作计划可能会因为行情的变化而变化。就像当年的网络科技股，开始并不是大家都看好，后来“5·19”井喷，人气被完全带动起来，大量的私募资金进入了。因此也就出现了炒作一波后新资金大量入驻的现象，造就了一轮长达两年的牛市行情。

亲身领教李彪跌停板洗盘法

理财一周报：当时最有名的应该是罗成操控下的亿安科技，您跟的是这只吗？

曹明成：网络科技股的行情从1999年5月开始，直到2001年才退潮，持续了一年多时间。这轮题材的炒作，只要与网络科技挂边的都炒作起来了。其中的龙头亿安科技、海虹控股、四川湖山都炒作到了非理性的高度。亿安科技是第一只百元股，是罗成坐庄，操盘主要是郑伟和李彪负责。海虹控股是蔡明。去年李彪去世的时候我知道消息。

理财一周报：李彪总感觉对不起自己的弟弟，知道具体是为什么吗？

曹明成：他弟弟是李彬，当时坐庄亿安科技用的是金易投资公司的名义，郑伟是控制人。法人代表写的是李彬的名字，但李彬是圈外人，后来被扯进去了，被搞得很惨。据说李彪没有办法救无辜的弟弟，导致了李彬的破产，并差点入狱。

理财一周报：李彪是什么样的人？

曹明成：现实中的李彪长得比较斯文，光头，戴眼镜，但行事泼辣，脾气有些暴躁。郭庆、李彪、蔡明，这些都算是第一代操盘手，他们比我早一代，我那时候是小字辈。李彪操盘非常凶悍，他当时发明了跌停板洗盘法，鬼神莫测。

理财一周报：连续跌停，只要看盘无一幸免，当时亿安科技启动前就是连续3个跌停板。

曹明成：这种手法在当时很难判断。

理财一周报：为什么很多早年的庄家都不得善终？

曹明成：早年的操盘手生活都不太好，心理压力大是真的，真正功成名就的极少，一部分是被查了、逃亡了，一部分在后来的4年熊市（指2001-2005年熊市）中赔进去了。

理财一周报：那4年熊市够惨，2008年也很惨。

曹明成：2008年的大熊市也是套了很多的庄家。

理财一周报：当时为什么没有跟进亿安科技？

曹明成：亿安科技不敢跟。开始完全是逼空，强势股就是这样，一开始逼空，散户不跟进，继续逼空，开始震荡，散户眼红了，进去了，再拔高，庄家已经出货了。

亿安科技当年也是被逼上去的，前期的计划肯定没想要炒那么高。拉到40元的时候，没有人敢买了，怎么办？接着拉。亿安科技控盘量最后达到90%以上。其实玩到那个时候已经算失败了，最后出货比较艰难。

理财一周报：有个庄家跟我讲过，说很多筹码是在跌破100元后卖给了抢反弹的人。

曹明成：平均没有那么高。出货的平均价格，我们那时候判断应该在40元左右。60元左右制造假反弹，结果还是很少有人买。市场信心没有了，下跌趋势形成了。最大的抢反弹成交量在27元左右，平均出货价位在40~50元。

理财一周报：庄家出货一般都要先跌很多吧？

曹明成：一般庄家拉到离谱的位置，出货的价位会定在下跌一半的位置，做假反弹。

信奉自己的操盘理念

理财一周报：您信奉价值投资吗？

曹明成：在中国的资本市场，我从来不讲价值投资。所谓的价值，不过是给庄家炒作的理由而已。我的选股思路是跟庄，操作理论讲究趋势为先。

理财一周报：看来您是趋势派。

曹明成：我自己有一套操盘理念，在趋势形成之后，形态明朗之后才操作。但又不等同于右侧交易，我的买入点在次低点或次次低点，卖出位在次高点或次次高点。

理财一周：那您的这些东西是跟谁学的呢？还是自己悟的？

曹明成：自己悟出来的。早年是受一位老股民的启发，一位比较执著的老股民，他完全依据 10 日线买卖，获利很稳定。

理财一周报：线上持股，线下持币？

曹明成：是的。简单来说，可以用这八个字。

理财一周报：这方法最厉害，化繁为简了，但很多人不经过多年的实战永远不理解。可是单独只看一个 10 日线会不会有点片面？

曹明成：我当时研究这个 10 日线很长时间，也发现很多弊端。首先一点，如果不判断趋势，依据 10 日线买卖，会在平衡市里不知所措。另外，10 日线经常被庄家作为洗盘的工具。实战中操作纪律最重要，比如下降通道就是线下持币，需要放弃所有的诱惑和机会。

理财一周报：您现在主要看些什么指标？

曹明成：都是一些我自己的指标，帮我写指标的有一个工作室，我提供我的思路，他们帮我完成。我有个学生叫谭文，他是这方面的高手。现在计算机信息技术太发达了，把传统技术分析与计算机分析相结合，真的是事半功倍。我们原来为了总结一个形态，自己画图，花大量的时间统计，再分析和总结，现在计算机可以在很短的时间内全部做完。

投资理财类书目

序号	书名	作者	定价
1	相对波浪理论	唐桂华	42.00
2	波段操盘秘法	何瑞东	38.00
3	布林线指标入门与实战精解	刘振清	35.00
4	MACD 指标入门与实战精解	刘振清	35.00
5	KDJ 指标入门与实战精解	刘振清	35.00
6	一本书读懂互联网投资理财	蔡余杰	38.00
7	玩转技术指标：九种技术指标精讲	金　铁	45.00
8	新手炒股快速入门与技巧	刘振清	38.00
9	银行理财产品全攻略	薄志红	35.00
10	决战牛熊：股市获利之道	曹明成　谭　文	35.00
11	短线出击：股市快速获利战术	麻道明	49.00
12	聚沙成塔：T+0 交易绝杀技	江南小隐	35.00
13	短线实战操盘技巧	伟　晴	42.00
14	一买就涨：买在底部的 101 个起涨信号	付　刚	38.00
15	一卖就赚：卖在顶部的 123 个卖出信号	刘　平	38.00
16	短线追涨与低吸技术	金　铁	38.00
17	实战交易密码之走向盈利	陈志文	45.00
18	吃定庄家	曹明成　谭　文	39.80
19	量价关系精要	徐子城	28.00
20	股票画线技术入门与实战	刘振清	38.00
21	股价结构：趋势与轨道	华　强	35.00
22	K 线操盘学	麻道明	58.00
23	如何做股票交易	杰西·利弗莫尔	20.00
24	从零开始炒股票	徐子城	35.00
25	江恩理论入门、精通与实战	景生辉	28.00
26	缠中说禅：教你炒股票	王培峰	48.00
27	如何看懂技术指标	麻道明	38.00
28	个股期权投资指南	付上金	32.00
29	索罗斯 32 个投机信条	孙恩棣	28.00
30	巴菲特 76 条投资准则	孙恩棣	28.00
31	波浪时空体系	王军凯	32.00
32	超级牛股操盘术	李　闻	48.00
33	发现身边的成长股	王春玮	35.00
34	股价结构：压力与支撑	华　强	35.00
35	趋势定位	付上金	35.00
36	量价精研	邢孝寒	32.80
37	K 线阳线战法	麻道明	39.00
38	K 线阴线战法	麻道明	39.00
39	零起点期货投资一本通	黄　金	28.00
40	零起点基金投资一本通	黄　金	29.80
41	零起点股票投资一本通	黄　金	35.00
42	股市交易特技	时空老人	38.00
43	夜话交易谋略	股峰求道	32.00
44	如何看懂分时图	江南小隐	28.00
45	易经演股法之个股攻略	第六感觉	35.00

续表

46	艾略特波浪理论入门、精通与实战	景生辉	28.00
47	趋势与拐点交易法	戈　岩	35.00
48	家庭投资理财规划一本通	雷　冰	35.00
49	股票易占交易系统	劳剑勇	35.00
50	实战擒庄	张　文	35.00
51	筹码实战分析	刘晓杰	28.00
52	趋势技术分析	邱立波	36.00
53	专业操盘原理	景生辉	38.00
54	背离技术分析	江南小隐	29.80
55	小女人理财锦囊	游凌燕	28.00
56	理财产品全攻略	罗显良	38.00
57	股票投资资金管理与止损止盈技巧	雷　冰	32.00
58	谁是股市赢家	梦　兮	25.00
59	春林涨停战法	张春林	29.80
60	龙头股实战技巧	张　文　赵振国	35.00
61	均线技术分析	邱立波	38.00
62	易经演股法	第六感觉	35.00
63	现货黄金投资技巧	邢孝寒	28.00
64	系统化交易——A 交易系统久赢真经	黄　根	39.00
65	缠论解析：缠中说禅技术理论图解	江南小隐	23.00
66	实战交易密码	陈志文	35.00
67	股票投资的 24 个关键财务指标	雷　冰	35.00
68	K 线技术分析	邱立波	38.00
69	破译 K 线图中的密码	江南小隐	38.00
70	你最想要的投资学	张潇云　徐　刚	25.00
71	四维操盘：基于价量时空分析的实战操盘技术	邢孝寒	29.80
72	波段操作实战精解	雷　冰	35.00
73	精准判断买卖点：炒股就这一招	曹千阳	38.00
74	崩溃点战术：基于市场心理分析的交易技术	铸剑先生	39.80
75	新手炒股也赚钱：量价实战技法	帝都操盘手	29.80
76	K 线综合实战分析	雷　冰	48.00
77	赢在股市 24 堂课	索氏门人	28.00
78	磁区理论：识别最佳买卖时机和位置的分析技术	江南小隐	38.00
79	告别亏损：从持续亏损到稳健盈利的修炼法则	洗　剑	38.00
80	顺势而为：道氏理论趋势指标交易系统	时空老人	35.00
81	炒股智赢秘诀：基于主力动向分析的操盘新法	邢　星	38.00
82	股票买卖信号	鲁周伦	38.00
83	实战技术精解	郭延明	36.00
84	超级翻倍：操作系统应用实战技巧	陈志文	36.00
85	量价实战分析	范江京	36.00
86	实战操盘之绝佳买卖时机	郝鸿雁	35.00
87	实战买卖点	范江京	36.00
88	看图炒股：股市实战操作技巧	王　剑	19.80
89	短线实战选股技巧	李意坚	35.00
90	短线实战看盘技巧	郝鸿雁	35.00
91	实战看盘	范江京	38.00
92	跟庄细节：跟庄获利实战技法	范江京	38.00
93	短线实战技法	范江京	29.80